中国传媒
创新报告系列丛书

主　编：郝振省
副主编：魏玉山
执行主编：杨驰原

机遇与挑战
——在浙江传媒学院讲传媒

中国书籍出版社
China Book Press

图书在版编目（CIP）数据

机遇与挑战：在浙江传媒学院讲传媒/郝振省主编.
—北京：中国书籍出版社，2012.7
ISBN 978-7-5068-2739-3

Ⅰ.①机… Ⅱ.①郝… Ⅲ.①传播媒介—中国—文集
Ⅳ.①G219.2-53

中国版本图书馆 CIP 数据核字（2012）第 162595 号

责任编辑／庞　元
责任印制／孙马飞　张智勇
封面设计／吴凤鸣
出版发行／中国书籍出版社
　　　　地　　址／北京市丰台区三路居路97号（邮编：100073）
　　　　电　　话／（010）52257143（总编室）
　　　　　　　　　（010）52257153（发行部）
　　　　电子邮箱／chinabp@vip.sina.com
经　　销／全国新华书店
印　　刷／世纪千禧印刷（北京）有限公司
开　　本／787毫米×1092毫米　1/16
印　　张／17.5
字　　数／320千字
版　　次／2013年1月第1版　2013年1月第1次印刷
书　　号／ISBN 978-7-5068-2739-3
定　　价／36.00元

版权所有　翻印必究

抢抓机遇　乘势而上
做建设社会主义文化强国的主力军

李东东

2012年1月8日,第七届中国传媒年会在杭州召开,传媒界的很多朋友相聚在西子湖畔,共同就"文化强国建设:传媒业的机遇与挑战"这一主题进行探讨。我参加了这次会议,感到会议主题切合当前传媒业发展大局,研讨的内容也很充分。按照往年惯例,传媒杂志社将会议演讲内容编辑成书,在中国书籍出版社出版。前三届以我在会议上的讲话代序,今年他们又热情邀请我作序,我就对2011年我国传媒业取得的成绩做一点回顾和总结,同时就如何继续深化改革、科学发展,用强有力的工作把文化大发展大繁荣的蓝图变成现实,和大家交流、探讨。

一、2011年中国传媒业发展背景

2011年是中国共产党成立90周年,是辛亥革命一百周年和西藏和平解放60周年,大事多,喜事多,新闻宣传的任务很重。同时,去年还是新闻出版业"十二五"规划开局之年,是新闻出版体制改革深入推进的攻坚之年,也是我们向新闻出版强国迈进的起步之年。在过去的一年中,传媒业同仁更加自觉地以科学发展观为指导,转变发展观念,提高发展质量,在加快转变发展方式、深化体制机制改革等各个方面创造了新业绩,取得了新成就。

2011年10月召开的党的十七届六中全会,是我们党在全面建设小康社会关键时期和文化改革发展重要阶段召开的一次十分重要的会议,对文化建设作出了重大战略部署,给文化改革发展带来了前所未有的机遇。作为文化产业的重要组成部分,传媒业的改革发展也将进入历史最好时期。我们必须进一步用六中全会精神武装思想、振奋精神、理清思路，合理规划，抓住机遇，乘势而上，把传媒业的改革和发展提高到一个新水平，继续当好文化体制改革的排头兵，继续做好社会主义文化强国建设的主力军。

二、2011年中国传媒业发展成绩喜人

2011年，在党中央国务院的正确领导下，在文化体制改革的有力推动下，我国传媒业产业结构调整和资源整合力度不断加大，产业规模实力稳步提升，转变发展方式取得了重大进展，为"十二五"期间产业转型升级奠定了基础。

（一）新闻出版产业保持平稳增长态势，集团化建设成效进一步显现

近年来，在改革的推动下，新闻出版产业保持平稳增长态势。2010年，全国新闻出版产业实现总产出1.27万亿，增加值达到3500亿。报刊产值也在稳步增长，成为我国核心文化产业的重要组成部分。2010年，全国共出版报纸1939种，总印数452亿份，比2009年增长3.0%；实现总产出734.9亿元，较2009年增长13.8%，有23种报纸的平均期印数超过100万份。全国共出版期刊9884种，总印数32.2亿册，比2009年增长2.0%；实现总产出156.5亿元，比2009年增长4.1%。由此可见，新闻出版业不仅是新闻、宣传的主阵地，也是文化产业的主力军，为我国经济文化建设作出了积极贡献。

在集团化建设方面，2010年，经批准的中央和各省（自治区、直辖市）以及副省级城市各类新闻出版集团共有120家，拥有资产总额3234.2亿元、实现主营业务收入1785.8亿元。出版集团、报刊集团和发行集团拥有的资产总额和实现的营业收入在书报刊出版和出版物发行领域所占比重分别为73.5%和53.8%，"行业龙头"的地位与作用初步显现。截至目前，已有7家报业集团、报刊社的经营部分已经在境内外上市，大众消费和科学技术类期刊集群开始出现，中大型报刊骨干企业正在形成。

（二）新闻出版体制改革取得重大突破

中央领导多次指出，新闻出版改革发展，始终走在文化改革发展的前列，为整个文化体制改革提供了经验。目前，全国10万多家印刷复制单位、1万多家国有新华书店率先转制为企业，全国经营性图书、音像出版单位基本完成转制。去年5月，中共中央办公厅、国务院办公厅《关于深化非时政类报刊出版单位体制改革的意见》出台，明确提出到2012年9月底前全面完成非时政

类报刊单位的转企改制任务。新闻出版总署按中央要求，按照统筹规划、分类指导，突出重点、稳步推进的原则，开展非时政类报刊出版单位体制改革。目前，已有1600多家非时政类报刊单位完成了转企工作。同时，中央23家相关部门以及湖南、湖北、重庆、上海、天津等16个省区市已经上报报刊改制方案，涉及首批转企改制地方报刊942个。

（三）新闻出版业数字化转型升级加速

2010年国内数字出版产业总体收入规模超过1000亿元，比2009年增长了31.57%。报刊网、电子报刊、网络报刊等新业态发展迅速，传统报刊业的新媒体业务不断增长，新产业收入不断扩大，2010年数字报纸出版收入达到28亿元，其中数字报纸（网络版）收入约6亿元，互联网期刊收入为7.49亿元。传统出版企业与内容集成商、技术商、渠道商、平台商和终端生产商之间的合作越来越紧密，产业模式不断创新，产业政策环境也在进一步优化。

（四）公共文化服务体系建设持续推进

胡锦涛总书记在庆祝建党90周年大会上的重要讲话中指出，只有我们把群众放在心上，群众才会把我们放在心上。新闻出版总署实施的农家书屋工程、东风工程、全民阅读工程等新闻出版公共服务重大工程，都包含报刊业服务的内容，发挥了报刊业在社会主义和谐社会建设中的重要作用。报刊业自身也在开拓城市社区及农村市场，进一步满足基层人民群众的文化需求，其中党报农村版，都市报社区版、地方版均做出了有益的探索。目前，我国已经实现人均年拥有期刊2.4册，千人拥有日报90份，部分地区还实行党报免费赠阅，切实做到了服务群众、改善民生，保障了人民的基本文化需求。

同志们、朋友们，回顾过去，我们取得了显著的成绩和进步，也积累了非常宝贵的经验：一是必须坚持社会主义先进文化前进方向；二是必须坚持以人为本，满足人民精神文化需求，保障人民基本文化权益；三是必须坚持解放思想、改革创新，改革创新是传媒业的本质特征和生命力所在。实践证明，每一次认识上的重大突破，每一次体制上的重大革新，每一次科技上的重大应用，都会给传媒业发展带来一次重大机遇。因此，我们必须立足长远，着眼当前，不断解放思想，开拓创新，创造传媒业发展的新优势。

三、2012年传媒业面临的挑战与机遇

在充分肯定成绩的同时,我们也必须清醒地认识到,传媒业依然面临着严峻的挑战,改革发展的任务依然十分艰巨。

从国际环境来看,全球思想文化交流交融交锋使传媒业面临多元思想文化环境的冲击。境内外敌对势力对我国施压促变的一贯立场没有改变,仍在通过各种途径、运用各种手段,企图强迫我们接受西方价值观和制度模式。这些都不可避免地反映到传媒领域,使传媒界成为思想文化交融交锋的前沿。从国内环境来看,社会意识多样化和思想文化领域的空前活跃,给传媒业正确把握和有效引导舆论导向带来重大挑战。从传媒业自身来看,我国传媒业发展仍然处于初级阶段。当前,束缚阻碍传媒业科学发展的体制机制弊端尚未根本革除,传统计划经济体制下形成的传媒业格局还没有根本改变,与国际大型传媒集团相比,我国传媒业的舆论影响力和市场竞争力还有相当差距。

但综合分析今后几年的发展环境,我们相信,今后几年仍然是一个机遇大于挑战的态势,我国传媒业科学发展的条件更加有利、空间更加广阔、后劲更加充足。

(一)党的十七届六中全会决定为传媒业发展提供了难得的历史机遇

党的十七届六中全会作出了《中共中央关于深化文化体制改革推动社会主义文化大发展大繁荣若干重大问题的决定》,《决定》指出:坚持中国特色社会主义文化发展道路,深化文化体制改革,推动社会主义文化大发展大繁荣,努力建设社会主义文化强国。到二〇二〇年,文化改革发展奋斗目标是:文化产业成为国民经济支柱性产业,整体实力和国际竞争力显著增强。这是自党的十七大以来,我们党首次将文化建设作为中央全会的主要议题,也是在共和国60年历史上第一次提出建设社会主义文化强国的宏伟目标和战略任务。这不仅给整个文化改革发展提出了新的更高的要求,也为传媒业的发展创造了更加有利的政策条件和发展机遇。

(二)"十二五"规划为新闻出版业科学发展做出了全面部署,提供了有力保障

2011年4月,新闻出版总署正式发布了《新闻出版业"十二五"时期发展规划》,对今后5年新闻出版业科学发展进行了总体布局。《规划》提出:

到"十二五"期末，新闻出版业发展方式转变基本到位，新兴业态蓬勃发展，数字出版等战略性新兴产业领域的发展达到世界先进水平。新闻出版产品和服务更加丰富，公共服务能力和水平进一步提高。基本扭转新闻出版产品和服务的出口逆差状况，大幅度提升中华文化的国际传播力和影响力。基本形成以公有制为主体、多种所有制共同发展的产业格局，以民族文化为主导、吸收外来有益文化共同繁荣的开放格局。基本建立起统一开放、竞争有序、健康繁荣的现代出版物市场体系，以人为本、面向基层、惠及大众的新闻出版公共服务体系和技术先进、传输快捷、覆盖广泛的现代传播体系。为保证规划目标的实现，今后几年，国家在推动新闻出版业改革发展方面的整体投入和政策支持力度将不断加大，这就为新闻出版业科学发展提供了有力保障。

（三）我国国民经济和社会事业快速发展，文化消费快速增长，为传媒业发展提供了巨大的发展空间

目前我国人均国民收入水平位于 3000～5000 美元之间，根据国际经验，这一区间正值文化消费跨越增长阶段。当前我国文化消费相对水平较低，据统计，2010 年全国城镇居民家庭消费支出中，人均文化教育娱乐服务支出比重仅为 12.1%，表明我国居民文化消费潜力远未得到释放。伴随着国民经济的快速发展，人们在基本物质生活需求不断得到满足的同时，对文化消费的需求加速增长，消费观念也在不断更新，文化消费已逐渐成为人民群众追求生活质量的新标志。文化消费和文化产业交互增长，必将为传媒业提供广阔的发展前景和巨大的发展空间。

（四）新闻出版体制机制改革强力推进，为传媒业大发展提供强大动力

新闻出版体制改革从积极探索、开展试点到扩大试点，再到全面展开、由点到面，加快推进，取得一系列阶段性重大成果，空前地解放了新闻出版生产力，带来了新闻出版事业大繁荣、产业大发展和整个行业传播力、竞争力的大跨越。

（五）传媒业基于数字化的媒体融合为实现产业战略转型升级创造了广阔前景

传媒业同仁已经清楚地意识到，全面跟进数字化新趋势，实现产业战略转型升级，已成为我国实现向新闻出版强国迈进的重要战略任务，也是传媒业自我发展的必然选择。《新闻出版业"十二五"时期发展规划》也明确提出我国的新闻出版产业格局已进入战略调整期，产业形态的升级换代已进入加速期，因此将数字出版列入"以做优做大做强新闻出版产业、提高新闻出版业整体实力和竞争力为目标"的"五大产业"之一。突出强调要顺应数字化、信息化、网络化趋势,推进新闻出版业的转型和升级。

四、抢抓机遇,乘势而上,推动传媒业又好又快发展

今年是实施新闻出版业"十二五"规划的第二年,同时我们也将迎接党的十八大的召开,新闻宣传、体制改革和产业发展的任务都很重。对于传媒界来说,我想关键要做好以下几个方面的工作。

(一)深入学习贯彻六中全会精神,用六中全会精神指导传媒业的改革、发展和创新

党的十七届六中全会对文化建设、文化改革、文化发展作出了全面的部署。这将成为引领传媒业改革、发展和创新的指导方针。在过去的几年中,传媒业一直走在文化体制改革的前沿,已经成为文化产业的主力军,呈现出良好的发展态势。今后,我们要在六中全会精神的指引下,以高度的文化自觉和文化自信,进一步提高对加快传媒业改革创新的使命感和紧迫感,增强主动性和积极性,继续深化传媒业体制改革,大力发展传媒产业,不断完善公共服务体系,推出更多的精品力作,以满足和丰富人民群众对精神文化生活的需求。

(二)进一步加强舆论引导能力建设,坚持不懈地用社会主义核心价值体系引领多元多样多变的社会意识

十七届六中全会突出强调了社会主义核心价值体系的重要性,并从中国特色社会主义事业全局和战略高度,提出了全面推进社会主义核心价值体系建设的总体目标和任务。对于传媒业来说,如何牢牢把握正确导向,加强舆论引导能力建设,用社会主义核心价值体系引领多元多样多变的社会意识,是广大传媒工作者面临的时代课题。我们一定要宣传好、实践好社会主义核心价值体系,精心打造主流媒体在多元传播格局中的强势地位,尤其要加强对互联网等新兴媒体的建设、运用和管理,形成网上正面舆论强势,使互联网和手机等新兴媒体成为传播社会主义先进文化的前沿阵地。同时,要通过深入开展"走基层、转作风、改文风"活动,引导广大新闻工作者增强使命感、荣誉感和社会责任感,进一步增强新闻宣传的吸引力和感染力,切实提高舆论引导能力,充分发挥传媒对社会文明进步的积极作用。

（三）进一步深化报刊改革，推进体制机制创新，优化报刊资源和结构

去年，在各地各部门的积极努力下，非时政类报刊出版单位体制改革取得了积极进展。按照总的时限要求，非时政类报刊出版单位转企改制工作将在今年9月底前完成，因此还需要传媒界的同志们抓紧工作，保证改制任务的按时完成。但是，全面完成非时政类报刊出版单位转企改制，只是体制改革迈出的第一步，下一步还要继续推动报刊出版企业完善法人治理结构，建立现代企业制度，在企业内形成有效率、有活力、有竞争力的微观运行机制，重塑市场经营主体。在此基础上实现跨媒体、跨地区、跨行业发展，打造大型综合性和专业性、集约化和立体式报刊传媒集团、大型骨干企业和战略投资者。到"十二五"期末，形成北京、上海、广州等10家左右具有较强辐射能力的报刊出版产业集聚中心，打造10家左右跨地区、跨行业、跨媒体经营的大型国有报刊传媒集团，整合教育、科技等优秀期刊组建3～5家大型专业出版集团，建设20种在国际上有一定影响力的重点学术期刊。

（四）进一步完善新闻报刊公共文化服务体系建设

"十二五"期间，要继续按照公益性、基本性、均等性、便利性的要求，加快新闻出版公共服务体系建设，努力构建公益出版生产供给体系、新闻出版公益性产品体系、新闻出版公共服务网络体系和政策环境保障体系，建立完善新闻出版公共服务体系的投入保障、运行管理和绩效评估机制，不断提高新闻出版公共服务水平，更好地保障人民基本文化权益。在增强报刊业公共服务能力方面，总署将加强新闻报刊产品供给、网络体系、重大工程、资源平台和服务保障的体系化制度化规范化建设，以加大财政扶持力度实施重大项目工程为核心加强报刊公共服务建设，以建设管理技术平台加强法规制度为切入点建立新闻报刊市场良好秩序，完善新闻采编队伍管理。同时，通过实施城乡阅报栏（屏）建设工程，在全国城市和乡镇车站、商场、广场等人流密集地点建设阅报栏和电子阅报屏10万个，扩大党报等主流媒体的社会影响力，满足城乡群众报纸基本阅读需求。

（五）进一步促进传媒业与数字技术的融合，用数字技术改造传统传媒业，抢占传媒产业发展的制高点

传媒业的数字化建设早已成为传媒单位的共识，并得到新闻出版总署的大力指导与支持。为推动报刊数字化转型与产业升级，总署将做好以下几方面的工作：一是分类推进报刊业数字化进程，对区域性报纸、专业性报纸、学术性期刊等媒体的数字化发展提出具体建议；二是建设全国报刊数字化重点项目，主要包括国家学术论文数字化发布平台、全国报刊电子样本库等；三是鼓励报刊产业化升级的数字化产业化探索和基地建设，针对数字化发展过程中内容、技术、平台脱节的问题，鼓励基于互联网平台的新闻信息门户网站和报刊新媒体出版产品的建设，鼓励媒体单位积极探索成熟的报刊数字化信息服务商业运营模式，同时，推进报刊数字化项目实现产业化，开发新业务、新应用；四是解决制约报刊数字出版的基础性问题，包括标准、人才、资金、版权保护等突出问题。

（六）加强对传媒业的管理，杜绝虚假报道，确保传媒公信力

近年来，经过持续不断的整治，假报刊、假记者站、假记者、假新闻等违法违规行为得到一定遏制，但在部分地区仍屡打不绝。与此同时，部分数字媒体尤其微博上虚假新闻问题严重损害了新闻媒体的公信力，引起了社会公众的不满和批评。为此，需要采取有效措施加强管理：一是严格规范新闻媒体采编程序，确保公信力；二是整治假新闻、假记者；三是对个人借助互联网、微博、博客传播社会新闻加强管理，信息一定要真实、准确；四是加强传媒道德建设，提高新闻从业者的道德素养。针对目前报刊记者站在管理中存在的问题，新闻出版总署拟从5个方面采取17项措施，进一步加强对报刊分支机构及记者站的监督管理。同时，要建立科学规范的管理体系，2010年新闻出版总署已经开始着手实施报刊的出版质量评估，今年将在全行业推行报刊出版质量的综合评估体系，建立产品的质量检测标准，全面提升报刊的质量。

党的十七届六中全会已经为我们明确了建设社会主义文化强国的宏伟目标，传媒业的改革发展进入了最好的历史时期。我们一定要以更加昂扬的斗志、更加饱满的精神、更加忘我的工作，在六中全会精神指引下，再接再厉，再创佳绩，为推动社会主义文化大发展大繁荣，把我国建设成为社会主义文化强国作出更大的贡献！

机遇与挑战

THE MEDIA
AT ZHEJIANG UNIVERSITY OF MEDIA AND COMMUNICATIONS

目录

精英论道
ELITES' FORUM

003　《新华每日电讯》与核心价值观的有效传播 / 解国记

010　向公益传媒、公共服务回归的努力
　　　——对广电最新动向的一种解读 / 张　聪

018　增强"三力"　打破境外电视"不可战胜"的神话 / 徐惠如

023　新媒体变革
　　　——跨入人本传媒时代 / 刘　冰

028　报业集团全媒体转型的路径选择 / 王　纲

036　品牌引领　创意争锋
　　　——从羊城创意产业园看传统媒体发展的新路 / 周建平

041　iPad 来了，传统杂志如何生存？ / 朱学东

048　2011 年中国电视综艺节目的特点和趋势 / 谢耘耕

053　我国手机媒体的发展趋势和应用创新 / 吴红晓

060　《中国国家地理》的新媒体发展之路 / 才华烨

065　让报纸"活"起来 / 王　楠

073　三网融合时代的受众变化与媒体应对 / 李学东

品牌篇
CREATIVE CLASSICS

079　铸"今晚"品牌　创报业奇迹 / 杨驰原　马　莉　彭　波

091　提升全媒体传播力　推动传统报业走向现代传媒集团 / 李建国

097　社交网络的发展趋势 / 陈一舟

101　《汽车族》：顶层设计，系统运营 / 孙　刚

105　《淘宝天下》的远征 / 杨智昌

109　华商传媒集团报纸发行新策略 / 张永刚　翟树卿

113　以攻为守，使变更由危机变良机 / 李洪洋

119　南航传媒：奏响改制上市的华丽乐章 / 王建宁

126　浙报集团：品牌驱动发展 / 丁晓琴

131　小城大报之"扬晚"故事 / 彭　波

139　扬帆破浪，齐鲁青未了
　　　——齐鲁电视台品牌飞跃 / 齐鲁电视台

年度报告篇
INDUSTRY INVENTORY

151 2011年度十大新政 / 传媒杂志社编辑部

162 2011年度十大事件 / 传媒杂志社编辑部

172 2011中国传媒创新报告 / 中国新闻出版研究院传媒研究中心

182 难中求进　坚韧攻关
——非时政类报刊转企改制阶段性成果综述 / 杨春兰　黄逸秋

190 盘点2011中国电视 / 王文杰

195 2011互联网行业发展盘点 / 詹新惠

访谈篇
AUTHORITATIVE INTERVIEW

205 以实事求是的精神办好《求是》
——访求是杂志社社长李宝善 / 卢剑锋

212 媒体要做推动文化大发展的主力军
——访中国记协党组书记翟惠生 / 杨驰原　高　方

217 抓住改革发展机遇　推动报刊业做大做强做优
　　　——访新闻出版总署改革办主任、出版产业发展司司长范卫平 / 卢剑锋

224 《读者》：如何续写传奇
　　　——访读者出版传媒股份有限公司总经理彭长城 / 毕　磊

230 公益齐鲁　公信天下
　　　——访齐鲁电视台台长徐龙河 / 马　莉

236 党媒更应立潮头
　　　——访中国新闻史学会会长程曼丽 / 杨驰原　卢剑锋

244 何力的下一站：《全球商业经典》/ 彭　波

249 七十年的坚守：人民广播为人民
　　　——访中央人民广播电台副总编辑史敏 / 马　莉

255 打造网台联动新模式
　　　——访PPTV网络电视副总裁、总编辑陈峰 / 彭　波

259 用改革赢得未来
　　　——访中国电力报社总编辑白俭成 / 马　莉

精英论道

ELITES FORUM

解国记

《新华每日电讯》总编辑。新华社高级记者，享受国务院特殊津贴。曾任新华社河南分社副社长、新华社黑龙江分社社长，1999年起任新华社《新华每日电讯》总编辑。出版新闻著作主要有《既然当记者》、《中外新闻轶事》、《中外新闻掌故》、《记者到总编》、《新闻微观》等。作品曾获中国新闻奖，被《中外新闻名著鉴赏大辞典》、《中外新闻特写名篇赏析》、《新闻传播精品导读》等收录。

《新华每日电讯》与核心价值观的有效传播

文/解国记

引子：杭州湾的联想

1月7日，我乘坐CA1702航班来到杭州。当飞机飞临杭州湾上空时，我忽然想到一位曾在杭州湾工作过的同志讲过的故事。

他说，20多年前，他还在渤海湾一所大学攻读博士学位时看到一条报道：一只鲸鱼在那个海湾搁浅了，奄奄一息。当地村民闻讯蜂拥而至，为的是能得到一块鲸鱼肉。等救护人员赶到时，可怜的鲸鱼只剩下残骸了。

后来，他调到杭州湾工作；再后来又调到北京工作。2009年3月，他在电视上看到一则报道：杭州湾同样发生了鲸鱼搁浅的事情。那只庞然大物，尽管奋力挣扎，想游回大海，但却越陷越深。当地群众发现后，积极营救。大小两艘渔船、18位警民冒着船毁人亡的危险，奋战两个多小时，终于使那只搁浅的鲸鱼起死回生，重归大海。

渤海湾、杭州湾这两只同样搁浅鲸鱼的不同命运故事，是在哪里讲的？

——人民大会堂金色大厅。

听众是谁？

——路透社、美联社、法新社、BBC、新闻集团等全球一二百家顶级媒体机构领导人。

他想向世界传递什么样的信息？

——中国民众生态和环保观念的重大跨越，中国社会的进步，媒体的责任与影响。

演讲效果如何？

——我看到出席会议者被他讲的故事深深吸引和感染了。很多人盯着他的脸全神贯注地听，包括众多戴着同声传译耳机的外国朋友。

这位演讲者不是别人，正是新华社社长李从军同志。如果他不是讲两只鲸鱼的故事，而是讲中国政府的环保政策和国民教育举措，再列举一串数字，就很难预料是什么样的传播效果了。从军社长一直强调报道的吸引力、感染力、传播力、影响力的问题，新华社的终端媒体也一直坚持这样的追求。

《新华每日电讯》当然也不例外，如何增强其吸引力、感染力、扩大传播力、影响力，实现国家价值观的有效传播，实现正确舆论的有效引领，一直是我们的全力所向。

大路货、大家用，缘何效果不相同？

毫不讳言，《新华每日电讯》的内容来源并无特殊之处，就是新华社面向各媒体公开播发、大家都可以随便刊载的大路货。但大路货、大家用，缘何效果不相同，主要是在于媒体选择什么稿件，放在报纸上的什么位置，以什么样的话语风格向读者推介使然。

从军社长讲鲸鱼故事的 2009 年，是汶川大地震后的一周年。为纪念这个特殊的日子，新华社刊发了一篇稿件，讲述汶川大地震最后获救的一群人和一只狗的故事。

地震发生后，有一队死里逃生的矿工，带着伤口，在绵竹群山里茫然地走着。不知何时，后面跟了一只庞大的狗。它毛色漆黑，牙齿尖利。虽然不凶也不叫，但谁也不敢保证它不咬人。

突然，狗狂吠起来。大家正奇怪时，一波余震来了，大家赶紧蹲下，对狗刮目相看——原来它会报警地震。

下午，狗更大声叫，大家赶紧停下。随之山摇地动，泥土巨石瞬间吞没了眼前的必经之路。大家对救了自己一命的狗充满感激，给它取名"黑狼"。

当时，这支队伍每天只吃一顿稀粥，饿得要命。于是有人瞟着"黑狼"说："咱们饿成这样，什么都可以吃吧？"那话的意思非常明白。但一阵争论之后，不但没吃狗，吃饭时还给狗喂一点米粒。但狗还是饿得不行，比较高的坝坎上不去，人们就把它抱上去。

第四天，"黑狼"走路直打晃。忽有人喊："'黑狼'不行了！"它一动不动。人们呼叫它，它眼角涌出一颗大大的泪珠。它走了。

这时，又有人主张吃它，但更多的人哭了：不能吃，它是咱们的救命恩人！

于是，一个特殊的葬礼开始。人们把狗抬进一个洼坑，埋上土，盖上树枝。虽然天阴风凉，但大家忘记了自己的困境，围着"黑狼"的坟，肃穆地站了一圈……

这是一篇3000字稿件的梗概。这篇稿件，有的报纸没用，有的用在后面的版面上。本报不同，放在头版，且正头版头条。为什么？编辑为之写的"旁白"说：故事中的人们之所以能绝境求生，也得益于不同生灵间相知相依、又互相激发出的求生力量。当我们面临亡国灭种的时候，仇恨是一种力量；当要超越苦难时，悲情是一种力量；当构建和谐社会时，心灵的柔软也是一种力量。构建和谐社会，需要更尊重他人的价值，关爱他人的生活，需要我们的心灵柔软些，再柔软些。

从网上情况看，本报这篇"狗稿件"的传播效果和影响是好的。尽管它是新华社通稿，但敲入关键词搜索，不少网页标注的来源却是《新华每日电讯》。说到底，不过是因为它像李社长讲的鲸鱼故事一样，"狗稿件"蕴含有中国大众和人类共有的价值取向，触及到了人类终极关怀的命题，我们把它突出推介，才吸引和感染了受众。

为读者当新闻秘书，替读者选新闻精品

当然，《新华每日电讯》的头版头条不可能经常是"狗稿件"一类的内容，它不过是我们多年来追求的例证之一。

2002年改版以来，《新华每日电讯》从一张专为新华社通稿落地服务的"卡拉OK"、自娱自乐型报纸，逐步改造、创新为一张选编新华社报道精品为主、同时荟萃全国媒体精品的新锐主流时政大报，实际上已经像一张大型文摘日报，或者说是"主流时政大报的形制，大型文摘日报的操持"，就是以办文摘日报的路数来办这张主流时政大报。

这样的转变，主要是因为随着信息爆炸、信息拥堵情况的发生，读者迫切需要一张替他们筛选、整理新闻信息的报纸。市场上既有的文摘类报纸虽有此职能，但版面小、周期长，已不能满足读者每日所需。日报里面无文摘，文摘里面无日报，《新华每日电讯》打的就是这个空档。

经过摸索，我们逐渐形成新的办报主旨：为读者当新闻秘书，替读者选新闻精品——每天替读者把新华社最好的东西，把其它媒体最好的东西，进行选编和重组，奉献给读者，节省他们大量的时间和精力。具体说来，就是：

该删的要删。比如有一条很"重要"的稿子，八九千字。我看了两遍，居然没找到新闻在哪里，新思想在哪里，便压起来没用。直到第二天央视播报这个题材，才明白新闻点是什么，立即让编辑把央视的一句话拿来，又从那篇八九千字稿子中找出六七百字进行组合，写明"据"两家新闻单位"报道"的电头，登到了报纸上。结果，很快就被许多网站转发。而那篇大稿子，除了有传统大报采用外，很少网站转发。

该突出的要突出。比如新华社在2011年"走转改"中涌现出的好稿件，我们已刊发约500篇，大部分在头版。不但读者欢迎，还受到中央领导肯定，充分发挥了百万时政大报的舆论引导作用。如精品力作《守望精神家园的太行人——红旗渠精神当代传奇》，中央领导长篇批示，媒体、读者和地方党委政府高度关注，社会反响很大；《在痛定思痛中浴火重生——从瓮安之乱到瓮安之变警示录》，读者和媒体关注，报纸还发表相关评论；《车载肩扛，送上及时水救济粮》、《先诊疗后结算》、《苹果树上"摘下"小车小楼》、《船上新货郎　归来福满舱》、《麦麦提·托合提大叔探女记》等，中央领导认为"新风扑面，称之"上乘之作"；《告别'黄豆拌饭'》，配的两张儿童手捧干饭的照片特别有感染力；《父子两代电影梦》、《百里邮路千户情》两组照片，既烘托装饰了版面，又表达了生动感人的故事，受到读者称赞。

总之，当添则添，当去则去；当弱化则弱化，当突出则突出。所以说，新闻秘书的角色很重要，为读者着想的思想很重要。选编新闻时遵循的理念尤其重要，那就是报道真相，传播真知，追求真理；以人为本，以民生为重，张扬人性、人道、人文。惟其如此，才能做强核心价值观有效传播和正确导向引领的内容基础。

让版面荡漾"白话新风"

有了受众和市场欢迎的内容，应该说报纸就有了一个不错的基础。但内容的表述，内容传播的语言风格，同样意义非凡。不解决"怎么说"的问题，新闻报道仍然难以解决吸引力、感染力问题，更谈不上传播力和影响力。

我是一个收藏文革时期、大跃进时期报纸的媒体从业者，可以说看够了那些把大话、空话推向极端的所谓"主流报道"。因而，特别不愿意让大话、空话、套话登上《新华每日电讯》。因为大话、空话、一说一串的套话，虽都很"正确"，但总让人觉得不实诚，总感隔膜，吸引力、感染力会大大减弱。

其实，无论多正统、多高深的东西，都可以以自己的话语方式、有个性地来表达。比如胡锦涛同志的"不动摇、不懈怠、不折腾"，一出口便让人记住，且广为流传。所以《新华每日电讯》也一直追求口语化、通俗化表达，用群众的语言来传递所选择的内容。如果稿件没做到通俗表达，我们又不能改写，那么至少也要重新制作一个群众语言风格的标题来实现。由此，《新华每日电讯》在版面上逐渐形成了自己鲜明的"白话新风"。

自然，我们这里所说的"白话"，不是针对文言，不是为白话而白话、为口语而口语，而是为了让假大空、官腔套话和形式主义遁形。"五四"后的白话文，针对的是文言文，它打通了"文"和"言"分离的格局。本报追求的"白话新风"，是对现在"文"和"言"相脱节的又一种打通。这里的"文"是指读、写中的大话、空话、套话，"言"是指社会生活的闲谈用语、口语。我们追求的大白话、口语化，是更接近生活的"真话"。

此外，当下的舆论状况，大致存在着三个舆论场和话语体系：传统主流媒体舆论场、网络舆论场、群众口头舆论场。这三个舆论场，当然有一致和重合之处，但话语风格、文风等有各自的特点。

那么什么风格的话语能在三个舆论场通行呢？就是口语和大白话。《新华每日电讯》形成的文风和白话、口语化实践，实际上是对三个舆论场话语风格的贯通，因而更易为受众乐见，对读者更管用。

今天，《新华每日电讯》的优质内容、白话新风的吸引力、感染力，正逐渐受到受众和市场的欢迎，读者日众、传播日广、影响日大。在新媒体冲击纸媒体式微的大势下，发行量连年猛增，由十几万到几十万，2010年突破百万，

达到 105 万。2011 年继续增长，已经超过 120 万。

《新华每日电讯》百万发行量之前，中央级大报中，发行量第一名是第二名的四五倍，更比其他名次的总和还要多很多，这样的结构是不太正常的。百万《新华每日电讯》的出现，改变了这种构成，形成了前一名相当于后一名两倍左右的较合理梯次。应该说，这无论对于中央级大报方阵的构成，还是在中央舆论宣传的有效性上，都是有相当意义的。

2011 年度的一次国内新闻学术年会上，有位专家提出了一个"双峰"的概念：现在中央级综合性时政大报里，够得上"百万"级的，包括《新华每日电讯》在内，只有两家报纸，这两家报纸可并称中国中央级综合性时政大报的"双峰"。

"双峰"的提出，既让我们这个后来者增强自信，同时又让我们时时自省。毕竟，"双峰"不是等高峰。我们的创办史、发行量，我们的品牌地位，相差何其远也。故此，我们不陶醉，我们不停步。

张 聪

中国广播电视协会副秘书长，高级编辑。1984年进入广播电视系统，长期从事广播电视政策、理论研究和文字工作。先后供职于广电部（现广电总局）政策研究室、办公厅等部门。1997年调入中国广播电视协会。曾参与公务员教材《广播电视概论》、《21世纪议程》、《中国电视史》等多部重要著作的编写和主编工作，并多次出任中国新闻奖和中国广播影视大奖评委。现为中国广播电视协会副秘书长、学会委员会副主任、《中国广播电视学刊》常务副总编。

向公益传媒、公共服务回归的努力
——对广电最新动向的一种解读

文/张 聪

广电系统最近有几个动作,在业内影响深广,在社会上也引发了不少议论。那就是最近所谓的"限广令"和"限娱令"开始实施,以及因央视诉讼再次浮出水面的"三网融合"争议问题。我个人认为,这些都应视作广电管理部门促使广电媒体向公益传媒、公共服务回归的努力。解读这些措施背后的含义,有助于我们对广播电视媒体的本质属性有更清晰的了解。

"限广令"

2011年11月25日,广电总局发布的《关于贯彻执行〈广播电视广告播出管理办法〉的补充规定的通知》(广电总局令第66号)于今年1月1日起正式实施。内容主要是,清理并撤销2012年电视剧的插播广告时段,确保自2012年1月1日起,播出电视剧时,每集(以45分钟计)中间不得再以任何形式插播广告。

文件颁布后,观众一片叫好之声。但也无须讳言,它对广电媒体广告收入的影响也是巨大的。有人估算,全国仅此一项,就将减少200亿收入,占2011年全年电视广告总收入的1/4还要多(2010年全国电视广告收入796.59亿元)。

政府出面对电视广告经营进行干预,这不是第一次,但却是涉及面最广、力度最大的一次。

政府之所以不肯放松对广告播出的管理是基于这样的认识：广播电视是党和政府的喉舌，必须重视正确的导向，管理权必须牢牢掌握在党和政府手中；广电媒体是公益性组织，应提供公共服务，把社会效益放在第一位。

正因为如此，1983年以来的28年中，政府发布的有关广告的规章和规范性文件已有25件之多（包括过期失效和已有新规定替代的），几乎达到平均每年一份的地步。

媒体广告怎会发展到政府认为非治理不可的地步？又是什么原因令广电媒体痼疾难除，迫使政府必须一次次出手进行规制呢？冰冻三尺非一日之寒，除了媒体广告经营的不规范外，一定程度上也囿于政策原因及其历史发展过程。

这样就产生了两个悖论。

第一个悖论：鉴于广播电视在形成和引导社会舆论方面的重要作用，一方面，政府不可能放松规制，必须把领导权掌握在手里，以确保媒体导向不出问题，不捅娄子，不惹乱子，还不能让老百姓反感；另一方面，由于政府财力有限，却又不得不让媒体从市场运作中解决自身发展需要的资金问题，媒体便被赋予了一定的经济职能，在政府财政供应不足的情况下，必然会不自觉地沿着倚重经济效益的运行规律演进下去。所以，只要政府投入的问题一天不解决，想要媒体不考虑经济效益，主动掌握好两个效益之间的平衡，实际上是非常困难的。毕竟这关系到媒体在竞争日趋激烈大背景下的生存与发展问题。

第二个悖论：媒体在获得一定的经济职能之后，确实焕发出了相当的活力，比计划经济时期的抱残守缺有很大进步，丰富群众文化生活的作用与日俱增，这是媒体与市场经济接轨带来的好处。但其不自觉的逐利行为也令政府监管难度加大。放任不管，会漏洞百出。可如果重新回到全额拨款的老路上，媒体由此产生的不思进取的惰性心理，又会使政府背上沉重的财政包袱，这对于调动媒体的积极性，特别是对节目数量的丰富和质量的提升也未见得有任何好处。

于是，在政府目前尚不具备条件或者还不想或不能改变现有政策的前提下，对媒体广告的管理便出现了"放一放、再收一收"，时松时紧的局面。

我们知道，近年来广播电视进行了一系列眼花缭乱的改革（三局合一，两台合并），但无论怎么改，也没有把广播电视台事业单位的性质改掉。这就决定了广播电视必然要承担提供公共文化服务的使命，而广播电视作为"党和政府喉舌"的性质也是不可更改的。这正是政府之所以会公开"亮剑"而媒体却不会公开"顶撞"的原因。

在这样的一个大前提下,要使广电媒体继续保持公益媒体特色,大致有三种选择:一是维持现有的广电事业与节目规模,大幅度增加财政投入。亦即按照中央关于促进文化大发展大繁荣的决定要求的那样,做到"以政府为主导,以公共财政为支撑"。这样,媒体少了经费上的后顾之忧,自然也就失去了继续做广告的理由,荧屏的净化水到渠成。二是根据国家财力的大小,确定可以支持的频道频率数量,裁撤财政补贴不能覆盖的多余部分。三是实行媒体按性质的分类管理。像当前事业单位进行的改革或非时政类报刊转企改制那样,公益的归公益,由国家财政负担,其余的推向市场。

三者必居其一。否则,混乱的情况恐怕不可能消除。

但遗憾的是,目前除了重庆表示要给广电追加投入之外,其他省尚无相应表态或拿出其他的办法。广电媒体下一步究竟将如何发展,是基本维持现状、只做局部调整,还是加大投入、一次性从根本上解决问题,目前仍是未知数。

总之,"限广令"的实施,是政府想把在商业化道路上渐行渐远的媒体重新拉回公益道路的又一次努力。我个人认为,这是解读当前广电政策和今后走向的一把钥匙。这个问题弄通了,其他的问题也都可以迎刃而解了。同时我也认为,由于体制机制改革没到位或思路尚未完全理清,这样做的效果将十分有限。因为如果不能如中央决定那样从根本上解决媒体生存所系的经费问题,媒体就总要想方设法挣钱,解决自身发展之需要。如此,政府把媒体往回拉的努力恐将永无休止。如何冲出"一管就死,一放就乱"的怪圈,在收与放、治与乱之间寻找适合的平衡点,将成为困扰政府的长期问题。

"限娱令"

"限娱令"准确的名称是《广电总局关于加强上星综合频道节目管理的意见》,文件的核心是要建立"上星综合频道节目播出调控制度"。《意见》指出,上星综合频道的定位应该是新闻综合频道,必须以新闻节目为主,以宣传教育为主,不能办成专业频道,更不能办成娱乐频道。为此《意见》要求,省级卫视每晚黄金档(包括晚间)必须播出三档包括《新闻联播》在内的新闻节目,每天新闻自制时间不得少于90分钟,每台每周黄金时间播出的综艺节目不能超过两个。黄金时间限制播出相亲、情感故事、竞技节目、综艺娱乐等七大类节目。因为该意见对各台综艺娱乐类节目影响最大，业界习惯形象地称之为"限娱令"。

此前，全国卫视综艺娱乐类节目有 126 个之多，且作为当家节目，多安排在黄金时间播出。如果按意见执行，全国 34 个电视上星综合频道，每台每周不超过两个，理论上的最大容纳值只有 68 个，相当于拦腰砍了一刀。难怪各卫视感受最深的是文件对娱乐节目的限制。

各级卫视为什么一窝蜂地争着上综艺娱乐节目？其实原因很明显，说到底是因为它能吸引眼球，拉动收视，容纳更多的广告，创造较高的经济效益。

政府为什么要对其进行控制？除了部分原因与对广告进行管控相同外，最重要的还在于这些节目的内容，很多是与社会主义核心价值体系相冲突的，有对观众进行误导之嫌，这直接损害了媒体坚持正确导向的功能。而且，这些节目往往相互克隆，同质化严重，泛滥成灾，多到了令人反感的地步。

广电媒体的性质功能不容改变，所以，对这些节目的整顿当在意料之中，只是时间早晚而已。对此，一些原本以此类节目称雄的电视台都有所觉察，知道此举非长久之计，早已做好整改的心理准备。

不过，通过调研，也听到一些不同的反映。有的同志认为，娱乐类节目过多，确实应该限制，但"切一刀"可以，"一刀切"则显得有些过。毕竟提供娱乐是广电媒体的一大功能，可以满足老百姓很大一部分需求。同限制娱乐类节目的形式相比，似乎更应该重视限制娱乐类节目中的低俗内容。与其限娱，不如限俗。还有的同志认为，如何界定被限制之列的娱乐节目，标准应该细化，应该更加明确。比如，有的节目本意在传承中华优秀的传统文化，只是揉进了娱乐元素或借助了娱乐的形式，是否也当在被限制之列，值得进一步研究。不要在"泼出脏水的同时把孩子也泼掉"。

应该说这些意见都是值得重视和研究的。当然，矫枉难免过正。政府的当务之急是要使广电媒体重回公益媒体、提供公共服务的正确道路上来。相信经过一段时间的磨合，这些悬而未决的问题会逐渐得到解决。

"三网融合"的争论

国务院颁布的《推进三网融合总体方案》（国发〔2010〕5 号），确定了三网融合 12 个试点城市的名单和试点方案，被舆论乐观地认为三网融合终于进入实质性推进阶段。表面上似乎已经尘埃落定,但实际上,广电与电信方面的矛盾始终未曾间断。

2011年8月,中国网络电视台(CNTV)正式就江苏电信和广东电信IPTV业务平台侵权盗播中央电视台相关电视栏目视频的行为向南京中院和广州中院提起了维权诉讼,使这一争论再起波澜。由于这是广电第一次对电信运营商起诉,引起世人广泛关注。许多人认为这是两个行业间的利益之争,应该各打五十大板。这说明大家对争议的实质是什么,尚缺少深入的认识和理解。

广电和电信本来是业务互不交叉的两个行业,之间并不存在所谓的竞争。现在之所以起了争执,主要在于基于网络的增值业务部分互相有了交叉,而问题的焦点在于谁有资格掌握电视节目的网络播控权。这方面,电信基于扩张和完善产业链的考虑与需要,急欲获得内容资源,挟技术领先和雄厚资本的优势,采取的是攻势;广电产业规模小,网络技术有待更新升级,出于保护内容安全的职责需要,不同意出让网络播控权,采取的是守势。争执可以说完全由电信方面主动进攻而引起。

但事情的分析可以简单,问题的解决却不简单。有人认为,既然电信方面技术先进又实力雄厚,用电信的网传电视内容不是很简单吗?实际情况并非如此。

首先,需要分清一个概念:三网融合不是三网合一。广电网和电信网是两个并行独立的物理网,国务院《三网融合方案》对三网融合给出的权威定义是:三网融合是指电信网、广播电视网、互联网在向宽带通信网、数字电视网、下一代互联网演进过程中,其技术功能趋于一致,业务范围趋于相同,网络互联互通、资源共享,能为用户提供语音、数据和广播电视等多种服务。这就首先否定了并入一个网即电信网的问题。因为在现实条件下,广电与电信不仅业务范围不同,业务的性质更是有天壤之别,绝不可混为一谈。

其次,三网融合是有前提条件的,那就是方案中指明的,必须是宽带通信网、数字电视网、下一代互联网的融合。也就是说,融合不是当前要做的事情。现在的技术条件不对等,想融也融不起来。只有宽带通信网、数字电视网、下一代互联网才是"技术功能趋于一致,业务范围趋于相同,网络互联互通、资源共享"的基础条件。而且,即使技术条件成熟了,可以融合的恐怕也只有双方互有交叉的增值业务部分。至于各自的核心业务部分仍然要各司其职。

当前，在建设宽带通信网、数字电视网和下一代互联网的问题上，三个方面都在加快进度，都在为下一步融合做准备。

必须承认，由于电信（实际掌握着互联和通信两个网）技术基础条件好，资金充足，占据相对优势，进展更为迅速一些。

相比之下，广电方面显得要被动许多。由于历史、体制等方面的原因，有线网没有形成电信网那样的全国一张网，而是被分割得很零碎，更没有全部实现数字化。这种不对等的局面，使广电面对迫在眉睫的三网融合时承受着巨大的压力。

第三，在完成预订目标的进度上双方存在着时间差。按照工程目标，中国电信宽带用户的接入带宽将在3~5年内跃升10倍以上，并将持续快速提升；资费在3年左右迎来"跳变期"，并将持续下降。他们的计划是在2011年新增光纤用户3000万，2013年达到8000万，"十二五"末光纤入户（带宽在100M以上）超过1亿。现在很多地方的电信IPTV都出现了高清视频节目，而且几乎涵盖了数字电视拥有的所有频道。而广电除了资金缺口，面临更复杂的问题。按照去年出台的《中国下一代广播电视网（NGB）自主创新战略研究报告》提出的规划，广电要"形成与电信网公平'竞合'的态势，突破三网融合中的'代差'瓶颈"，就必须建设下一代广播电视网，而这需要分三个阶段，用十年左右的时间（至2019年）才能建成。这显露出广电与电信在实现规划目标上的时间差异。

第四，谁有资格建立内容集成播控平台、掌握电视节目的网络播控权。其实答案是明确和肯定的。国务院《三网融合方案》规定得非常清楚：IPTV、手机电视的集成播控业务由广电部门负责，宣传部门指导。具体任务是：广电部门按照广播电视治理政策法规要求，加强对从事广播电视业务企业的业务规划、业务准进、运营监管、内容安全、节目播放、安全播出、服务质量、公共服务、设备进网、互联互通等治理。这对文化、信息安全的要求是很高的。所以，互联网电视牌照和IPTV牌照均由广电部门掌握。其根本原因就在于：网络的快速发展与普及在给人们带来便利的同时，也产生了各种消极负面的影响。特别是网络传播的广泛性、跨国性、复杂性和易受攻击性等特点，网络文化和网络舆论对国家信息与文化安全乃至社会的稳定都提出了重大挑战。鉴于中国的国情，电视媒体除承担大众传播媒介的社会属性外，还必须承担国家作为党和政府"喉舌"的政治属性。因此中国IPTV的发展，将无法脱离广电的

监管，这既是中国的国情所决定的，也是广电部门的职责所在。特别是在"当今世界正处于大发展大变革大调整时期，各种思想文化交流交融交锋更加频繁，维护国家文化安全任务更加艰巨的复杂形势下"，要想让政府对具有意识形态属性的广播电视撒手不管，是完全没有可能的。客观而言，内容把关的工作既不在电信业务范畴，电信也缺乏这样的资质与能力。

为了节目传输安全，实现在内容上的管控，广电目前采取的措施是在有条件与电信实现对接的12个试点城市的有线网中，建立内容集成播控平台或分平台，用以推广IPTV。这应该是确保内容安全前提下唯一正确的抉择，是稳妥的和积极的。但遗憾的是电信方面并不配合，而是采取打擦边球的方式，试图绕过广电对内容的管控。而正是由于电信出于产业发展的动机，千方百计想摆脱广电对内容监管的羁绊，自成体系，所以才不可避免地引起了矛盾和冲突。例如CNTV有关人士曾反映，他们"与多家地方电视台一起在8个试点城市投入近2亿元建设了IPTV播控总平台和分平台，说服地方电视台顺利完成了内部网络对接，但是在与电信运营商的网络对接上却卡壳了"，以至于"造成前期投入的资金和设备都处于闲置的状态"。同样的问题在广东等地也有反映。

对于广电与电信的区别，一些业外人士其实也已看出了端倪。吴纯勇先生就曾公开表示，"工信部以提高产业竞争能力为出发点，对终端厂商所持的是鼓励态度，但是广电重视的是内容监控，两个部委的出发点不一样。"这样说是符合实际情况的。所以我们不能把广电与电信之争简单地理解为单纯的行业之争，实在是因为广电出于职责而不能不争。

以上林林总总，表面上十分热闹、曲折复杂，但深究起来，很多问题的产生，实际上是出于广电行政管理部门坚守对内容安全包括传输安全负责的底线，这似乎应成为判断广电今后走势的一个基本出发点。

徐惠如

广东电视台副台长。1978年进入广东电视台，一直从事新闻工作，从记者、组长、副主任，到新闻中心主任、高级记者。先后有87篇新闻作品获得全国或全省优秀新闻奖，最高奖项为中国新闻一等奖（《广东：农民成了现代农业投资主体》）。曾获得"全国百佳新闻工作者"、广东省"金枪奖"、"广东省广播电视突出贡献奖"和"广东省抗洪抢险优秀新闻工作者"等荣誉称号。

增强"三力"
打破境外电视"不可战胜"的神话

文/徐惠如

广东电视台已经走过了52年的历史,创业时有南大门之便,改革时有特区窗口之利,得改革风气之先、开放信息之灵。借此,广东电视新闻报道闯出了一片新天地。

广东电视媒体业的特殊性

广东电视台一直坚持新闻立台,新闻改革一度走在全国前列,也曾创造出多个"之最":最早在地方台中开办早间新闻;最早进行新闻现场直播报道;最早实现新闻节目直播(1987年12月广东电视台新闻由录播改为直播,1996年1月中央电视台《新闻联播》由录播改为直播);最早在地方台中开办国际新闻。

但是,随着改革开放的逐步深入,广东成了海内外电视媒体竞争最为惨烈的地区。据澳门大学陈怀林教授1997年至1999年在广州进行的受众调查数据显示,"亚视"和"无线"两家香港台的4个频道在广州的收视份额高达80.83%,而国内的几十个频道只能分享剩下不足两成的市场。可以说,多年来广东观众看到的本地新闻大多是"出口转内销"的,电视新闻的话语权基本上是由香港电视主导,我们的舆论引导则常常处于被动局面。

此外,广东省内有3个上星频道,即广东卫视、南方卫视和深圳卫视,再加上目前面向公众播出的9个境外电视频道,还有30多家加密播出频道,在广东能够收看到的电视频道多达130多个。广东地区已成为境外电视媒体逐鹿中原的桥头堡和实验室。

面对这种情况,广东电视台新闻采编人员首要的责任是"强身健体"。一是增强信息获取能力;二是增强记者到达现场能力;三是增强报道表达能力。这样的"三力",经过广东电视人多年艰苦的努力,境外电视"不可战胜"的神话被打破了。

践行"三力"显成效

从2005年开始,广东电视台两个大板块的新闻,如《今日关注》和《630新闻》等栏目收视率遥遥领先于"亚视"和"无线"两家香港台,一些境外媒体也开始采用广东电视台的消息。目前,仅《今日关注》在广东城乡收视率就达11个点,收视人群约910万,而香港翡翠台和本港台在广东的收视分别降至1.25点和1.12点左右,收视人群约占97万和87万。这一变化是逆转性的。

2005年12月8日,广东电视台创办了新闻频道,这标志着广东电视新闻又迈上了一个新台阶。目前,广东电视台的新闻栏目共有10多档,主要分布在广东卫星频道、珠江频道和新闻频道,每天首播新闻总时长达10小时,播出时段跨越全天。

2011年3月,广东电视台新闻节目《今日关注》获得"全国电视栏目民生影响力60强"称号;同年9月,又获得"全国十大最具原创精神电视栏目"称号。《新闻最前线》栏目获得了"2011年中国十大品牌电视栏目"称号。广东新闻频道荣获2011年度"中国品牌媒体百强——最具品牌价值地面频道10强"称号。舆论监督栏目《社会纵横》获得广电总局颁发的"新中国60年有影响力的60个广播电视栏目"的称号。

我们在参与国内外新闻竞争中深刻体会到,只有增强"三力",才能在新闻报道竞争中占有一席之地。

一是获取信息能力。首先,因为突发新闻是媒体争夺的主战场,报道突发新闻必须在重大新闻发生后,我们的媒体能够做到首播。作为电视媒体,它不受平面媒体出报时间的局限,电视是全天滚动播出。一般情况下,我们要求省内的新闻,先口播,再电话连线,再视频播报,再深入解读。做到首先发声,先入为主。其次，我们坚定不移地把电视新闻往深度的方向引。新闻改革就是要努力把概念化、概括性的东西去掉，要更多地关注人文、关注人的内心。最后，对于国际新闻的信息，现在广东台与美联社、路透社都有合作，每天都有很多新闻资源，提供给我们。在国际大事件爆发的时候，可以第一时间获取报道内容。

二是记者到达现场能力。记者到达现场能力的提高，是我们在新闻报道中掌握主动权的重点，也是媒体抢占新闻影响力的第一要求。因此，时效性是广东台电视新闻与境外媒体竞争的又一利器，因此，"新闻直播常态化"是广东电视台近年来新闻改革的重要目标之一。另外就是把"简讯"变成"快讯"，让"快讯"更具有时效性。

在实践中，广东台逐渐摸索出了开展新闻现场直播常态化的一些规律，积累了很多经验。理念上，我们加强对突发事件的敏感度和关注度，以最快的速度走进事件现场；内容上，我们将新闻现场直播逐渐向社会、民生题材转变，使新闻直播更多地面向百姓，反映百姓生活；质量上，我们努力实现高质量的新闻现场直播，使现场直播的画面、声音、记者解说等要素都达到最好状态，更能生动地表现出常态化的新闻现场，使新闻现场直播更有魅力。

三是报道表达能力。这是我们在"改文风"中迫切解决，但是远远没有解决好的问题。新闻媒体的报道应当贴近百姓生活的真实细节，又要时刻紧扣国家发展的重大主题。在具体工作中，我们不是缺少新闻，而是缺少发现；我们不是缺少主张，而是缺少好的表达。也就是说，怎么表达给老百姓，让观众容易接受，喜闻乐见，非常重要。

以"走转改"报道为例，广东电视台先后派出近200名记者走入各基层。我们要求记者必须人到基层、心到基层，必须和采访对象拉家常、交朋友，必须付出体力、真心和基层群众真诚地交流。这批报道手法很朴实，"老老实实"地回归到新闻最本质的要求上，收到了很好的社会反响。

三方面提升新闻报道能力

应对激烈的竞争，广东电视台新闻报道能力还须从以下三个方面进行提升。

一是新闻判断能力。在我们生活的这块土地上，我们拥有优先的采访权和话语权。判断什么是新闻，什么正在成为新闻，什么将是新闻，这源于我们记者的发现和坚守。

二是发现新闻的能力。我们必须对新闻题材进行挖掘和扩展，电视新闻往往只是报道事件的结果和结论，报道过于简单，远远不能满足现代观众的求知欲望。受到栏目时长的局限，有时电视新闻会把一些重大事件做成简单报道，观众不解渴。其实，观众对那些非常关注的热点事件、重大事件，很想知道新闻发生发展的相关信息，这就需要我们记者、编辑要有挖掘扩展新闻的能力，如进一步报道新闻事件的背景或预测新闻事件将要发生哪些新的情况，这些都是新闻。

三是做有品质的新闻。常态的新闻其实比拼的是思想。比如主题报道，要做有观点、有思想、有品质的新闻。突发新闻比拼的是速度，我们提出了一个口号，"和全世界夺天下"。现在我们做新闻规定了基本要求，哪里发生新闻，接到消息后，15分钟就要出发，到达现场15分钟之后要传回现场画面。现在广东各市县已形成了传输网络，我们的电视新闻报道正朝着更快、更新、更精彩的方向发展。

刘 冰

中国互联网络信息中心副主任、发展研究中心主任。先后主持发布第 22 次、23 次、24 次、25 次、26 次、27 次、28 次中国互联网发展状况统计调查报告。先后发布近 40 份互联网垂直领域报告，主持、参与完成多个部委委托项目，主持完成中科院计算机网络信息中心自主项目《中国互联网发展状况统计调查报告》，主持完成《中国科学院信息化评估》、《中国科学院信息化资源报告 2010》、《中国科学院信息化发展报告》等。

新媒体变革
——跨入人本传媒时代

文/刘 冰

继报纸、杂志、电视之后，以互联网为代表的新媒体在社会媒体传播中正发挥着重要的作用，已经成为不可或缺的信息传播渠道。中国新媒体的发展可以分为三个阶段：首先是大众电子时代的web1.0时代，信息主要由少数机构发布；之后是web2.0时代，新媒体在技术发展的带动下，其信息内容和传播方式逐步呈现出个性化的特点；目前我们正处在第三个阶段，在web2.0时代的基础上，新媒体的社会化元素逐步增多，正逐步跨入人本传媒时代，其所提供的典型服务包括SNS社交网站、微博等。

具体而言，进入人本传媒时代后，新媒体的发展变化主要表现为：内容源的改变、传播模式的改变以及消费模式的改变。

内容源逐步分散，人人都是内容源

以脸谱网（Facebook）和推特（Twitter）为代表的基于社会关系的新媒体传播工具，正在构成一种不同于以往的新兴媒体形式。不仅具备互联网媒体特有的迅速、多元、个性、交互的特性，更为重要的是，信息传播者和接受者的界限变得模糊，新闻传播的受众变成了内容生产的源头，海量受众通过数字化的形式深入地参与到信息的组织、生产和传播的过程中，使得内容的源头已经悄然变化。

随着社会化媒体如博客、社交网站，尤其是微博在中国的迅速发展，网络

机遇与挑战
STRESSES THE MEDIA
AT ZHEJIANG UNIVERSITY OF MEDIA AND COMMUNICATIONS
——在浙江传媒学院讲传媒

信息的来源已经从固定的单一渠道转变为丰富、离散的多种渠道，信息的传播主体也从专业人士走向草根大众。截至 2011 年 12 月底，我国博客用户数量为 3.19 亿，社交网站用户数量为 2.44 亿；微博用户数达到 2.5 亿，年增长达到 296%。社会化媒体应用人群的迅速壮大，催生了海量内容源的产生。

同时，随着手机与社会化媒体应用的紧密结合，内容传播已经不仅仅限于文字的形式，通过手机拍摄产生的大量视频和图片，造就了一个人人可成记者的时代。2011 年，在诸多不同类型的社会事件发生后，草根网民已经成为第一时间的新闻报道者。

传播模式的改变，社会化因素发挥作用

人本传媒时代，新媒体最具影响力的变革不仅仅是用户生成内容（UGC），而且还是信息转发以及由此衍生出的"人际传媒"。由于新媒体加入了人际传媒的因素，其信息传播形态既不同于传统的线性传播，又不同于即时通讯和手机的点对点传播，也不同于 BBS 等网络媒体的网状传播，而是呈现为一种自意识、自增强、裂变式的传播，人际传媒大大地改变了传统的信息传播模式。

其一，人际传媒的传播路径具有渠道过滤功能，其传播渠道是由众多网民形成的信息链、信息网，不同于传统、透明的传播渠道，其最终的传播效果会被群体意识所影响。其二，人际传媒的传播过程通过编辑增强，具有自组织的能力。人际传媒中，网民不仅仅可以传播信息的原始内容，还可以对内容进行补充、编辑。同时，用户在转发过程中的评论，很多时候比原始信息更有价值，使得信息含量往往呈现出增强而非减弱的趋势。其三，人际传媒的传播路径呈现为裂变式。人际传媒中，网民形成的传播路径是网状裂变式的，信息一旦开始扩散就难以完全阻断，同时传播速度极快，抵达的受众极广。

内容需求日益复杂，孕育个性化内容消费

内容源与传播方式的变革，使得网络信息的生产成本近乎于零，从而带来了信息供需关系的急剧失衡。海量信息不仅为受众提供了广阔的选择空间，也使得传统媒体时代的信息消费方式随着受众地位的提升而发生革新。

第一，受众的个性需要得到充分的尊重。随着新媒体用户的分众化，内容生产者需要充分考虑这些多样化群体的特殊偏好。同时，一定程度上网络文化在价值观和话语表达方式上与社会主流文化存有不同，使得互联网、移动互联网用户与传统媒体用户在内容偏好上区别明显，因而只有创造出迎合这一群体的独特内容才能获得成功。

第二，信息接收终端的不断升级正带来信息组织方式的变化，从而形成了网络时代独特的用户消费方式。举个简单的例子，目前伴随微博、手机媒体的崛起，信息碎片化、浓缩化现象不断出现，根据 CNNIC 关于微博使用习惯的调查发现，手机微博用户发布微博更加活跃，终端成为推动信息消费模式变化的关键因素之一。

第三，随着技术的发展，更加个性化、按需提供内容的"个众媒体"将逐步成熟起来。进入人本传媒时代后，传统媒体时代信息流通的若干过滤环节将被取消，尽管会造成互联网上信息的纷繁复杂，然而网络技术的不断进步也将为用户有效过滤、集成，进而获得个性化信息提供可能。比如通过 Flipboard，用户可以将喜欢的网站内容源（feed）以杂志的形式输出，这种实时"出版"、自动生成内容、个性化的社会媒体，与传统的报纸、杂志内容电子化的方式截然不同。

总而言之，以上三方面的变革，彻底改变了媒体与受众之间的关系，"人本传媒时代"已经到来。之所以这样称呼，其原因在于在这一时代，信息传播链条上"人"的价值将得到全方位地提升。

回顾传统媒体时代，其传播是自上而下、从中心向四周延伸的，作为个体的受众被压抑和忽视，只有社会精英才拥有话语权。但在人本传媒时代，通过用户参与创造内容、用户参与传播内容、用户决定如何消费内容，信息传播格局将发生改变，并将推进其中蕴含的权力关系的变化。比如信息传播更加高效、透明，受众的传媒接近权得以更好实现；又比如所谓"权威"的地位进一步弱化，由公民群体进行议程设置，媒体内容会更多地反映民众关注的热点，甚至由受众自主决定媒体内容及内容提供方式。

那么，传统媒体如何应对这一变化带来的挑战呢？我们认为，传统媒体与新媒体各有优势，但在人本传媒时代，传统媒体无论在内容上还是传播方式上都要积极转型、升级。首先，不断加强内容的精细化。新媒体环境下，大众媒体无论在信息数量还是传播速度上，都无法与互联网媒体相比。在这种情况

下，只有强化内容价值，才能充分发挥传统媒体的优势。第二，增加自身的个性化内容。用户规模的庞大导致用户个性化需求的提升，作为传统媒体应该不断提升自身内容的针对性，满足用户需求。第三，充分利用新媒体内容强化自身内容体系。Web2.0时代，新媒体最典型的特征就是用户贡献内容（UGC）增多，但内容质量却参差不齐，如果传统媒体能够利用好其中有价值的内容，辅以线下品牌的影响，将大大提升自身的影响力。最后，传统媒体需要不断探索新的盈利模式，避免单一方式造成的盈利风险。

王 纲

浙江日报报业集团副社长。历任浙江日报报社记者、科教卫新闻部副主任兼嘉兴记者站站长、科教卫新闻部副主任、温州分社社长、采访中心副主任兼文化新闻采访部主任。2009年1月任钱江报系社委会委员、今日早报总编辑，2010年9月任浙江日报报业集团副社长、党委委员、浙报传媒控股集团有限公司董事。

报业集团全媒体转型的路径选择

文/王 纲

　　刚刚过去的 2011 年，浙江日报报业集团的两个举动无疑引发了业界关注：一是 9 月 29 日，浙报传媒（600633）成功在上交所上市，成为中国首个经营性资产整体上市的省级党报集团；二是 10 月 31 日，浙报集团率先对外发布"全媒体战略行动计划"，将用 5 年时间投入 20 亿元推进以新媒体为核心的全媒体转型，同时启动中国首个媒体孵化器——"传媒梦工场"。

　　这是从 2009 年确立"全媒体、全国化"战略以来，浙报集团积极推进全媒体转型的一系列探索与实践的重要成果。在全媒体行动计划的指引下，浙报集团将通过内部发展转型、外部联合扩张和积极孵化未来三方面并举，打造独特的全媒体阵列，力争成为以信息服务为核心的文化服务门户和地域性全方位服务门户，确立全国一流的现代传媒集团地位，成为有国际影响的中华文化传播基地。

报纸全媒体时代的春天已来临

　　互联网对传统报业的冲击无庸置疑。从 1609 年德国诞生世界上第一份定期印刷的报纸《通告报》以来，全球报人从来没有像今天这样感到压力，一切的压力源于 1969 年问世的互联网。

　　近几年，依托互联网的新媒体攻势凌厉，锐不可挡，它们以多向传播、多点互动、移动获得、即时分享等特征，迅速抢夺着人们的时间与眼球，改变着人们的信息获取方式，对全球报业形成了巨大挑战。"报纸进入冬天"的论断，五八年前就在中国出现，至今依然挂在许多报人的嘴上，随着发达国家知名报纸的消亡，这种论断成了业界没有担当者逃避创新责任的统一托词。

其实，Web2.0时代的到来，恰恰是让中国报业与世界同行站到同一条起跑线上，为了赢得读者，有实力的报业集团纷纷尝试全媒体转型……然而，几年过去了，争夺读者的成效可以套用一句老歌词说明：报业痴情的脚步，追不上读者变心的翅膀。

症结何在？客观地说，传统报业的应对策略，大都是对新技术应用的被动跟随。因为有了网络，白纸黑字无法再吸引年轻人，于是新闻门户、手机报、社交网站、手机APP蜂拥出现，什么时兴、什么渠道能有效传播内容，报业就努力跨界做什么，不管自己是否有比较优势，不管自己是否拥有核心竞争力。

那么，报业转型与发展，究竟需要插上一对什么样的新翅膀？

要回答这个问题，我们首先要认清造成传统媒体危机的根源。当下，信息革命浪潮带来的传媒变革的本质在于，技术进步极大降低了信息的创建、传播和搜索成本，使得媒体运营模式发生了重大变化。这种变化表现为四个趋势：第一，在内容产品方面，随着市场出现明显的分众化、长尾化趋势，设计和生产适合新媒体载体特征的内容产品成为媒体的新课题；第二，在传播模式方面，平等、互动的社会化传播正在日渐成为传播的主流范式；第三，在媒体经营方面，基于网络社会交互信息的精确定向和分众化的广告营销模式日渐兴起，社会化媒体与零售业的界限日渐模糊；第四，在技术支撑方面，新媒体时代的媒体与技术支撑结合日渐紧密，技术应用能力将成为媒体的核心竞争力之一。

互联网时代的到来，必然推动全媒体时代的开启。在"传媒控制资本、资本壮大传媒"的理念指引下，浙报集团融合新媒体、试水全媒体、进行战略布点的步子早已迈开。集团先后通过几大发展平台介入期刊出版、影视文化等诸多领域跨界发展……种种"探路"积累下的资源成为集团全媒体转型的重要基础：一批重要项目的成功运作经验、一个触手可及的资本市场、一支熟悉资本市场善于资本运作的团队，旗下超过35家已经分众化了的媒体所拥有的内容与经营人才以及500万读者数据。

2011年浙报集团推出的全媒体战略行动计划，更是厘清了诸多理念，真正把一个个点上的突破汇聚成了具有"浙报范式"的转型路线图：努力探索

"采编运营全媒体化,产业布局全国化",力求通过内部转型、外部扩张、孵化未来进行全媒体转型。也就是说,要从自身的核心优势出发,以用户经营为中心,以服务为切入点实施内部转型;充分借助上市的有利条件,通过外部扩张快速实现战略布点、产业布局;积极鼓励和促进创业创新,以媒体孵化器模式整合内外部力量,借助技术手段完善运营,力争在全媒体时代掌握先机。

全媒体转型是报纸全系统的一场深刻变革

有人说,全媒体战略核心是以受众为中心、以内容为主导、以技术为驱动,通过追求多样的媒介形态和传播渠道,用多元化、立体化的内容产品扩大受众覆盖面。毋庸置疑,内容生产过去是、将来也是媒体运作的核心环节,但置身多元化的媒体生态环境,在新科技浪潮的冲击之下,报业如果一成不变地将内容生产视为参与市场竞争的唯一支点,会极大地约束发展的空间。在这一点上,浙报集团很早就达成了共识,明确了新的定位与发展理念,即要从内容提供商向信息运营商发展,要从报纸运营向资本运营、全媒体运营发展。

事实证明,大多数报业融入互联网的方式没有太大成效,其最大的失误就在于简单的报纸数字化根本解决不了由采编为中心向受众为中心转变的问题。将报纸的内容搬到网站、手机上,看上去占有了阵地,实际上缺乏眼球与互动,缺乏用户体验与粘性,也就没有带来太多的读者增量。因此,报纸内容的物理位移,只是形式上的全媒体化,唯有从发展理念、体制机制到生产、传播、营运全系统进行一场深刻变革,才能让传统媒体真正收复失地。

仔细分析,传统媒体转型必须同时闯过五道"关"。

"理念关"。新媒体的出现要求我们在竞争理念上必须率先闯关。新媒介技术的迅速崛起,尤其是微博等自媒体的大量出现告诉我们,当下媒体竞争已经是融合内容、技术、渠道、营销、资本运营的全系统竞争,哪个成为短板都有可能让自己陷于困境。这就是为什么浙报提出的转型,是以新媒体为核心的全媒体转型。不能适应、参与、主导信息革命浪潮包括移动互联网浪潮中的新媒体竞争,就一定没有媒体的未来。仅仅通过自身在内容与渠道上的渐近改良来应对新媒体的挑战,顺利转型几无可能。

"体制关"。当前大多数传统媒体没有建立现代企业制度,公司化运作都还处于摸索阶段,直接面对以互联网创业机制为基础的新媒体之争,自然会显得内部动能不足。浙报集团早在10年前就实行了"一媒体一公司"的体制，激励机制、人力资源改革、全面预算管理等方面已经成熟，尤其通过一年努力成为上市公司后，体制上的障碍已经被突破。

"人才关"。传统媒体培养了大量的传统采编人才，但在向全媒体转型的过程中，人才结构上的缺陷一定会暴露。不管是新媒体人才、技术人才还是资本经营人才的缺乏，都会让传统报业集团"叫渴"。如何吸引这类稀缺人才，是全媒体转型的又一道难关。这也是浙报集团在推出全媒体战略之前，率先在全球招聘集团总工程师的原因。

"技术关"。时下，无论是facebook、谷歌、微软，还是腾讯、百度、搜狐，既是媒体又是新技术公司。从某种程度上说，技术创新挖掘出了用户对媒体的新需求。传统媒体从技术人才的储备到新技术的研发都处于落后地位，要想利用外部技术支撑全媒体的具体技术要求很是困难。正因如此，浙报集团2010年就把技术升级工程作为"全媒体、全国化"战略的重要支撑。报社新的采编大楼建立了以万兆为核心、千兆到桌面的基础数据网络。在此基础上实现了集桌面数字电视、视频会议、远程办公以及集电话传真通讯录等功能于一体的企业融合通信系统；建设了面积近500平方米的现代化机房，并充分利用先进的通信技术和传播手段，打造了集演播、直播等功能于一体的国际会议厅；同时通过挖掘500万读者数据库等手段，努力创造条件建设具有强大技术支撑、高端经营模式、可实现多元媒体资源整合等特点的"云媒体中心"，占领媒体变革制高点。

"资金关"。以新媒体为核心的全媒体转型是一个系统工程，需要巨额资金的投入。全球做大做强的互联网企业，几乎都是通过资本市场解决投入问题。也可以说，所有新媒体项目都是资金密集型、人才密集型的项目，单纯用传统媒体的盈利去支撑会显得力不从心。传统媒体需要加紧拓展融资渠道，为自身的转型提供充足的资金支持。浙报集团5年投入20亿推进全媒体转型，必须依托各种融资手段来实现。包括"传媒梦工场"，也需要"一基金一公司"甚至"多基金多公司"的模式支持，才能真正帮助所有新媒体人成就创业梦想，才能打造出一个开放的、具有互联网创新特点的传媒产业新平台。

正如浙报集团社长、党委书记高海浩所说："浙报集团要成为全国一流的党报集团，必须紧紧抓住重要战略机遇期，牢牢把握科学发展、转型升级这个中心环节。通过全媒体、全国化的战略布局，实现发展目标的转型升级。通过

整合、联合、融合的跨媒体发展，实现发展方式的转型升级。通过企业化、市场化的深入改革，实现体制机制的转型升级。"

浙报集团全线突破全媒体转型

当传统媒体做好"闯五关"的准备后，具体的转型模式与路径选择就显得极为关键了。而模式与路径的选择是否对路，关键看转型的质量与速度。如今，"分众与互动"、"数据库"、"社会化"正成为浙报集团全媒体发展的三个关键词，它们传递出的是新媒体的内核与特性，也就是质的追求。与此同时，信息化浪潮日新月异，自媒体发育速度惊人，全媒体转型的最大风险还在于转型速度，即转型速度能否跟得上互联网、移动互联网技术浪潮冲击传统媒体的速度。

经过深入研究与精心谋划，浙报集团的全媒体转型策略发生重大变化，即从一个个点上的突破转向在较短时间内实现内部发展转型、外部联合扩张、积极孵化未来三方面的全线突破。

内部转型，重在通过对现有传统报纸、期刊的读者数据库建设与挖掘，积极推出全媒体新产品，提供基于互联网和移动互联网的分众化、社会化的信息服务。例如，开发党报移动阅读项目，吸附广大党政干部的碎片化时间，创造党报的读者增量与用户体验；社会化媒体转型试点项目，帮助钱江报系提升微博、移动媒体、互动社区网站等读者交互渠道，延伸影响，汇聚用户与社会资源，全面提高信息服务能力，实现从单一平面媒体向社会化全媒体转型；浙江在线转型升级项目，积极拓展多媒体渠道，加强用户细分、用户直接接触和渠道掌控能力，成为区域性信息与服务提供商……与此同时，加快完成整个集团的用户数据库应用平台建设，使之成为全国媒体中数据挖掘能力、市场化应用能力最强的系统。

外部联合扩张，重在联合战略伙伴，延伸产业链，布局全国化，进行横向与纵向一体化的扩张。在横向一体化扩张方面，积极介入电影、电视、动漫、户外和分众化的专业期刊、成熟的互联网和移动互联媒体，进行并购、参股和合资，并在建立资本纽带的基础上，将这些媒体的资源和集团现有资源进行共享和运营整合，完善集团的全媒体产品布局。纵向一体化扩张方面，将资金投向新媒体内容产品设计生产和技术支撑环节的潜力型项目，争取在三年内占领一系列行业制高点,并和集团现有用户和渠道资源进行有机整合,完成集团在新媒体产品和技术支撑方面的战略布局。

积极孵化未来,重在建设中国第一个媒体孵化器——传媒梦工场,将浙报集团的传媒运作经验、内容生产组织与传播能力与互联网界的创业、孵化、投资机制相结合,催生影响中国传媒未来的团队,同时让浙报集团站到新媒体产业的最前沿。

2011年9月30日,也就是浙报传媒上市的第二天,浙报集团新媒体中心成立。15位优秀的年轻人聚集到一起,在总工程师蒋纯的带领下,开始了全新的征程。从集团选拔出的这批年轻人,政治素质过硬、媒体经验丰富、熟悉新媒体运营规律,而且个个充满创新激情。这是浙报集团全媒体转型的一支"探险队"和"先头部队",他们仅用一个月时间,就确定了传媒梦工场的基本运营模式。更为关键的是,新媒体中心与传媒梦工场进行一体化运行,探险队员们全员转制,以企业员工身份开展全媒体转型工作。

传媒梦工场的出现,可以说是浙报集团在全媒体转型方面有别于同行的特殊举动。根据全媒体行动计划,传媒梦工场引入孵化器机制,专门培育传媒行业的新兴内容生产和技术应用研发团队,为其提供工作环境、一定时期内的开发运营经费、并利用集团与合作伙伴的资源为其提供业务初期发展所需的各方面扶持。传媒梦工场用一定的资本投入和孵化服务换取创业团队一定比例的股份和配股优先权,孵化期结束后,视项目情况决定是否加大投资、引入其他投资者、出售或者收购。孵化项目、团队人员既可来自外部,也可来自集团内部,均需通过项目认证与遴选审核。项目成功后,集团内部员工也可转换身份,借助孵化器机制实现创业,成为集团的合作伙伴。

传媒梦工场,打造文化产业创新的新硅谷

在当下中国的互联网界,多位天使投资人成立基金推动创业,徐小平创办了"真格天使基金",蔡文胜成立了"创业园",还有李开复的"创新工场",周鸿祎的"动起飞计划"。而"传媒梦工场"是国内出现的第一个人文类的孵化器,它力求将更多人文精神融入科技,改变人们的生活。

同时,传媒梦工场孵化的主攻方向是新媒体,因为互联网已经造就了中国5亿网民的需求。而伴随国内3G市场的启动,带宽问题得到解决,手机上网

机遇与挑战
STRESSES
THE MEDIA
AT ZHEJIANG UNIVERSITY OF MEDIA AND COMMUNICATIONS
——在浙江传媒学院讲传媒

资费不断下调，移动互联网正迎来"爆炸式"增长时代，移动阅读也随之成为传媒界的必争之地。理性地看，浙报集团打造传媒梦工场，既是推动自身全媒体转型的需要，也将为中国传媒业搭建一个公共的、创新的产业孵化平台，帮助来自全国的传媒人创业，通过解放人文及传媒领域的创新机制，释放传媒人的创业热情，真正将互联网创业文化延伸到媒体领域。

传媒梦工场希望入园的项目是科技与人文合翼的产品与团队。既要有专业内容作为核心竞争力，又要求产品必须具有互动、社会化等适应新媒体时代的特性，同时必须拥有自己的赢利模式。

未来，传媒梦工场将在国内率先建设一个"长尾聚合器式"的公开、开放的媒体产业平台，通过资本运作及传媒运营资源的投入，为早期创业者提供创业资金、技术支撑、市场检测、人力资源管理以及法律、财务支持，创业导师辅导等一揽子服务，帮助补其短板、快速成长，实现成功创业。同时，浙报集团将成立"梦工场基金"，引入政府创业引导基金，还将有天使基金、VC、PE等一轮轮的投资机会向创业者——敞开大门。浙报集团会根据产业布局的需要，优先吸纳优质的、有前景的项目和团队充实自身的全媒体发展序列，上市公司浙报传媒也可优先收购。

现在看来，在短短两个月的时间内，传媒梦工场的运营模式已经受到投资界、互联网界、传媒界的普遍认同。在 2011 年 10 月 31 日的启动仪式上，浙报集团与阿里巴巴集团、复星集团、清科集团、IDG、三大通信运营商等 11 家单位签订了合作协议。此后，传媒梦工场又与"创新工场"、"创业邦"等达成合作意向，马云、熊晓鸽、李开复、薛蛮子等业界知名人士都纷纷看好传媒梦工场，他们也有望成为传媒梦工场的创业导师。今年春天，由浙报集团主办、传媒梦工场承办的中国首届新媒体创业大赛将在全国范围内举行，获奖项目将成为传媒梦工场的首批入园孵化项目。

梦想照亮现实，创新成就未来！我们深信全媒体转型将成为中国传媒业一双双崭新的翅膀。

周建平

羊城晚报报业集团副总编辑，文学博士。兼任中国报纸副刊研究会副会长，广东省文艺批评家协会副主席，中山大学中文系兼职教授。

出版专著：《新时期中国文艺管理体制研究》、《1994：南方的河》等3部。在学术期刊发表论文50余篇。多次出席国内外文艺管理与文化产业的高峰论坛。在国内数十所高校做过文化专题讲座。曾应邀在北京大学等著名高校讲授《中外文艺政策与管理》、《文化创意》等课程和专题演讲。

品牌引领　创意争锋
——从羊城创意产业园看传统媒体发展的新路

文/周建平

随着经济全球化趋势的加快和科技水平的提高，文化创意产业呈现出前所未有的发展前景，成为21世纪全球最具商业价值和文化内涵的朝阳产业。作为文化产业的重要组成部分，在文化大发展大繁荣的背景下，传统媒体的未来之路该如何走？笔者结合羊城晚报报业集团的羊城创意产业园，谈几点思考。

先行一步，奏响羊城创意"三部曲"

在广州，目前有40多个较大规模的创意产业园，每年实现产值150多亿元，如"太古仓"、"羊城创意园"及现在重点打造的"北岸文化码头"等一批备受关注的创意园。其中，在广州天河的羊城创意产业园既像工厂，也像写字楼，更像艺术村。

这个国家级的文化产业示范园区2011年总产值达9亿元，营业收入超6.3亿，年纳税金额超6000万元，提供的就业岗位将超过5500个。羊城创意园初步形成了规模，产生了影响力。羊城创意产业经历了以下发展的三部曲：

兼并旧厂房，打造创意孵化器。羊城创意园位于广州市黄埔大道中315号，地处广州新城市中心地带，具有较高的开发利用价值。这块占地18万平方米的创意园区，由羊城晚报报业集团利用2000年兼并的原广州化纤厂旧厂房改建而成。

依托羊城晚报报业集团强大的报业及多媒体传媒平台，这里发生了"巨变"："亚洲最大的印务中心"、"全国工业旅游示范点"、"广东省第一批文化产业示范基地"、"2007 中国十佳最具投资价值创意基地"、广州亚运会电视主播机构、广州最大的建筑设计类书吧都在这里诞生。在这里，传统工业遗留下来的巨大空间如今焕发出新的活力，独特的 LOFT 风格给了都市创意人一个绝佳的工作场所。2011 年 10 月，连州国际摄影年展等高端影展也在园里巡展。羊城创意产业园今后还将全力打造成为华南地区最大的设计类、文化类创意产业孵化器，为设计企业和人士建筑一个梦寐以求的创作、交流空间，着力推动广东在设计领域里的发展，为建设"文化大省"和"创新型广东"服务。

引凤筑巢，搭建创意平台。由申请进入园区的企业根据自己的个性喜好投资装修。10 年来，这里已经吸引了近百多家著名的设计公司、艺术家工作室和文化机构进驻，囊括了许多广州顶尖级的设计公司。园区完全有希望通过"三旧"改造开发，成为广州市政府规划建设中的珠江一河两岸文化创意产业带的龙头与标杆、广东文化强省的一面旗帜、广东创意产业的一个制高点。

利用政策，打造创意产业集群。羊城创意产业园项目预计建设周期为 9 年，到 2015 年全部建设完成并投入使用。本项目不仅具有良好的经济效益，同时是促进广州市创意产业良性发展、完善投资软环境、吸引国际著名企业入驻的重要措施，具有深远意义。目前园区第三阶段整体开发即将启动，即通过"三旧"政策改变用地性质，在保留部分旧厂房建筑的同时，启动中央文化商务区的建设；同时，园区将进一步建设多样性的创意展示平台，将与园区内创意、设计企业、相关行业、传媒平台紧密结合，由此打造一个高度产业链化、相互支持、相互依存的文化创意产业集群。

为创意做好传播，让传播做出创意

开设羊城创意网和《创意周刊》专版，提供传播平台。在"中国制造"转向"中国创造"的时代背景下，以相当的自信和魄力打出"用创意引领新生活，用创意引领新商业"的口号，显示出羊城晚报的高度和前瞻性。经过六年的积累，掌握了相当的创意人才及相关资源，培育出一大批创意设计艺术领域忠诚的阅读客户。《创意周刊》以人物和事件为主轴，关注城市规划、建筑、工业产品设计、室内设计、平面设计、广告设计、动漫产业、当代艺术等领域，是羊城晚报探索人文精神和创意产业的阵地，是突显羊城晚报品牌价值、公信力和创造力的优秀版块。

策划系列活动，提升创意的价值。创意园隔三差五就会有各种创意活动，影响最大的是举办"金羊奖"、"羊城新八景"评选。经过六年的洗礼，"金羊奖"从广州走向全国，评审力量从全国走向国际，如今"金羊奖"已成为羊城晚报报业集团旗下的品牌项目，成为广州市政府主办的广州国际设计周的一张名片。羊城新八景评选活动是在 2010 年 11 月 16 日至 2011 年 5 月 18 日，由羊城晚报报业集团主办非常成功的一项品牌活动。羊城晚报、新快报各投入版面 300 多个，推出 12 位常委宣传部长系列专访、12 区市八景推荐、22 场城市公众论坛、14 场大学生辩论赛、专访 100 多位国内文化名流，辐射整个广东，同时吸引了全国各地群众甚至是海外侨胞的热烈参与。公众投票超过 860 万张，海外 130 多家华文报纸报道，28 个国家的华侨参与评选。活动得到 50 多家企业赞助，取得了社会效益和经济效益双丰收。

通过时尚生活杂志，拓展创意产品市场。《享时尚》抓时尚趋势，扣流行脉搏，致力于关注华南时尚风潮，传播一线潮流讯息，力求成为华南高端读者群体"身边的时尚参谋"。杂志通过封面、圈子话题、本周视点、时尚风向、都市影像，展示城市时尚风潮。《可乐生活》纵观全球，立足本土，追踪潮界最新鲜热辣之话题及事件，挖掘潮人最积极向上之生活及态度，以潮流媒体为平台，整合读者、渠道、网络、线上及线下的各项优势资源，为品牌、产品定制创意新颖的广告，为客户定制个性化的媒体整合营销方案。《优悦生活》是羊城晚报报业集团旗下唯一的品位生活杂志、影响城市精英的优质生活杂志，强势覆盖南中国最有价值人群，从 200 万羊城晚报报业集团读者中精选择 2.5% 的高端读者赠阅，覆盖南中国五星级酒店、机场贵宾室、星巴克、银行 VIP 室、汽车 4S 展厅、高端楼盘会所、高档消费场所，是银行及保险业 VIP 客户、羊城晚报报业集团高端客户、高端俱乐部会员专享特刊。

战略抉择：品牌与创意相生相长

中国的报纸经历了从办报纸——办报业——办文化产业的阶段，羊城创意园也是从低端的石材城原始积累、出租商铺转型到文化创意，最后升级为文化产业的过程。在新的历史时期，报业集团要实现由事业集团向产业集团的转型，就必须以文化相关产业为主攻方向，选取一些有基础、有优势、有条件的领域，重点进军，培优扶强，使集团的产业分布更加合理，产业发展更加多元，而羊城创意产业园正是集团产业扩张的关键一步。做大做强创意产业园，已纳入广东建设文化强省规划纲要，已成为国家级文化创意产业基地示范园区。未来发展的目标是：把该产业园打造成广州新的文化产业名片，从而提高集团文化产业的规模化、集约化和专业化水平，带动集团产业大发展。

为创意做好传播，要传播做出创意，让创意与品牌相生相长，实现报业集团的转型升级。

朱学东

《中国周刊》总编辑。1989年毕业于中国人民大学哲学系。曾供职于北京印刷学院从事教学工作。1994年调入国家新闻出版署报纸期刊管理司，从事报纸管理工作。1997年到新闻出版署办公室秘书处工作。曾多次参与报纸、期刊管理有关文件的起草及修订工作。2000年9月任《信息时报》副总编辑。2003年6月调任《传媒》杂志常务副社长、常务副主编。2006年8月出任《南风窗》杂志总编辑。2009年2月加盟《中国周刊》。

ELITES' FORUM 精英论道

iPad 来了，传统杂志如何生存？

文/朱学东

技术进步一直是推动媒体和社会变革的伟大力量。即时通讯传播技术的进步，带来了媒体时代的真正革命。它让高储存容量的电子媒体的移动化、便携化成为可能。作为传统媒体的从业者，对于这样的技术革命，我们感同身受。曾经，我们在探讨互联网和笔记本电脑上网时，还颇为自得地捍卫传统杂志：电脑、互联网不可能像杂志、图书一样，随时随地阅读。

但随着3G技术和iPad、iPhone们的出现，解决了原来传统媒体互联网版或电子杂志的缺陷，传统杂志和图书过去的这种优势几乎也荡然无存。至少，iPad们在即时阅读方面，已经不亚于传统的杂志和图书了。

移动化、便携化的电子新媒体是趋势，是未来

没有人会否认，在iPad时代，移动化、便携化的电子新媒体一定是趋势，是媒体主流形态的未来。新媒体对传统杂志和图书的冲击会越来越大。这主要体现在三个方面：一是消费者的消费习惯正在被改变，从习惯购买纸质媒体开始转向高容量的便携式移动电子媒体；二是广告主的广告投放策略开始改变，此前广告投放策略已经经历了大幅向互联网转移的过程；三是资本和人力资源也开始向新媒体倾斜，相比成熟的传统纸媒，移动新媒体的不确定性更具诱惑，更有成长空间。

但如今，传媒业尤其是移动新媒体的喧嚣和泡沫可能掩饰了许多本该深思熟虑的问题，这可能会让许多传统媒体人走上弯路。如今，媒体概念推陈出

新、2.0、3.0、媒体融合、全媒体、自媒体、社交媒体等概念世代交替的速度，令我辈瞠目。媒体业内的会议或其他场合的交流，也是言必称媒体融合、全媒体战略等，但交流的结果，却让我这样保守的从业者更感困惑：那些热衷于制定流行战略的决策者以及执行者、传播者，除了模糊地知道新媒体是方向、是未来之外，对于实现战略的途径，并不比我知道得更多。

流行自然有其道理。没有人会反对，新媒体代表着媒体的未来，媒体融合是趋势，这是传统媒体普遍的认知。

与这样的认识相关的另一种普遍认知，就是传统媒体已经日薄西山，恰好欧美国家许多著名媒体的滑落，也给了这种观点许多现身说法的支撑。于是，另一种声音也出现了，我们经常看到和听到这样的说法：新媒体的春天来了，传统媒体的人投降吧！不仅新媒体的人在这样说，甚至许多传统媒体的人也是这样认为。

个体的选择取决于自身的知识积累和基于利益的判断，无论倾向新媒体，抑或死守传统，都是一种自我选择，无可厚非。但对于像我们这样传统的从业者，心里却必须要明确方向、厘清途径，否则是真的没有未来。

如何 iPad 化取决于传统媒体的现实考量

我受过的教育告诉我，趋势和未来并不等于中国的现实，走到黎明需要经过漫长的黑夜。立场正确和现实考量决定了传统媒体的抉择：iPad 化，还是坚守纸版，或者见机行事。

以我个人的观察，当下中国传统纸媒的网络化、iPad 化等，更多的是一种品牌推广的手段。iPad 版稳定独立的商业模式尚未形成。并且其商业模式的形成需要时间、需要资本、需要各种条件。

目前，传统纸媒大规模 iPad 化尚不具备这些条件。这主要包括以下几个方面：一是与国外比较，中国网上支付虽然有了很大进步，但付费消费手续的繁琐，依然会让一些有消费能力的人生畏，比如我。二是中国的大部分消费者习惯了免费的午餐，普通消费者的付费消费习惯建立需要培养，那谁会来培养这样的付费习惯？只有先驱者和"先烈"。三是中国普通网民的上网费用依然需要降低，网速却要提高。四是中国文化产业在版权保护方面的缺陷，也影响着移动电子媒体的成长。

一个可以验证的角度，是如今移动新媒体的主要模式，还是当年的电子杂志平台的移动互联化。这种模式类似杂志超市或新华书店的移动互联化，它的利润来源号称是销售内容与广告分账，但当下更多是凝聚资源的过程。如果单本杂志移动互联化的商业模式一旦成熟，这种平台模式一定会出问题。

当下传统媒体与互联网、与其他新媒体间的互动合作，并非真正的融合，而是掠夺与奉献。这种掠夺与奉献，是基于中国知识产权法律保护的缺陷，以及传统媒体和互联网商业媒体双方意愿基础上的，传统媒体迅速沦为在中国最多只有15年历史的互联网媒体的蓝领工人，互联网媒体借助技术优势、资本优势和制度优势，取得了与传统媒体博弈的主导权和话语权。

曾经有人不服，牵头组建了对抗门户网站的联盟，但联盟甫立，牵头者却转身就与对手签了城下之盟。这些，都说明了互联网所拥有的灵活性和资源优势，是带着制度镣铐的传统媒体望尘莫及的。

强者的优势，更让不服输的传统媒体开始了另一种自我救赎——自己去做新媒体。不过，传统媒体的新媒体努力，除了国家资源强力支持的人民网、新华网等，媒体自行拓展的有多少形成了稳定的商业模式？虽没具体统计数据，但据平时接触，我并不很乐观。

在媒体融合和新媒体征战中，绝大多数传统媒体并不是依靠资本市场，依靠VC的支持、包装参与其中的，他们的资金来源，绝大多数还是来自传统媒体自身的盈利。与依靠资本市场、依靠VC的新媒体不一样，传统媒体的融合和新媒体征战之路，容不得闪失。如果因为投入的资金太多，导致传统媒体自身的败落，决策者的政治责任和其他责任，比市场上风险资本支持的企业的败落责任，要大得多。这就决定了传统媒体承受创新风险的压力，要远低于其他投资者，而且很大程度上与市场策略选择无关。一段时间下来，根本无法确知成型的商业模式何在，眼见只有投入而无回报，他们对于创新的认识和投入，便从积极倡导迅速回归保守。最后，很不幸，大多数传统媒体的融合与新媒体战略，只是成了绣花枕头，成了糊弄自己和上级领导的一张成绩单、宣传单，除了具备某些推广和检索价值，并无多少实际效用。

传统纸媒的商业模式尚未遭到毁灭性打击

虽然新媒体冲击越来越大，但传统纸媒尤其杂志在可以预见的时空里，其

商业模式虽然会遭到冲击，但并不会被摧毁，甚至还有一定的增长空间。其原因包括：一是传统阅读习惯的改变需要时间；二是纸媒尤其是杂志媒体的广告载体价值仍然有较大的空间；三是传统媒体自身的救赎也在进行。正是中国经济社会发展的高度不平衡性，让这种增长空间成为了现实。

在中国，在现实政治与司法环境下，如果传统媒体都"死"了，互联网等媒体需要自采自编了，光成本就会压垮如今的商业门户。确实，许多传统媒体已经死亡，或者正在死去。但个人认为，除了电脑类报刊的衰落与技术进步关联紧密之外，大多数传统报刊、图书的死亡与技术进步毫无关联，与新媒体八竿子打不到边。那么多家报纸、杂志发行量少得可怜，还有垃圾图书成堆放在库房里，它们不是因为技术进步卖不出去，不是因为新媒体而卖不出去，不是因为微博，不是因为即时通讯技术，不是因为互联网，而是它本来就卖不出去，它本来就应该死掉。所以这个死掉跟互联网没有关系，跟新媒体没有关系。也许美国报刊的死亡跟新媒体有关系，但在中国，目前不是。

杂志媒体在 iPad 式冲击下的机会和选择

向深阅读挺进，注重价值观和文本表达，是传统纸媒尤其是杂志媒体在 iPad 式冲击下的机会和选择。

互联网和即时传播技术的进步，一方面让新媒体机会大增，另一方面也让人们生活过度碎片化，从而反向强化了一个被新媒体放弃或力所不及的市场。那就是建立在价值判断基础上的慢阅读、深阅读市场。

没有人能仅仅依靠碎片化的信息生活，生活中除了信息，还有文化传承，还有价值观传播，还有生活习惯。这多少给了杂志和图书机会。通过《中国周刊》的实践，我们判断这一反向市场是存在的，问题是我们如何去拓展。当然，反向市场也可 iPad 化，这多少取决于司法对版权的保护。

时机成熟的情况下，传统纸媒大规模的 iPad 化会到来，但不是现在。未来纸版会日渐精致化与奢侈化。

对于传统媒体来说，投身新媒体战场，走媒体融合之路，渐成主流。虽然传统媒体在全媒体战略上，形成稳定商业模式的成功案例并不多。但即便如此，努力者依旧络绎于途，因为大家都清楚，那里可能有自己的未来。

新媒体，尤其是微博及其他移动互联媒体的不可思议的成长，让我们对充满不确定性的未来更加期待和好奇。对于传统媒体而言，这是个伟大的命题。但要变为现实，挑战巨大。

有人鼓吹投降。设想一下，传统媒体要都死了，互联网和新媒体会怎样？现在这些互联网和微博的内容，除了靠个人支撑之外，很大一部分信源来自传统媒体，是传统媒体承担了守门人的职责和成本。千万不要把中国媒体的死掉当成是新媒体逼死它们的。看看这几年报刊市场的新产品们便大概可知一二。资本是机会主义者，却没有傻子。

冷静下来，不盲从于一些风险投资家和媒体时评家的忽悠，自己判断所在媒体的机会。至少，我所从事的杂志业和图书业，一定有未来，未来还有一个相当大的增量空间。当然，这个增量空间，与技术进步基础上的新媒体的增长空间，自然不可同日而语。我清楚地知道杂志、图书的增量空间，未来永远只是支流，而非主流。

既如此，我会怎么做？我会把现阶段的媒体融合和新媒体征战，当做是一种探索，是一种先驱者的努力。如果有实力和能力，亦自告奋勇探索，以求先手之利。

如果自己没有当先驱的勇气和资本，又不想像前浪一样死在沙滩上，那么，就让那些先驱者去探索吧，自己不妨就像乌鸦、像老鹰一样，追逐在大动物后面，观察，吃些残羹冷炙，先维持生活。一边生存下去，一边观察机会，唯有活着才有机会，才有改变命运的可能。

拿有限的利润和自有资本跟 VC 博弈，跟纳斯达克博弈，跟不确定性博弈，那不是自找死路吗？此其一。

其二，既然慢阅读、深阅读的市场存在，不妨从此入手，做好分众市场，做好这类市场的用户体验。在这个市场普遍能接受的价值观基础上，用优美的文字和受众喜闻乐见的叙事与呈现方式，打动受众内心，产生共鸣，从而争取他们成为忠实的消费者。在中国传统传媒业的黄金时代，业者普遍忽视了这个问题，而一味追求新闻性和信息量。新媒体给我最大的教训，不在其他，而在考虑用户体验上。

其三，踏踏实实守好阵地，像农民认真种田一样，踏踏实实做渠道、做品牌，做好了也有一份收成。如果没有战乱和严苛的赋税制度的话，一般都还能活下去。当然，赶上天灾人祸，那不仅是我们的挑战，而是覆巢之下的结局了。

其四，我们也会向一些在新媒体和媒体融合方面做得比较好的媒体学习。对于新媒体，我自己的一个态度，就是以谦卑的心来学习，欢迎一个新时代的到来。虽然这个新时代的到来，对于个人来讲可能是颠覆性的，但我们不会抗拒，抗拒就是自寻死路。

今天，"传统媒体的巨人正在倒下，原因值得关注，但不必惊慌。"2005年，《经济学人》这样说。6年过去了，《经济学人》的判断，一直是我思考传统媒体和新媒体之间关系的基础，也是影响我坚守传统媒体的重要理念，今天来看，并没有过时。值得补充一句的是，《经济学人》是近些年欧美大刊衰退潮中逆势上扬的最著名的刊物。

谢耘耕

上海交通大学人文艺术研究院副院长。新闻传播学、管理学双博士后，北京大学新闻与传播学院媒体与传播研究所研究员，中央电视台客座研究员，全国广播电视"十佳百优"理论工作者，第七届世界传媒经济学术会议学术委员，上海市作家协会会员。有近20年的新闻采编和广告经营管理经验以及良好的学术背景。先后有20多篇新闻作品获中国新闻奖、中国广播电视新闻奖、湖北新闻奖、上海新闻奖。

2011 年中国电视综艺节目的特点和趋势

文/谢耘耕

刚刚过去的 2011 年可以称之为"综艺年"。各家电视台开发新资源、创作新内容、运用新形式，电视综艺节目荧屏丰富多彩。如何正确制造娱乐、引导娱乐、利用娱乐应是当今电视业界人士和学者共同思考，且必须面对的问题。

另辟蹊径，不断开发新产品

"相亲风"降温，婚恋秀持续升温，荧屏迎来"婚姻潮"。2010 年上半年，伴随着"非诚勿扰"、"我们约会吧"的一炮走红，各大卫视掀起了"相亲"热潮，"全城热恋"、"百里挑一"、"一见钟情"、"为爱向前冲"、"爱情来敲门"、"周日我最大"……一时间相亲类节目泛滥、质量良莠不齐。

2010 年下半年，面对竞争日益激烈的相亲类节目市场，各电视台从"相亲节目热"升级到"婚恋幸福秀"。江苏卫视推出关注夫妻矛盾的"欢喜冤家"和秀出婚姻恩爱的"老公看你的"，安徽卫视推出了"幸福夫妻档"，天津卫视推出"爱情保卫战"，湖北卫视推出"精诚所至"，北京卫视则推出反映夫妻幸福生活的脱口秀节目的"幸福秀"。

央视也推出"向幸福出发"栏目，以"秀婚礼、晒幸福"为定位，通过游戏"晒幸福"让观众学会面对婚姻困扰时的应对之道。

歌唱选秀有了新突破。2011 年 3 月，福建东南卫视率先启动全国首档集体选秀节目"欢乐合唱团"。本着零门槛、全民参与的宗旨，网罗了众多极具特色的合唱团队。各大唱区获胜的代表队将前往福州与全国各赛区"高手"进行总决赛，冠军队将代表中国，放歌世界合唱节，还将有机会实现"百万梦想"；青海卫视打造的大型歌唱才艺大型选秀活动"花儿朵朵"，除9大地面唱区之外，还开辟以走进校园形式的高校唱区和以走进企业形式的分众唱区等创新唱区，并首次进军北京、上海。

职场节目崭露头角。央视曾办过"赢在中国"、"劳动就业"等职场类节目，但最终都未能成功。2011年，职场节目卷土重来，有"职场版""非诚勿扰"之称的"职来职往"，由江苏卫视制作在中国教育电视台一套播出。节目直面就业大潮，聚焦求职这一社会热点话题，真实还原面试过程，降低报名门槛，展现不同的职场观，并告诉观众如何才能求职成功，给观众多方位的思考。

"跨年"之战愈演愈烈。新年之际，各大电视台的晚会成为关注热点，也成为各台抢占收视率、塑造和提升品牌的重要契机。2011年的最后一天，一场有16家卫视参与的史上最惨烈"跨年"晚会盛宴如期上演。湖南卫视投资5000万人民币制作跨年晚会；江苏卫视走的是国际化和本土相结合的路线；深圳卫视则温情奉上章子怡的跨年处女演唱；东方卫视跨年主打怀旧风，将齐秦伤后复出的表演和山下智久首秀作为卖点；安徽卫视则邀请200多名电视明星到场参加电视剧颁奖典礼。

央视的"启航2012中央电视台元旦晚会"与众多跨年晚会一样，拼阵容、拼明星、拼创意，不过作为行业老大，央视的节目最终拼的也是"大"，宏大的歌舞、宏大的杂技魔术、宏大的国家体育馆。

引进版权，包装国际化

2010年，东方卫视打造的"中国达人秀"，斥重资从英国Fremantle Media公司购买版权，版权方在前期派来了两位工作人员对他们的工作进行指导，并提供了专门的指导手册，指导手册从片头制作到如何操作海选、节目如何剪辑、选手出镜次数、节目音乐、主持人的仪表都有严格的规定，如实验室工作般严谨。通过借鉴英国成熟的节目运作模式和先进的管理经验、理念，不仅保证了"中国达人秀"能够高效、有序的运作，而且能够提升节目的内在品质和涵养。本土化制作的"中国达人秀"节目，不仅创造了电视节目在上海本地

的收视记录，而且在全国 71 座城市的收视率也呈现一路高升的趋势。

"中国达人秀"的成功经验给其他娱乐节目树立了典范——引入海外节目模式，不仅仅是一个简单的模式引入，更是一套娴熟管理操作系统的引入、一个成熟制作流程的的引入，激发了本土原创的能力。各省台受此启发，纷纷斥资购买节目模式。2010—2011 年，引进自国外版权的节目出现井喷，大家都期盼能借助海外节目模式，为原创力匮乏的国内综艺节目"补血"。

大投入，大制作，大产出

随着电视竞争升级，中国电视综艺节目也进入一个大投入、大制作的阶段。以"中国达人秀"为例，版权购买的费用是 110 多万人民币，导演组团队约 60 人，加上宣传、制作共 100 多人，一个栏目投入如此大的人力在目前国内是很少见的。同时，"中国达人秀"舞台表演有 13 台摄像机，一共 20 个机位，全方位、多角度地拍摄到选手的表现、现场评委、观众和侧幕主持的反映，以及现场的突发状况。

大投入、大制作也带来了丰厚的回报。"非诚勿扰"、"我爱记歌词"等广告费水涨船高，收入早已过亿；"花儿朵朵"广告收入在 5000 万左右；"中国达人秀"广告收入更是持续追加，第三季节目的总冠名广告费已经突破 1 亿元大关，比第二季又增加了 2 千多万。

借助微博展开观众互动，扩大影响力、增加收视率

浙江卫视"越跳越美丽"联合网易微博，用微博捧红节目嘉宾，制造话题。江苏卫视"非诚勿扰"在春节期间制作了"返场男嘉宾系列节目"，腾讯微博就此推出相应活动，活动开始之前就吸引了 600 万腾讯网友参与；2011 年情人节，江苏卫视与腾讯网合作推出了"520 微姻缘腾讯专场"，20 天之内，通过微博报名人数已过 8 万人，共有 10 万多条微广播参与互动。

这种通过微博互动的方式弥补了低介入媒体造成受众短暂记忆的缺陷，使一般接触向深度接触转化，受众在参与活动过程中，通过信息处理、思考判断、行为发生等一系列过程，对传播主体的记忆提升到更高层次，获得与品牌关联的深刻体验。这种转变从根本上改变了电视节目的制作、播出、营销

理念。

与视频网站合作紧密，营销活动常态化

2011年3月31日，江苏卫视在新浪、腾讯上首次推出"非诚勿扰""网络抢先看"，播出了16分钟应在4月2日才播出的电视内容。抢先版发布2个小时的流量就已堪比常态播出版1天的流量。4月14日，江苏卫视在激动网推出了"非诚勿扰"网络独家版，独家版的内容是电视版所没有的，比之抢先版在猎奇性上"更胜一筹"。这既避免了网络版干扰电视版的收视率，同时也多了一个资源输出平台。

此外，在"欢乐合唱团"海选阶段，东南卫视联合新浪、搜狐、优酷、奇艺、酷6等网站视频预热，将海选中具有看点的片段，上载到合作的视频网站上，吸引网友关注。节目在卫视播出之前，百度贴吧的粉丝量就超过60万人，效果良好。

吴红晓

全国手机媒体新闻传播专业委员会秘书长。武汉大学毕业，曾先后在新华社担任记者、采访室主任和编辑室主任，多次荣获国家级新闻奖励；后参与新华社音像电视事业的创办和新媒体管理；目前担任我国唯一一家专门研究手机媒体的全国性行业组织——全国手机媒体新闻传播专业委员会的专职秘书长。

我国手机媒体的发展趋势和应用创新

文/吴红晓

党的十七届六中全会通过的《中共中央关于深化文化体制改革、推动社会主义文化大发展大繁荣若干重大问题的决定》指出：发展健康向上的网络文化，制作适合互联网和手机等新兴媒体传播的精品佳作；发展网络新技术新业态，占领网络信息传播制高点。这证明我国手机媒体近年的迅猛发展，已经得到中央最高决策层的高度重视。

当今我国手机媒体发展的四大趋势

从目前最新的情况看，手机媒体的范畴早已脱离了早期手机报刊、手机电视、手机WAP网站等初级过渡形态，形成了一种以用户和分类信息为基础、以移动网络为驱动和平台、以手机用户需求为导向，为受众提供个性化定制化信息，并且集合新闻、娱乐、生活、政务商务等方方面面服务的多功能媒介平台。从这个新定义来说，当今中国手机媒体的发展总体来说呈现了以下四大趋势。

趋势一：基于移动互联网的手机媒体正成为目前市场的主流。随着智能手机、平板电脑的流行，以及3G网络的日益普及，带来的必然结果是中国手机媒体的移动网络化趋势。

根据来自国际权威市场研究机构IDC的数据显示，2011年第三季度智能手机出货量增长了42.6%，从2010年的8280万部增长至1.181亿部；另据最新的 SSI 调研显示，在手机拥有者中 42% 目前拥有智能手机，58% 计划购买智能手机来替代现有手机。2010 年全球智能手机生产量达 14 亿部，而在中国生产的就达 11.5 亿部，达到 70%。从我国移动互联网用户来看，截至 2011 年 12 月底，中国互联网网民达 5.13 亿，而手机用户则达到 9.2 亿，通过手机上网的用户达 3.56 亿，占手机用户总数比高达 36.5%，而且这 9 亿多手机用户基本都是移动互联网的潜在用户。

目前在全球智能手机、平板电脑、手持阅读器等移动终端都已逐步超越个人电脑成为人们接入互联网的主要方式。手机的电脑化，电脑的手机化，导致目前移动互联网和智能手机终端快速结合，形成了手机媒体的快速发展。

具体到移动互联网对手机媒体的影响，一方面是现有手机媒体要么开辟在移动网络上的应用，要么直接移师移动互联网战场进行开发和运营。像大家熟悉的 iPhone 苹果商城里，现在的应用软件就有近 40 万种，这些应用包罗万象，其中很多都是手机媒体的创新产品。可以说，自从 2010 年被 iPhone 和 Android 平台点燃了移动与互联网的融合之火后，伴随着越来越多也越来越廉价的智能手机和移动终端上市，目前基于移动互联网的手机媒体已成为市场的主流。

趋势二：手机媒体与社会生活的各个方面二次融合，手机媒体成为多功能化的"个人中枢"。前几年，我们传媒界谈得很多的是新老媒体的融合，这其中当然包括手机媒体与传统媒体的融合。在不经意间实现了与报刊、电视、广播、出版等传统媒体的交融与竞合后，当今的手机媒体则更多地与我们社会日常生活的各方面开始二次融合。

早上上班赶地铁来到地铁站，掏出手机对着刷卡机刷一下，成功划卡两块钱（坐公交当然也是一样好使）。到达单位，也是用手机刷一下，以往的门禁卡和考勤卡功能便完成了。上班期间开车外出洽谈业务，停车、买咖啡、商务场所应酬消费，同样是自己随身携带的手机刷一刷便完事。这些便利的实现都是有赖于被誉为"引领电子货币新时代"的手机支付功能，其被用来解决日常"衣、食、行、购"已经非常成熟。当然，其中很多行为是发生在使用手机媒体和移动互联网搜索查找信息之后。

在手机媒体大国日本，手机支付用户已占总人口的 40%，手机支付市场规模达到占移动互联网产业总收入近 20%，几乎所有的日常消费均可通过刷手机解决。开通手机支付，使用者仅需到营业厅将普通的 UIM 卡更换为一张 RFID－UIM 智能卡，将原有银行卡账户信息写入手机 UIM 卡的特定区域中，便可将现有手机变成一部可以手机刷卡、手机支付的多功能手机——这是手机媒体与金融消费融合的产物。

地理位置服务（简称 LBS，全称 Location Based Service）则是手机媒体与当今城市生活融合的又一热点。它包括两大功能：首先是确定手机用户所在的地理位置；其次是提供与位置相关的各类信息服务。其核心是借助无线网络，在手机用户之间完成定位和服务。目前，Google、苹果、Facebook、Twitter 等各领域的领先企业都已着力竞逐手机 LBS 市场。国内中国移动、街旁网、多乐趣、玩转四方、贝多、图钉等诸多知名机构也都纷纷开拓了这一新模式。

移动通信技术由 2G 到 3G 进而 4G 快速演变，为手机终端提供了更快的上网速度和更宽广的数据容量，可以说是建造了一条无处不在的移动信息高速公路。有了这条高速路，各种各样的手机媒体应用畅通无阻，手机媒体也得以与社会日常生活的各方面融合，并进而在手机上自由搭配出不同的手机媒体形态：与上网搜索搭配就变成移动互联网；与阅读搭配就变成了手机出版；与娱乐消遣搭配就成了手机游乐场；与 GPS 地图搭配就变成了手机位置服务；与金融购物搭配又变成了手机支付工具。今天，手机媒体已经名副其实地成为了当今个人信息处理的中枢。

手机媒体与社会生活的二次融合，已经突破了新老媒体概念之争和分行业竞争的格局，加速了产业边界的消融。这其中，只有重新明确手机媒体产业链条上信息生产者、技术服务提供者、平台运营者、接收终端生产者等主要链条角色的定位，并在此基础上建立新的利益整合模式和新的运行机制，才能掌控手机媒体的未来发展。

趋势三：手机媒体社交化已成趋势，手机社交媒体已覆盖生活的方方面面。近年来，旨在为建立"人与人之间的更多联系"应运而生的社交网络平台（SNS）大放异彩。这得益于移动互联网的出现形成了一个不同于传统媒体的虚拟社会；而在一个包容、互动、共享的虚拟社会里，社交行为无疑是最普遍的行为，所以社交化必然是手机媒体发展的大趋势。

目前，基于 SNS 构建的新型手机社交网站，通过"熟人的熟人"拓展手机网络社交，不仅具备丰富的社交和娱乐功能，还具有强大的传播功能，可以说是集成性手机媒体平台。数据表明，中国上网交友人群占上网总人数的 86.9%，每天有近 8000 万网友上网的目的是为了寻求社交、发现商机等，而且平均每年以 57.65% 的速度飞速发展。到 2011 年底，中国互联网 SNS 用户达

到 1.7 亿。

　　手机媒体的互动特征不仅在于人与终端机器界面的互动，更在于通过数据传输网络进行人与人之间的有益互动。专业化、即时化、移动化、开放化是手机社交网站的发展方向。当下新一轮社交化浪潮已经呈现出明显的双向化发展：一方面，各类手机媒体纷纷进军或拓展社交产品，尝试将 SNS 的基因植入到现有产品中，实现产品的"社交化"；另一方面，社交网则开始向其他相关业务品类拓展，电子商务、搜索、音乐、视频等各项网络应用逐渐与社交全面融合，并日渐向手机媒体平台集合。

　　随着整个手机媒体行业的日趋社交化，社交将成为手机媒体的一个整体特征。这种交互发展带来的明显变化是：移动互联网的未来将使得手机社交网络服务比搜索引擎门户更加广受欢迎。在具体形态上，目前手机社交媒体呈现的文字加图片的 SNS，将很快进化为文字加视频的 SNS。

　　趋势四：手机微博将进一步获得长足发展。微博是当今手机媒体传播中的一个新亮点，因为对字数的限制大大降低了写作和阅读的门槛，也使得数量日趋庞大的手机成为微博创作和阅读的重要移动终端媒介。目前，中国微博用户已经超过 3 亿。中国互联网信息中心报告显示，手机微博的应用成为亮点，手机网民使用微博的比例也从 2010 年底的 15.5% 上升至目前的 34%。

　　作为社交媒体中最为活跃的平台，手机微博改变了媒体和信息传播的方式，也在一定程度上改变了人们生活娱乐和搜索、获取信息的方式，创造了一个全民围观的时代。而作为最能够适应信息"碎片化"市场趋势的个性化手机媒体，其功能将逐步发挥到极致，最终发展到以细分化、个性化、定制化的信息服务，满足每个人的不同需求。由此看来，手机微博极有可能从根本上改变网络用户的信息访问轨迹，成为用户进入网站了解各类信息的新入口，这将成就手机媒体的下一轮爆发式增长。

　　全国手机媒体委员会一直以引导手机媒体行业健康发展、推动手机媒体产业进步为己任。尤其是注意到手机媒体向社交和微博发展的趋势后，委员会也组织相关会员单位开发建设了把手机微博和手机社交相结合的新型平台产品，将通过推动其运营来带动产业跟进。

未来手机媒体的应用创新

手机媒体的应用创新不是传统媒体模式向新媒体的改良，而是给予手机媒体的重新构建。手机媒体不同于任何一类媒体，它是软硬件的结合，是内容与运营的结合；它既不是简单的新闻媒体，也不是纯粹的营销网络，更不是简单的移动通讯，而是我们现代生活的一部分。要实现手机媒体的应用创新，就必须围绕技术和终端、功能和特性、商业模式三方面来着手。

第一，手机媒体的应用创新必须建立在智能手机技术的发展进步上。预测表明，今后越来越多的智能手机将支持近场通信技术 NFC。NFC 技术能够逐渐取代信用卡来实现移动支付，用户只需拿着支持 NFC 的智能手机，在支付设备旁晃一晃就能实现移动支付。谷歌已经发布 NFC 手机支付 Google Wallet，苹果也打算在未来的 iPhone 中添加 NFC 技术。NFC 手机支付不一定取代信用卡，但支持手机支付的商家肯定会越来越多。这无疑是手机媒体应用创新的热点。

iPhone 4S 的最大亮点语音助手 Siri 引起了广泛关注，不久谷歌和微软也会将更多的声音控制技术引入到自己的智能手机平台。智能手机声音控制技术的不断发展将给手机媒体带来很多创新应用。

具有增强现实感功能的手机浏览器，能向人们展示周边环境的真实图像；你只需要将手机摄像头对准建筑物等，就能在手机的屏幕下方看到与建筑物相关的、精确的现实数据；有趣的是还能看到周边房屋出租、餐厅及商家的打折信息、招聘启事等实用性信息。随着手机增强现实技术日益成熟，增强现实应用功能也将成为未来智能手机的一个必不可少的功能。谷歌已经发布了升级版的增强现实浏览器 Live View。

第二，手机媒体的应用创新必须围绕手机媒体的特性和功能进行。信息的记录和传播，充分满足个性化需求，随时随地的服务、生活娱乐与电子商务兼顾，这些都是手机媒体的特性和功能。在手机媒体正对人们现实生活中更多的需求进行功能整合的今天，其应用创新更应该紧跟手机媒体的特性和功能进行。简而言之，手机媒体不断涌现的新功能，肯定也将成为手机媒体的创新应用。

第三，手机媒体的应用创新要选择恰当的商业模式。手机媒体是天然的商业化媒体，过去传统的信息服务收费模式快要走到了尽头。目前应该更多地发掘和借鉴其他业态新媒体运营的商业模式。具体来说，应该是先利用免费优势吸引海量用户，搭建巨型平台，进而发挥长尾效应，把各种个性化和小众化的用户吸引到平台上来；在平台上进行资源协同和共享，并在此基础上开展针对用户个性化需求的服务。在业务经营模式上，采取交叉补贴模式，即大众服务免费而个性服务收费；或者通过对第三方收费来补贴免费，或者把受众流量转移到第三方网站上，采取和第三方分成广告收入的方式来补贴免费。只有选择了恰当对路的商业模式，手机媒体的应用创新才会具有持续的生命力。

才华烨

中国国家地理杂志社社长助理，中国国家地理新媒体首席执行官兼总编。十余年新闻媒体从业经验，对媒体的内容、广告、发行等主要部门的运行都有涉猎。2003年加盟中国国家地理杂志社，创建市场部，开拓市场提升品牌，2008年又兼任负责全新组建中国国家地理的新媒体公司。

《中国国家地理》的新媒体发展之路

文/才华烨

对《中国国家地理》来讲，新媒体是未来发展的"接力棒"，为杂志的发展拓展了新的空间。《中国国家地理》在新媒体发展上积极探索，受到业界的关注。本文简要介绍《中国国家地理》新媒体发展的"四屏"业务。

电脑屏

这里的电脑屏指的是中国国家地理网。作为我国最早的商业网站之一，中国国家地理网与新浪、腾讯这些大的门户网站不同，它要成为一个有深度的网站，要打造成一个非常有特色的网站。我们调动各种因素，提高用户的黏合度，希望将网站打造成一个有特色的、权威的平台。

首先，注意提升品牌影响力。从宗旨、定位、特色频道到专题活动，中国国家地理网的网站架构已超越网站本身，要打造的是一个延续纸媒品牌、与网络无缝衔接的新媒体平台。品牌不应是僵化的概念，此前中国国家地理网以"CNG"为域名，但品牌简称不方便记忆，后来中国国家地理网域名正式改为"dili360"。以"阅古今、品天下、行生活"为宗旨，网站推出了很多具有品牌特色的频道：如"图片摄影"，网站与摄影杂志及其他媒体合作，建立幻灯图片库；又如《地理e周刊》，将网站内容重新设计通过注册用户邮件发行，提供在线浏览及RSS订阅等多种阅读方式。此外，中国国家地理网以线下活动带动线上，通过线上的专题、论坛、路线攻略等多种形式，形成对品牌的支持和提升。

其次，抓好论坛建设，提高用户黏合度。论坛是网站的重要板块。比如说我们要打造中国最具特色、最具吸引力的地理论坛。一开始，很多地理爱好者到地理论坛交流，所以在打造论坛的时候，我们特别注意利用最新的在线形式，将网站的内容进行重新的编辑和整合，并通过《地理e周刊》的方式，结合免费周刊的订阅，主动留下邮箱订阅的读者。当我们把这个网站实行商业化运作的时候，地理论坛更彰显了影响力。怎样提高用户的黏合度？怎样通过线上线下的结合提高名牌的认知度？这些我们都在认真思考。

第三，打造付费电子杂志《行天下》。《行天下》2009年7月正式推出创刊号，采取付费阅读的发行策略。对网站来说，《行天下》电子杂志是《中国国家地理》品牌内容的延伸，或者说是《中国国家地理》杂志的旅行版。其特色在于，在新媒体的建设平台上，不仅用图片故事的形式告诉你那些很美的地方，同时会给你提供很详细的出行路线和攻略。中国目前的电子杂志都是以免费为主的，但是对于《中国国家地理》来讲，希望提供给读者的是有价值的内容，而不是随便在网上能搜索到的内容，让读者感到它是值得付费的。

而且《行天下》这本电子杂志的价格比纸质杂志便宜很多。我们跟很多的网站合作，只要接入互联网，只要在网站上通过手机支付，或者通过银联支付等方式都可以付费、购买。同时我们也推出了《行天下》手机版，方便用户。目前，除《行天下》外，中国国家地理网又推出集成客户端，内容包含《中国国家地理》、《行天下》、《博物》、《中华遗产》等诸刊。

第四，注重专题的制作和提升。在网站的建设中，各种专题的制作和提升非常重要。过去我们曾做单一主题，每天围绕一个内容进行诠释，后来发现有的用户连续三天对内容不感兴趣就会退订。基于这样的状态，我们对内容进行重新调整，以不同的栏目构架，制作不同的专题，每天至少保持有一款内容是用户喜欢的。我们还独家推出很多原创的内容，如图片故事等。

我们注意抓好重点选题。比如，在玉树地震的时候，我们一开始就做了一个救援实施的地图，当时所有的大型主流网站在玉树地震救援的报道中，都用这个地图。起先跟凤凰网在切入的时候，由于文件太大，下载速度很慢，而且占用很大的空间，我们马上就把所有的地图切下来，编辑24小时值班将图片提供给我们的合作伙伴。通过专题的制作和提升，我们提高了品牌影响力。

第五，整合资源。不管是签约摄影师的作品，还是即将成名的摄影师的作品，他们的图片不仅是期刊的资源，也是网站的资源。网站将各种资源调动起来，并与摄影之友等平台进行合作，希望将网站打造成一个权威的平台。同时，利用杂志、网站，整合资源，打造有价值的数据库一直是我们工作的着力点。

手机屏

说起手机屏，主要说手机客户端和彩信报。手机客户端业务现在是我们盈利的一个项目。手机媒体跟做期刊是完全不同的，因为期刊大部分是月刊的形式，但是对于手机媒体来说是要每日更新的，每天都要有全新的内容面向手机读者，而杂志的内容是远远不够的，即便是《中国国家地理》杂志十年改版的内容，仍然不够供给这样一个庞大的每日更新的市场。最后我们还是决定要有全新的团队，要以全新的内容去做独家原创的东西，我们需要利用手机客户端这种新的方式来创造一个新的手机平台。特别是对每天栏目的设置，我们借鉴了日报的编排方式，使之展现出一种新的媒介表现方式。

关于彩信报，我们是最早介入中国移动彩信报全网业务的，到现在已有很长时间了。现在有很多版本的彩信内容，它都是基于简单形式的彩信报。彩信报的发展有它的瓶颈，或者说到一定程度就不可能再发展下去了。随着资费的调整，随着手机杂志的变化，读者需要的是更直接、更有冲击力的表现方式。目前，我们的彩信报业务正逐步向手机客户端业务转型。

手持客户端

第三屏就是手持客户端。这里的手持客户端主要指 iPad 版本和安卓系统。目前，《中国国家地理》的手持客户端上的下载量已经超过 50 万。客户端首推《中国国家地理》旅行版电子杂志《行天下》，将其放入适合 iPad 等阅读终端。目前，杂志在安卓系统上已经单本上线。在 2011 年的时候，安卓系统的预装量超过了 300 万。我们今年定的量是 1000 万，相信随着中国经济、社会的迅速发展，通过我们的努力是能够达到预定目标的。

电视屏

  第四屏就是电视屏，这里主要说智能电视。对于市场上的智能电视，我们正积极争取预装我们的客户端程序，保证在智能电视上能阅读我们的杂志，还有在五星级酒店里安装我们的电子杂志阅读器。

  尽管我们在新媒体方面取得了很大的成果，但也面临三方面的挑战：一是四个不同的终端，怎样让用户方便使用不同的终端；二是如何将产品从单一到多元，从单介质到多平台，尤其要考虑如何省时省力做手机定位适配，如何满足新的广告客户的需求；三是人才的问题，特别是传统媒体做新媒体的时候，与其等待集团调配人员，不如组织一批人来重新开始，这样可能更快。

王　楠

江苏联著实业有限公司总裁。1983年获北京师范大学物理学学士学位，1993年获美国南卡罗来纳大学国际经济硕士学位，1998年获美国南卡罗来纳大学国际经济专业博士学位。曾任美国国际安百克公司计算机系统分析师（1995—1999）、中科院计算所技术发展部负责人（1999—2000）、联想研究院信息工程研究室主任（2000—2003）、联想研究院战略方案中心主任（2003—2008）、联想集团战略研究室主任。2008年出任中搜网络技术有限公司副总裁，2010年创办江苏联著实业有限公司。

让报纸"活"起来

文/王 楠

乘着中国文化复兴的东风,新一轮文化产业创新与升级的浪潮沸腾了整个中华大地。随着信息技术的日新月异和新媒介形态的蓬勃发展,传统报业面临前所未有的挑战。面对新媒体时代的强势来袭,如何不被大浪淘沙、进而持续保有强劲生命力,即如何让报纸"活"起来,是摆在传统媒体面前的一道难题。

报纸不等于印刷业,报纸作为一种纸质的形态会转变,但是报业永存。报业应怎样向新媒体转变,首先要解决的,一是"活路",二是"活法"。笔者从多年的实践历程中总结了一些思考,谨以抛砖引玉,与业界同行一起探讨。

"活路"初探:寻找正确的转型方向

当所有的报业媒体在向新媒体转型的时候,往往碰到一个非常纠结的问题,即到底是先办"报"还是先办"网"。这是具有深远意义的战略性问题,选择哪一条路径,将深刻影响转型的发展方向。

主张先办"报"的,最强调的就是原版在网上的呈现,也就是先把报纸搬到网上再说。理由很简单,如果没有报纸原来的品牌形象,搬到网上去的不是原来的报纸,就等于这个媒体集团在办另外一件事情,这个事情且不说跟报纸的转型有没有关系,起码不是报纸原有品牌在网上的呈现。持这类观点的同志最基本的做法就是把互联网当做报纸传播的另一个渠道、外联的工具。

回顾传统报业走过的历程,业界把报纸搬到网上来,已经走过了近十年的路了。最初技术能力很有限的时候，基本上就是把一张图片搬上来。图片文件有一个明显的缺陷，当用户将其放大到一定程度的时候，就会发现这个图片不清晰了。就算是高清的图片，放大以后也是有不清晰的问题，例如在平板电脑上呈现就很容易暴露出这个缺点来。接下来出现了 PDF 文件，PDF 版放大以后很清晰，但阅读时要不断地放大或移动版面，操作太多，体验仍不是很好。后来出现了标引式的、点击阅读的方式，点击其中的一篇文章，会弹出这篇文章的详情页，十分清晰，可以一边翻开报纸，一边点击阅读。但由于此类阅读方式一般底层都是一张图片，不能随意放大缩小。这里面有一定的技术难度，如果将这张图片做得很清晰，加载速度就慢了，性能就非常不好，在无线设备上就会受到制约。

可以说，把原版报纸搬到互联网的业态，目前也就是走到了这一步。再往前发展，就碰到了技术上的瓶颈，到现在也没有什么突破。

面对这种窘境，很多业内人士开始反思：是不是原版的报纸搬到互联网上就是新媒体的唯一目的呢？上述所说的图片形式、PDF 形式以及点击阅读的形式，都是原来报纸阅读的一种延伸，顶多就是增加了一些网上的读者，但是版面的表现没有任何新的特点。所以这么多年过去了，此类电子报纸的经营均陷入了比较尴尬的困境。

再来看一看主张先办"网"这一派的观点，也很清晰。报纸的原版是服务于印刷的，排版和各方面的设计都是密密麻麻的，无线阅读设备上的呈现特点就没在考虑范围内。办新媒体的部门和从业人员，一开始就认定新媒体一定要长得不一样，但到底应该是个什么样子、往哪些方面发展，鉴于业界技术的能力，可以参考的只有办网站的人。很多报社的纯网络版都是从网站上发展起来的，类似于门户网站的形式。还有一部分人采用了动态排版的形式，每个版面上都是动态的，排得像有一定的版面设计，很灵活，速度很快。也有一部分强调功能性的网站，界面很简单，但是互动的功能非常强大，后台有一系列非常复杂的流程。这几种形式有共同的特点，那就是互动能力很强，很多版面、菜单都是活动的。而我们的报纸版面是死的、不动的，是静态的。这是一个很大的区别。

每一种选择，都蕴含了转机和风险。究竟是先办报还是先办网？当这两种潮流冲撞在一起的时候，有没有更好的解决方案？一般来说，做网的人若做传统的采编，把报纸做出来的可能性不大。而做报的人，做到可以点击阅读、原版呈现已经做得很好了，但还需要持续改进。那么，能不能找到一个方法，把报纸的优点跟互联网的优点结合起来，找到正确的转型方向？

相信看过电影《哈利·波特》的人们，应该记得影片中魔法世界的魔法报纸。《哈利·波特》的作者很早就为我们想到了，我们的报纸为什么不能活起来，为什么不能动起来？但是，这样一个在魔法世界最简单的魔法，在现实的世界里很难实现，至少是在硬件上做不到，不可能在纸上做出来。但是在 iPad 上面，这其实不是一件特别难的事情。诚如业界所认为的，很多媒体正在黑暗中摸索，但至少我们已经看见一丝曙光。

"活法"寻宝：借力哈利·波特的魔法

当前正值"十二五"规划开启之年，移动互联网技术日新月异，涌现出了许多可供参考的技术路径与解决方案。采用三网融合云服务技术，将互联网优势引入报纸，从而实现报业转型，是一种低成本、低风险的可行性路线。

采用互联网技术之后，报纸将获得强劲的生命力，由传统的静态纸张变为立体化、全媒体化的呈现形式。例如，采用 PS 反解技术，数字化的原版报纸就不仅可以被无极限放大，还可以被点击阅读，已经超越了原来的那种形态。同时它也超越了 PDF 的形态。相比 PDF 报纸下载所需诸如 30M、40M 的流量，这类轻型数字化原版报纸下载只需几兆，所以在移动设备上会有非常好的体验。

这够不够呢？还不够。因为这还仅仅是在阅读上实现了一种超越。在互联网环境下，满足了用户"阅读"的需求只能算是传统媒体转型的开端。报纸更需要将发布的内容全媒体化和立体化，以改善用户体验，增加用户读者黏度。甚至可以把阅读平台作为其他互联网应用的导航窗口，拓展更多和更有经济效益的新媒体业务，从而迈进跨媒体经营的全新道路。

在移动设备的报纸呈现上，新型报纸需要将任意缩放与点击阅读结合起来，并对这个报纸施以"魔法"，引入全媒体化的手段，让报纸不仅可以"读"，还可以"视听"、"触控"、"娱乐"甚至在线交易，这才是真正意义上的超越。也就是说，"活"起来之后的报纸，是集合丰富呈现形式、具备多种经营模式的大平台，是一份哈利·波特式的新型"魔法"报纸。

哈利·波特式的新型报纸，究竟能给我们带来什么呢？简言之，三句话可

以概括：让内容更丰富，让广告更精彩，一步跨入电子商务。

让内容更丰富。互联网具有海纳百川的特性。从内容的角度来说，以往的单期报纸，由于版面有限，无法将某一条新闻、专题报道、深度评论组织到一起，让读者进行关联性的阅读。连载报道也只能单期发布，读者有需求连读的时候只能望报兴叹。但是当报纸获得了全媒体的挂接能力之后，情形将大为不同：通过互联网超链接技术，一份报道可以连接若干组不同形式的关联性内容，文本、视频、音频、图片集，可呈现全方位报道。过往连载报道也可以链接到一起，让读者的阅读一气呵成。

例如《新华日报》2012年元旦的原版，头版头条是胡锦涛总书记的新年祝词，中间配一张图片，旁边是一系列的报道。放到全媒体化的平台上后，该报道可以点击阅读，也可以放大触控阅读。如果把网络的优势加进来，就可以看到中间不仅是一张图片，还可以放多张图片；除了可以读文字以外，点击图标还可以收看胡总书记新年致辞的视频，再一点击就恢复到原文状态。旁边的系列报道图片还能上下滑动，可以设置更多的关联图片，完全不影响原有排版。所以说内容可以做得更丰富多彩。

让广告更精彩。吸收新媒体的特点和优势，传媒可以突破印刷版面的局限，对广告版位进行全媒体化扩容，由原先的静态广告位，产生多种多样的广告呈现形式，如视频、幻灯片、3D、360°全景、触控、电视等。

通过全媒体化以及互联网的超级挂接能力，不仅广告位容量大增，也因呈现形式的立体化而提升了广告表现力，媒体可在这个潜力无限的资源库上进行深度经营。

例如，常见的高校招生广告，原先局限于平面的文字性介绍，由于版面限制，图片也不宜过多。但如果在数字化平台上，可以把高校广告做成全方位多角度的360度广告，比如高校图片集、知名教授讲课视频、学生学习生活视频等，也可以链接到高校的官方网站、官方微博等，相当于提供了一站式的服务，让学生和家长更全面地了解高校信息。

又如，报纸原版上的房地产广告，原本只是一张平面图，把"魔法"放上去之后，可以让人们看到这个房间里面360度的景观，这个体验远远地超出了图片的效果。

对于传统媒体来说，通过这种全媒体化的广告业务，具备了更多的信息量、更良好的吸引力，不仅突破了印刷版面的局限、有了量的激增，更增加了多种立体化手段来针对用户特征进行精准投放、让广告价值最大化。那么，对于广告主来说，选择这种具备立体化经营能力的媒体的几率将大大增加，拓展了媒体业务经营的空间，并有可能产生新的业务模式。

一步跨入电子商务。利用三网融合云服务技术，媒体可以引入在线结算的应用，进入电子商务领域。如媒体可以在任意版面和内容，挂接股指、期货、网上商城、游戏币、优惠券、票类预订、团购信息等交易类网站与平台，通过新闻与广告精准的引导，将新闻读者变成实实在在的消费者。

例如做一个系列汽车的广告，可以加入触控、3D效果，手指滑动三维转动，若觉得有意思，还可以直接进入它的4S店网站，跟别的业务衔接起来，产生切实的效益。

再比如，春节临近，报纸在报道春运相关专题的时候，可以将新闻内容链接到铁路客服中心在线购票网站，既推送了新闻资讯，更方便了读者用户，大大增加了用户黏性。

通过这种互联网超级挂接能力，报纸将从传统的单向资讯推送转变为读者生活中不可或缺的一部分，不仅黏性大大增加，也确实产生了多种经营创收的业务模式。

活水之源，从云服务开始

有没有一种简单便捷的方案，可以让我们的报业快速活起来？换句话说，有没有办法让平面纸媒在短时间内迅速获得"魔法"报纸的能力？答案是肯定的。

理清了思路，做法更重要。酷炫的全媒体效果，是不是像人们通常所理解的，需要有大量的人力、物力、财力才能达到呢？其实不然。对于报社而言，其优势在于内容采编与报业经营，而新媒体技术是短板，因此最好的方式是利用社会化大分工与大协作，将新媒体技术的实现交给专业的支撑机构来做，媒体专心做好内容与经营，优势互补，快速发力。

目前市场上涌现出了许多针对"新媒体"的产品或服务，有的是媒体自身开办的电子报、数字报、客户端，做了新媒介的延伸。有的是技术服务商在传统采编审发产品基础上针对全媒体制作、无线移动发布、媒资整合，以及编辑记者团队协作开发的改进型产品。有的报社甚至为新媒体转型专门搭建技术平台和人员，耗费大量的人力物力财力。很多的电子报、数字报经营情况堪忧，甚至已经失败。比如从原有媒体部门人员抽调组建新媒体战略部门，却面临媒体人员不懂新媒体技术路径的尴尬。在需要新技术支持的时候，报社往往从外界寻找技术服务商，普通的技术服务商能够解决技术问题，却不会主动为报社更深层次的拓展和经营分担。无论是电子报、数字报、客户端，这些产品的共同特点是仅仅帮助报社把内容发布到新的终端上供读者阅读，只是简单地解决了用新的方式"发布"的问题，而没有让核心的采编人员使用新的技术，真正参与到新媒体采编、审核、发布、甚至接收反馈的业务循环链中。

在文化产业创新升级与媒体转型的大潮中，联著实业公司携最新的技术与成功的案例应运而生，打造出了媒体转型的技术支撑与传播平台——"闻道"传媒云平台，为处于转型不同阶段的媒体机构提供针对性的解决方案。我们愿意与传统媒体一起探讨、创造新的业务模式，提供发布、经营、个性化的技术支撑和伴随式的服务。"闻道"平台的三网融合云服务、个性化终端定制、用户推广等解决方案，将成为传统媒体转型的活水之源，为报业带来无限生机和活力。

最便捷的转型之道，从闻道云服务开始。报社只要有一台PC，跟闻道云服务平台连接，"魔法"报纸的效果就可以很简便地做出来。报社不需要重做内容和版面，通过闻道平台全自动化的文件转换过程，将用于印刷的PS文件自动反解成为html5.0等适用于无线移动互联网传输的文件，以原版报纸的形式，发布到iPad、iPhone、Android手机、Android平板电脑、win7平板电脑，以及win7手机等各类移动终端上，呈现在数以亿计的移动互联网读者面前。报纸编辑人员通过闻道云平台提供的各种全媒体可视化、模块化功能，就可以在报纸原版呈现的基础上，对报纸施以各种"魔法"，就任意需要深度关联的内容制作文集、相册、音乐、视频或其组合，并制作立体化广告和电子商务网站挂接等等，将报纸变得更丰富、更精彩、更好玩。该环节不需要投入更多的人力，普通编辑就可以胜任，只需要一台连接着互联网的电脑，每年交纳很少的云服务费，就可以获得"魔法"报纸的制作和发布能力。报业获得魔力之后，辅之以即时新闻的推送、个性化终端定制、社区化网报制作等手段，将权威性、时效性、个性化相结合，将在新媒介冲击下重新拿回属于自己的影响力。

联著愿意利用自身强大的产业链整合能力提供云服务，帮助合作媒体在移动互联网这个新兴领域推广用户。媒体在"闻道"这个大平台上树立自己的品牌，展现自己的内容，发展自己的读者群，闻道平台推广用户的力度越大，合作媒体受益也越大。联著本身有自己良好的终端销售渠道和终端预置能力，已与多家手机、Pad 等终端零售商实施战略合作，为提升用户数量奠定坚实的基础。我们整合了良好的软件、硬件产业链，以"闻道"平台为核心，搭建了让报纸迅速"活"起来的生态环境。通过产业链的整合优势，报纸可以利用开放的平台快速提升在群众中的传播力，从而提升舆论引导力、经营创收能力。

媒体转型的本质是业务、经营、管理模式的转变，而并不是丢弃传统纸媒诞生一个新的产品。我们希望能够与更多媒体携手，运用成熟的解决方案，为转型中的报业提供三网融合发布、经营、管理模式变革的技术及服务支撑，共同建设传媒产业美好的明天。

李学东

华数传媒网络有限公司副总裁，尼尔森网联媒介数据服务公司董事长、总经理。先后从事电视节目制作，宣传管理，媒介研究、新媒体运营等工作。2005年至今带领华数媒体团队构建了跨网络、跨终端、跨媒体的华数TV全媒体平台，旗下华数互动电视、华数手机电视、华数互联网电视等在2011年度已达到5亿元收入规模。2008年还带领团队创立了全新的电视评估和电视媒介数据服务模式。

三网融合时代的受众变化与媒体应对

文/李学东

现代人的生活已经被越来越多的媒体所包围。早上通过电视看早间新闻，通过车载电视了解最新资讯；中午外出吃饭用手机聊天、看手机电视；晚上回到家全家一起看电视剧……这也许是大多数人媒体生活的写照。今天，三网融合背景下，媒体环境发生了很大变化，媒体该如何应对？这个问题值得业界探讨。

数字化改变媒介环境

数字化改变传媒生态，体现在以下几方面：

观众收看电视的渠道多元化。目前，用户如果想收看一档节目，可以通过互动电视（IPTV）、互联网电视收看，也可以通过网络视频、有线数字电视、地面无线数字电视、直播卫星、CMMB、手机等方式收看。数字技术的高速发展，使用户选择空间更大，也催生了大量新型媒体形态。互联网视频以及移动智能终端已经成为重要的收看渠道。截至2011年12月，我国已经有1.19亿3G用户，1.15亿宽带接入用户。在此基础上产生了586家互联网视听节目服务持证机构，为全国4.85亿网民提供音视频内容服务。互联网音视频及基于此的移动终端音视频已经成为重要的收视渠道。

互联网视频如雨后春笋般成长。近年来，互联网视频网站发展迅猛，互联网视频已经突破了版权和网络带宽的束缚，服务日趋成熟，用户数量迅速增

加。运营上，互联网视频网站强强联合，如优酷与中影合作，迅雷与华谊合作。同时，互联网视频网站也对内容进行投资，自制内容增多。

数字化带来电视消费的变化。电视数字化是一项国家战略。经过多年的发展，中国有线电视数字化进程取得了显著的发展，数字化程度已超过 40%，有线数字电视用户突破 9000 万元。目前模拟电视向数字化的整转已完成 44%，这种整转计划将于 2015 年完成。数字电视拥有"融合、交互、多业务"的特点。电视数字化所衍生的视频点播、时移、录制、电视支付、信息服务等功能，正在逐渐改变大众电视消费的习惯。

数字电视带来用户消费习惯的变化。随着数字化的推进，数字电视网络承载的电视频道和节目内容更加丰富，电视观众收视行为近几年发生了明显而深刻的变化。虽然观看电视节目仍是数字电视用户主要的消费方式，但观看点播节目的用户比例随着双向用户的增多而不断上升。同时，观众花费在电视直播频道上的总体收视时长成上升趋势。如杭州观众平均每户每天收视时长较三年前增长近 1 小时，由 2008 年的 5 个半小时增至现在的 6 个半小时。与 2008 年相比，当前观众全天收视习惯也有明显变化，尤其在午间及晚间变化更明显。

在美国，传统电视收视时长、互联网视频收视时长、移动终端收视时长都在增加，而且互联网视频收视时长及移动终端收视时长增加更快。与 2010 年相比，互联网视频收视时长增加了 14.7%，移动终端收视时长增加了 19.8%。2011 年 2 季度，美国 18 岁以上人群每周收视时长增加 40 分钟。18 岁以上人群的收视时间在增加，2011 年与 2010 年相比每周收视时长均增加了 40 分钟。这表明，电视即使在互联网发达的美国，重要性仍然没有降低，仍然是主要的收看渠道。

优质内容正成为播出渠道争夺的核心资源。如 2011 年 7 月，搜狐视频以 3000 万元拿下 98 集新版《还珠格格》网络独家播映权；2011 年华数传媒以 1100 万元取得《新亮剑》的新媒体独家首播权，与浙江卫视同步播出。这些表明，未来媒体在内容产品这一核心资源上的竞争将更加激烈，而且资本将在这一竞争中起到决定性作用。

从以上分析，我们可以得出以下结论：电视仍然是最主要的收视渠道；观众趋向个性收视，不再满足于你播我看的线性收看方式；以互联网以及智能终端为代表的新媒体正扮演越来越重要的角色；优质内容关注传统电视的同时，迅速向新媒体渠道扩展；资本在稀缺优质内容的归属上扮演着重要的角色；内容和渠道的结合越来越紧密。

华数传媒的新媒体应对之策

面对全新的媒体环境，华数传媒着力打造基于三屏业务的新媒体平台——华数 TV，拓展跨屏、跨网、跨终端的融合业务，实现同一用户不同终端点对点互通互动，实现不同用户之间多个终端的复合态网状互通互动。目前华数传媒已构建起成熟的三屏产品集群，包括电视屏的华数互动电视与华数互联网电视、电脑屏的华数 TV 网、手机屏的华数手机电视。

强化三屏媒体服务，实现全方位立体传播。针对受众获取信息的渠道多元化，华数传媒积极强化三屏媒体服务，实现全方位立体传播。华数传媒基于三网融合优势，覆盖电视、网络、手机三大媒体形式，全方位覆盖用户生活，实现有效传播。

改变传统媒体单向线性传播方式，加强用户互动参与。华数传媒改变传统媒体单向线性传播模式，充分重视受众希望改变被动收视的意愿，加强受众互动参与，实现媒体与用户的双向交流。

强化服务理念，整合内容，深度策划。针对用户收视碎片化、观众的收视习惯明显改变的特点，华数传媒提出电视秘书服务理念，整合内容，深度策划。华数传媒对视频节目进行策划、整合、推介，努力使用户在第一时间能看到最具收视价值的节目内容。

构建数字化节目内容资源库。面对优质内容成为媒体竞争焦点和海量内容成为受众普遍需求，华数传媒积极构建数字化节目内容资源库。华数传媒与 300 多家海内外知名节目内容提供商和制片商建立了长期的战略合作关系，拥有 TVB、华纳、环球、迪斯尼、MTV、光线、BBC、Discovery、华谊等众多国内外一线内容合作伙伴，已建成的数字化节目内容资源库，目前已拥有 50 多万小时的流媒体内容资源。

积极拥抱互联网，开放媒体平台。面对互联网视频网站激烈的竞争，华数传媒积极拥抱互联网，开放媒体平台，引入互联网核心影视节目。华数传媒的 TV 平台产品已实现与视频网站的合作对接，目前已接入 PPTV、乐视等视频网站，在华数传媒最新的第二代互动电视产品"华数 TV2.0 高清互动电视"上已上线。未来更多的视频网站将加入华数电视端平台，共享资源，实现共赢。

积极开发智能电视，使用户变看电视为用电视。面对互联网新媒体对电视行业的冲击，华数传媒积极开发智能电视，使用户变看电视为用电视。华数传媒的产品基于数字电视交互技术，实现媒体与用户双向互动功能。用户不仅可以点播影视节目，而且在家利用遥控器就可以享受到电视游戏等服务。

放眼未来，华数传媒的新媒体平台将依托互联网电视等新媒体，本着"开放性、服务性、可运营性"的原则，为各类合作伙伴搭建一个强大的渠道平台和推广平台，携手实现共赢！

品牌篇

CREATIVE CLASSICS

铸"今晚"品牌　创报业奇迹

文/《传媒》记者　杨驰原　马莉　彭波

在长江道、南京路、南开三马路交会处的东侧，矗立着天津知名建筑今晚大厦。在今晚大厦33层，一眼望去，半个天津尽收眼底。与今晚大厦比肩而立的，是刚刚投入使用一年多的99米高的今晚传媒大厦。一家晚报，在一级城市的繁华地段拥有两座现代化大厦，这在全国是绝无仅有的。今晚双子大厦，既是《今晚报》几十年发展丰硕成果的展示，也是《今晚报》十多年来精彩演出的舞台。

曾几何时，从发行量和广告收入上来看，几乎每个城市的报业"老大"都是晚报。1995年1月1日中国第一张都市报《华西都市报》的创办，宣告了晚报与都市报争锋时代的开始。进入新世纪，在新媒体的崛起和冲击下，城市报业竞争更加激烈。十几年征战的结果，多数城市报业"老大"易主为机关报和都市报。而在天津，《今晚报》不仅巩固了"老大"地位，而且又创办了一份发行量居天津第二位的子报——《渤海早报》，并在多种经营方面迈开了大步。

从"一报在手、应有尽有"办报理念的提出到"一报独大"，从"两分开"体制改革到市委、读者"双满意"，从一度的困局到品牌价值超50亿元……在晚报市场受都市报和新媒体双重夹击的发展环境下，《今晚报》逆势上扬，走出了一条不同寻常的发展道路。

开篇：一座城市的晚报情缘

在近代，天津创造了很多中国之最，因此有"中国近代看天津"之说。

近现代国外很多新发明、新制度、新机构都是从天津登陆中国的。中国最早的警察出现在天津，中国第一家电报局、第一所邮政局、第一所大学也都出现在天津。1904年天津出现第一份晚报，随后几十年间出现了几十种晚报。创刊于1946年7月的《新生晚报》一支独秀，解放后衣钵相传，成为新中国最早的晚报。《今晚报》与《新生晚报》一脉相承，伴随、见证了天津这座中西合璧、古今兼容的独特城市65年的历史。

天津：曾经的晚报之都

根据档案资料和专家论证，天津在新中国成立前先后出版各种晚报约30种。从1945年到1948年，天津就先后出现了《新生晚报》、《自由晚报》、《大众晚报》、《人民晚报》、《夜报》、《民国晚报》、《大路晚报》、《真善美晚报》等8家晚报，而《新生晚报》正是今天《今晚报》的前身。当时，《新生晚报》的平时日销量在1.5万到2万份左右。在内容上晚报特点比较突出，时事新闻迅速翔实，重要新闻多为当天消息。报道上，彼时的《新生晚报》设有七个周刊，即"文艺大地"、"读书"、"人物"、"妇女"、"星期专页"、"报与报人"、"宗教论坛"。因报道倾向于民众，曾多次受到国民党天津当局的警告。

从《新生晚报》到《天津晚报》

1949年1月15日天津解放，《新生晚报》发行了天津解放的号外，随后所有旧有报刊一律停刊。3月1日经市军管会文教部批准，《新生晚报》复刊。复刊后的《新生晚报》仍然为民办报纸。1952年夏，《新生晚报》收归公营。6月15日《新生晚报》更名为《新晚报》。

1960年7月1日，《新晚报》和《天津工人报》、《天津青年报》合并，创刊《天津晚报》。《天津晚报》是中共天津市委领导下的一张综合性的报纸，以城市人民为主要对象，发行量曾达到20万份左右。1967年1月，《天津晚报》被迫停刊。

《今晚报》：新中国最早晚报的新生

改革开放给天津带来了新生，也给新中国最早的晚报带来了新生。

1980年前后，全国一批晚报相继复刊、创刊。此时，天津人民关于恢复《天津晚报》的要求和呼声愈加强烈。1983年8月，中共天津市委办公厅、中共天津市委宣传部发出《关于恢复出版〈天津晚报〉的批复》；11月，中共天津市委办公厅正式给市委宣传部发出《关于我市晚报定名〈今晚报〉的函复》。几番浮沉，1984年7月1日，由邓小平题写报头的《今晚报》横空出世，很快成为中国晚报界"四大名旦"之一。《今晚报》的创刊，是《天津晚报》的新生，无疑也是新中国最早的晚报《新生晚报》的新生。

《今晚报》创刊27年来，创造了辉煌，也经历了曲折。在新世纪的前几年，事业发展一度迷茫，经济状况一度陷入困局。2005年7月贾长华出任社长后，提出了"二次创业、再铸辉煌"的口号，带领大家经过短短6年多的努力，实现了跨越式发展，实现了社会效益、经济效益双丰收。据央视市场研究机构（CTR）2005～2009年连续5年的调查报告均显示，《今晚报》每期阅读率达33%以上，是天津排名第二位报纸的2至3倍；2010年12月CTR调查显示，在资讯丰富性、权威性、趣味性、品牌形象、标题吸引力等20项读者关注的指标中，今晚报18项指标高居第一名，2项指标名列第二，其办报质量和市场影响力得到了读者的充分肯定。《今晚报》在天津形成了无可置疑的"一报独大"的稳固地位，在"两分开"体制改革和"三贴近"的实践方面，均走在全国前列。

从"两分开"到"双满意"2003年文化体制改革试点伊始，中央确定了9个综合性的试点地区，同时确定了35家改革试点单位。其中新闻出版业有21家，包括8家报业的改革试点单位，《今晚报》名列其中。报业试点单位的改革主要是在进行事业单位内部三项制度改革的同时，进行宣传、经营"两分开"的探索。早在2005年3月，本刊就对《今晚报》"两分开"的改革成果进行过采访。6年过去了，《今晚报》"两分开"的改革又进行了两次深化，取得了明显效果。

"两分开"的"三步走"

第一步,事企分开。从2004年开始,用了一年半的时间,主要是把报社的宣传业务与经营业务"两分开",成立了社委会领导下宣传业务与经营业务"两分开"的管理体制——负责办好报纸的编委会和负责搞好经营的经委会。让办报与经营"两个轮子"都转起来,推动办报与经营出现了并驾齐驱快速发展的新局面。

第二步,经营性资产剥离。成立产、企业全部剥离,实行公司化运作,面向市场求效益。发行部、广告部、印刷厂和一些其他企业都是这个时期剥离的。全部转制为企业的16家子公司负责广告、印刷、网络、物业、酒店、人力资源、贸易等经营业务,实行自主经营,自负盈亏,自我约束,自我发展。同时对子公司实行了三项强化管理:一是坚决堵住"跑冒滴漏",果断关掉亏损公司和企业;二是坚决消除事企不分,凡是从事经营业务的中层管理人员,一律辞去行政管理部门职务;三是成立财务中心,统一管理各公司财务,结束财务管理分散状况。实行公司化运作后,各部门都获得了比较显著的成效。在这一阶段,今晚报社和今晚传媒集团基本是同一概念。

第三步,成立今晚传媒集团有限公司,深化改革。在天津市委宣传部领导下,随着文化体制改革的不断深入,今晚传媒集团有限公司于2010年8月10日挂牌成立,这标志着今晚报社进一步推动采编与经营"两分开"进入一个新的里程碑。这次改革,是将党报《今晚报》以外的非时政类报刊——《渤海早报》、《中老年时报》、《中国技术市场报》、《今晚经济周报》、期刊总社、今晚网进行转企改制,再将原今晚传媒集团下属15家子公司的资产和经营业务全部剥离出来,全部归入新组建的今晚传媒集团有限公司。今晚报社保持事业单位性质,成为集团有限公司的出资人。

原先作为事业法人的今晚传媒集团发生根本性变化,发展成为新的今晚传媒集团有限公司。今晚报社的社委会为公司董事会,社长为董事长,公司实行董事会领导下的总经理负责制。这一公司作为市场竞争主体,成为企业法人,按照所有权与经营权剥离的原则,独立进行公司化运作,"自主经营,自负盈亏,自担风险,保值增值"。

今晚报社"两分开"体制改革经过三个步骤不断深入,这一改革既推动了《今晚报》办报质量走上一个新台阶，也推动了经营业务的跨越式发展。转企改制后的非时政类报刊和各经营公司，通过建立健全现代企业制度，优化组织结构，转变经营方式，激发新的创造能力，出现新的更大发展。

"两分开"体制改革取得显著成效：用人机制活了，能上能下；分配机制活了，能高能低；决策机制活了，高效科学；管理制度更适合市场、更适合现实需要。

2010年1月25日，中共中央政治局常委李长春在中共中央政治局委员、天津市委书记张高丽等领导的陪同下，到今晚传媒集团视察，充分肯定了集团"采编与经营'两分开'体制的改革彻底，走在了全国前列"，同时，对发行创新和新闻报道也给予充分肯定。

"双满意"体现改革成果

"两分开"促进了《今晚报》事业、产业的发展，保证了贾长华社长一贯倡导、报社一直追求的"让市委满意，让广大读者满意"目标的实现。

在我国160多家晚报里，今晚报社具有独特地位，独立组建报业集团，直接归市委宣传部领导，是正厅级事业单位。目前报业集团多由机关报组建，晚报社独立组建报业集团，除今晚报社外，仅有羊城晚报社、长沙晚报社等几家，新民晚报社与文汇报社联合组建文新集团也是一种模式。《今晚报》之所以在天津做到"一报独大"，和其独特的定位有关。在采访时贾长华社长向记者介绍，《今晚报》的编辑方针是要兼具党报和都市报的特点，既要让市委满意，也要让广大读者满意。《今晚报》多年来坚持并做到了"双满意"。

十几年来，天津市委、市政府领导对《今晚报》的新闻报道和内参作批示多达数百次。近一年来，中共中央政治局委员、天津市委书记张高丽，市长黄兴国，市人大常委会主任肖怀远，市委常委、宣传部长成其圣等领导同志，对《今晚报》的新闻报道和内参所做批示达五六十次。同今晚传媒集团，把所有能剥离的资时，中宣部《新闻阅评》先后10余次对《今晚报》报道给予肯定。

市委领导满意固然重要，但也一定要让广大读者满意。对于一份报纸而言，最大的褒奖来自于读者，读者的满意才是最高的奖赏。

《今晚报》最大限度地满足读者需求，努力赢得读者的信任与依赖，始终

与其广大的读者群体保持着忠诚的依存关系。天津的读者不光爱看《今晚报》，还爱集晚报、剪晚报。

晚报的热心读者们，每天把读《今晚报》当做生活中的一件雷打不动的必干事，他们把看过的报纸分门别类地进行整理，把有价值的稿件，剪成报块，粘贴成册，组建成专题剪报。在这一过程中，读者把剪报当成学习知识、沟通外界的桥梁，当成乐趣、享受，在心旷神怡中得到精神的愉悦和劳动的快乐。

从 1996 年起，读者刘宝光就一直坚持剪报。到目前为止，其剪辑到的有价值的资料信息已超过 7000 余条。2006 年 9 月 7 日，今晚报社"今晚读者俱乐部"举办了首届"今晚剪报展"活动。2007 年，乘着《今晚报》剪报展成功举行的东风，在忠实读者王少柱的热情发起和广大读者们的参与下，大家自发地成立了一个集报协会组织——天津民间收藏专业委员会集报协会（简称为"天津市集报协会"）。

2009 年，在纪念天津晚报—今晚报 60 年之际，"今晚读者俱乐部"和天津市集报协会举办了"天津晚报—今晚报 60 年成果与剪报展"活动。参展的 1800 件作品是从 583 位读者提交的 2 万余件作品中精心筛选出来的，剪报内容涵盖重大新闻事件、城市变迁、百科知识、养生保健等 200 多个门类。在参展的集报剪报读者当中，有 90 多岁高龄的老人，也有十几岁的学生；有的是一个人报名，也有的是一家几口共同参与；有的是在职的领导干部，也有的是一般的家庭妇女。

一本本剪报，题材新颖宏大、内容丰富；一册册长卷，制作艺术精美、古朴典雅。有线装式、首日封式、扇面式、镜框式、可挂式、台历式等不同式样，这些都是剪报形式的创新，充分展示出了读者对报纸的深厚情谊。"作为《今晚报》的忠实读者，我们视剪报展为剪报人的节日，希望能用这些精心剪辑、集纳后的《今晚报》剪报，表达我们热爱家乡、建设家乡的炽热之情。"读者满怀深情地说。

从老品牌到新价值品牌的通常定义是：产品（品类）名牌，用于识别产品（品类）或是服务的标识、形象等。它具有两个方面的含义，一是指消费者对产品及产品系列的认知程度，二是指企业多年积累的有形资产和无形资产总和。

作为一个拥有 60 多年历史的知名媒体，《今晚报》的几代领导都十分重视品牌建设，在 2005 年 8 月贾长华出任今晚报社社长后，新领导班子更是把品牌建设当作首要工作来抓。在我们采访今晚报社总编辑鲍国之时，一个多小时的采访，无论是谈内容质量，还是谈组织活动，他都能和品牌建设联系起来。思想上的重视，实践上的努力，使《今晚报》的品牌影响力不断增强。

天津城市名片

说起天津，人们耳熟能详的是"狗不理"包子、"十八街"麻花、"耳朵眼"炸糕。如果让我们绕开食品，寻找天津的品牌，新中国成立前是"南开、永利、大公报。"随着岁月的更迭，著名学者、南开大学副校长陈洪在《光明日报》撰文，认为目前天津卫"三宗宝"是"南开、泰达、《今晚报》"。《今晚报》的品牌打造赢得了社会各界的广泛承认，取得了辉煌成就，成为天津人非常自豪的"城市名片"。

《今晚报》是全国四大晚报之一，2001 年《今晚报》被权威部门认定为全国媒体首家著名商标。"2005 中外商标博览会暨中国首届商标节"上，共有 1000 余家中外驰名商标企业到会参展，《今晚报》作为全国报纸首家著名商标参展，也是唯一的媒体著名商标参展。

据中国报业协会统计，今晚报社广告收入连续 10 年位居全国报纸广告经营前 10 位，居天津媒体首位。

自 2003 年起，《今晚报》连续八年被世界报业协会评为"世界报业发行百强"。2004 年 1 月 1 日，中国社科院新闻研究所公布了全国 35 个城市报纸公信力、影响力的调查结果，《今晚报》在天津的公信力、影响力都占据第一。"影响中国 2005 传媒盛典"公布，《今晚报》是全国最具影响力的 17 家报纸之一。

2006 年 4 月，《今晚报》牵头组织召开了首届环渤海媒体联席会，29 个城市的 32 家报社的社长、总编辑汇聚天津，共商合作大计。2008 年 10 月在北京召开的"世界媒体高峰论坛暨中国标杆品牌评选大会"，哥伦比亚《新闻评论》（中文版）公布了评选结果。从全国 2000 多家报纸、9000 多种期刊，300 多家电视台的 9000 多个栏目中，评选出 98 个中国标杆品牌，其中包括 36 家报纸，《今晚报》是天津唯一入选的媒体。《中国 500 最具价值品牌排行榜》是由世界品牌实验室编制的品牌排行榜，2004 年第 1 次发布榜单，2011 年第 8

次发布。8年间，今晚报8次入榜，品牌价值从25亿元增长到52.79亿元，创造了品牌翻番的奇迹。

"今晚"品牌如何打造

任何品牌的打造，都不是一朝一夕的事，是一个长期、持续的努力和积累的过程。今晚报是如何打造自己品牌的呢？

一是靠质量。打造报纸品牌，质量是根本。为保证报纸质量，今晚报社的领导班子可谓不遗余力。

在采访时，《今晚报》总编辑鲍国之向我们详细介绍了他们的质量管理系统和读者评报制度，今晚报社传媒研究所所长王军杰向记者在电脑上演示了他们的质量管理系统，还拿出了一叠央视市场研究机构（CTR）为《今晚报》所做的全国读者调查（CNRS）有关《今晚报》的数据。总结起来，《今晚报》的质量监督保证体系，主要由以下4项构成：

第一项是报社内部质量管理系统。在这套系统里，随时可以查阅各期、各版的差错情况、差错处理情况和新闻发布情况。

第二项是建立新闻监测制度。建立了"全国主要报纸新闻监测制度"和"同城报纸新闻监测制度"，由经验丰富的同志监测国内和本市重要新闻动向、线索，向各采编部门提供借鉴，随时学习其他媒体长处。

第三项是建立读者评报制度。为听取读者建议，今晚报建立了"千名读者评报"制度，在各个领域聘请1000名读者担任评报员。在8年多的时间里，今晚报社聘请的千名读者评报员提供评报信息近百万条，其中52487条意见、新闻线索、挑错信息被采纳。千名读者评报创造了开门办报的新模式，不仅使之成为沟通编读的重要渠道，形成读报人、评报人、办报人"三位一体"共谋发展的局面，而且大大提高了报纸质量，扩大了天津市委、市政府了解民情民意的信息来源。

第四项是委托社会调查公司监测版面阅读情况。他们委托央视市场研究机构（CTR），从各版面阅读率排名、各版面精读率排名、版面综合指数排名、版面CWOT分析、各版面阅读率和精读率等多项指标，监测版面阅读情况，作为奖惩和改进的重要依据。

二是靠活动。组织活动扩大影响，是今晚报的拿手好戏。新世纪以来，今晚报社推出了上千件各类活动和重要报道，产生了广泛影响。如《今晚报》和中科院联手陆续推出的"澜沧江科考"、"北极科考"、"亚马逊科考"、"贝加尔湖科考"、"喜马拉雅科考"、"东非大裂谷"等一系列在全国有广泛影响的科学探险考察活动，已成为一项全国独家的精品工程。再如"神奇的西部"、"马三立从艺80周年暨告别舞台演出"、"寻访天津支边老知青"、"五大战略举措与滨海新区创新"、"庆祝新中国56华诞　走进56民族"、神五神六神七系列报道、"环渤海节能环保产业自主创新100家"、"津城百姓英雄评选"、世界奥运城市行、2008中国最具幸福感城市评选、海外华文媒体峰会、救助新疆少女阿依努尔报道、今晚小记者台湾采访行等，以及2010年推出的"身边好人365"、2011年推出的"身边文明365"等，这些活动和一系列报道在全国、在天津都产生了积极的影响。

三是靠服务。"您家住几楼，送报到几楼——《今晚报》为读者服务到了家。"这是十多年前《新闻战线》对《今晚报》为读者服务的报道。为更好地加强与读者之间的联系、广泛获取新闻线索、增强全方位的社会服务，进一步提升《今晚报》的质量，2000年11月14日，"96860今晚报公众服务中心"正式开通，中心采用现代化技术手段的大型互动式读者服务系统，共投资200万人民币。11年里，中心为服务读者、提高《今晚报》的质量起到了巨大作用。

从"今晚报"到"抱金碗""今晚报，抱金碗"，这个谐音对仗句，出自著名作家冯骥才先生的题字——位于今晚大厦内以天津特色美食远近闻名的"抱金碗餐厅"，这里迎来送往了许多名人墨客。大俗即是大雅，今晚报社计划把"抱金碗"打造成天津特色餐厅连锁品牌。

从"今晚报"到"抱金碗"，勾勒出了今晚报社的发展历程和经营思路：先办好报纸，再多元化经营；先围绕报纸搞经营，再扩展到文化产业更多的领域，在更多的领域里抱回更多的"金碗"。

主业强方能万事兴

广告是报纸的主营业务，任何报纸如果主业不振，整体发展水平就很难提高。据中国报业协会统计，今晚报社广告收入连续10年位居全国报纸广告经营前十位，居天津媒体首位。2010年，在中国报刊广告年会上，《今晚报》再次位列全国晚报广告 20 强中的第二名、全国晚报广告投放价值第二名。

成就非凡,绝非偶然。广告是媒体最主要的经济支柱,今晚传媒集团同样把广告经营放在了各项经营工作的首位。以《今晚报》庞大的读者群和在天津地区"一报独大"的发行格局为前提,广告公司确定了"以服务促经营,以活动促经营,以经营带广告"的经营思路。"服务"即千方百计为客户提供周到、便捷、优质的服务;而在"活动"方面,经营团队则积极策划开展各种及时的、别开生面的活动,为客户扩大影响。从而以"服务"促进广告经营,以"活动"拉动广告市场。

2009 年,受到全球金融危机冲击,全国广告市场不景气,平面媒体广告下滑更甚,加之新媒体冲击的双重影响,报纸广告呈现出增长乏力态势,《今晚报》客户广告投放量也相应减少。面对紧张局势,今晚传媒集团上下鼓足干劲,力克难关。以广告公司为主导,全面实施"一条经营主线、三项调整措施、五项经营改革举措、一个具体目标"的"1351"广告经营工程,主动适应市场,调整广告结构、深化经营管理,确保报社利益。在严峻的金融危机形势下,实现了广告利润增长。

2010 年,广告公司又集思广益,精心运作,根据新的形势适时实施"127"广告经营拓展工程,继续扩大有利态势。此轮经营拓展举措使广告公司取得了显著的成绩,当年实现广告总收入、利润双增 20% 的目标,由此迎来报社广告历史上的最好局面。

"服务"与"活动"的双保险,让今晚集团从长期的探索和实践中得出了一个独到的认识:广告市场的竞争既是"切蛋糕",又是"钻油井"。所谓"切蛋糕",就是面对现有广告份额,比谁的"服务"周到,比谁的"活动"精彩,就如同切蛋糕一样,看谁"切"得更多;所谓"钻油井",就是在现有广告份额之外,看谁用周到的"服务"和精彩的"活动",寻找到了新的广告源,那就好比探到了"油田"。

多元化经营结硕果

"《今晚报》和国内的许多报社都存在着同样的问题,就是一味依赖广告。一旦广告市场下滑,就会陷入十分被动的局面",因此,"要增强经济上的抗风险能力,就一定要大力培育新的经济增长点。"董事长贾长华如是说。

集团曾经有 29 家公司，从事多种经营，经济效益参差不齐，管理上也存在很多问题。经过清理整顿，保留了 18 家。现在，这些公司不仅没有亏损现象，而且大多数公司还创造了丰厚的利润。

2010 年，各经营公司提早动手，主动作为，始终保持平稳增长，实现了速度、效益、水平同步提高。发行公司主营业务收入 5300 万元，得到政府公益岗、青年见习基地补贴 660 万元；网络公司实现营业额 1497 万元，实现利润比上一年增长 110%，得到政府科技项目支持资金 130 万元；印刷厂印刷的报纸再次被全国报协评为"精品级"，实现利润 2077 万元，比上一年增长 19.37%；贸易投资公司实现营业总额 2.7 亿元，实现利润 560 万元，比上一年增长 10%。文体公司、今牌矿泉水公司、人力资源公司、餐饮公司、保险代理公司的经济效益，也比上一年有所增长。

2010 年，集团还启动合资合营生物制药、联合图书物流配送、"96599659"老年呼叫服务中心、手机杂志等一批项目，策划了"淘宝天下"天津网上购物、今晚网视全媒体生活服务平台、"抱金碗"天津家常菜连锁店、今晚社区文化便利店等一批项目，为增强经济实力增添了"后劲"。

在采访时，李胜利副社长还给我们举了多种经营成功的两个例子：今晚传媒大厦启用后，今晚大厦全部用来搞物业经营，世界 500 强有 20 多家入驻，每年为集团营收 5000 多万元，为天津南开区缴纳税收 1.4 亿元，被称为亿元大楼。集团食堂过去每年补贴 300 万元，现在不光不用补贴了，每年还能创造几百万元的利润。

未来：八大文化产业项目前景辉煌

2010 年 5 月 21 日，隶属市委宣传部、由今晚传媒集团控股 90% 的"天津北方文化产业投资集团股份有限公司"成立。该集团的成立，旨在为天津市建立符合市场经济要求的文化产业投资主体和融资平台，形成融资、投资、建设及营运管理有机统一、高效运作的现代投融资机制。

从 2010 年 6 月到现在，今晚传媒集团依托天津北方文化产业投资集团公司，以资本为纽带，运用市场化手段，推进天津市文化资源和资本的有效集聚和整合，在投资重大文化产业项目上取得重大进展，多个项目，业已开建。用贾长华的话说，这就是"不仅要挣广告经营的'辛苦钱'，更要通过资本运

作、通过更多好的项目，去挣'智慧钱'。"

采访中，贾长华掐着指头，满怀信心地向我们一一介绍了他们正在建设和将要建设的八大文化产业项目。

第一个项目："今晚名门会所"。坐落京津新城最好地段、占地100亩的项目，是本市第一批文化产业重点项目之一。

第二个项目："环渤海传媒中心"。项目坐落滨海新区响螺湾商务区，项目适应了滨海新区的需要，继成为天津市第一批文化产业重点项目之后，又被列入今年全市性重大项目。

第三个项目："团泊文化产业示范园"。项目坐落团泊新城，占地5平方公里，正在进行总体规划，力争尽早启动。

第四个项目：《渤海早报》上市。对于《渤海早报》上市，市政府、市委宣传部高度重视。已成立工作小组，抓紧进行落实，努力在2011年内基本完成筹备工作，力争尽早实现上市。

第五个项目：《中老年时报》股份制改造。《中老年时报》是全国非时政类报刊转企改制的典型，已实行公司化运作。今年要完成股份制改造，吸引有实力、有影响的企业入股，发展壮大中老年产业。

第六个项目：打造一个全新的滨海网。与滨海新区合作建设"滨海网"，该网是向全国和全世界宣传滨海新区开发开放的重要平台。计划将《渤海早报》的"渤海网"与"滨海新区网"融合，力争成为一个大型综合性门户网站。

第七个项目：在滨海新区创办一份财经报。滨海新区的于家堡商务区将建成北方金融中心，贾长华认为这是集团创办财经金融类报纸的最好契机。

第八个项目：建"抱金碗"天津家常菜连锁店。通过举办全市性的天津家常菜大赛，确定了"天津经典家常菜"的菜谱，由连锁店去经营。

"八大项目"，每一个项目，都是大手笔，展现了贾长华和今晚传媒集团非凡的气魄。

提升全媒体传播力
推动传统报业走向现代传媒集团

文/李建国

"十二五"报业发展战略的重点是转型升级、跨越发展,这不仅是中央的要求,也是报业自身发展的要求。转型升级包括体制的转型,管理的提升,团队的再造,但我认为根本的要求是产业的优化和升级。因为传媒产业已出现两大趋势,促使我们必须进行转型和调整。

第一,信息技术的发展已经引发传媒产业的革命,新的传播业态不断涌现,媒体融合趋势加快,报业面临前所未有的挑战。第二,文化创意产业成为推动经济发展新一轮的引擎,很多报业集团所在的城市都把文化创意产业作为文化软实力的重要经济载体,这为报业产业拓展提供了广阔的空间。

那么,报业集团进行产业结构优化和升级的方向在哪里?我认为是从报业集团走向现代传媒集团,成为文化产业战略投资者,最终成为大型文化传播集团。杭报集团"十二五"规划已经确立了当前的重点是打造现代传媒产业体系,推动报业跨媒体、全媒体发展,在此基础上发展文化创意产业。

走向现代传媒产业势在必行

首先,打造现代传媒产业体系,是适应传播环境变化,增加报业集团传播力,提高引导力,更好地履行自己根本职责的必然。打造现代传媒产业体系,可以更好地扩大主流阵地,形成主流舆论宣传格局,更好地完成党和人民赋予我们的任务。

其次，增强传播力，提高引导力，也是产业发展的需要。传播力就是市场覆盖力，引导力就是市场竞争力。杭报集团的发展实践证明，社会效益和经济效益可以在市场上得到统一。

再次，打造现代传媒产业体系，能充分发挥主业优势，为投资文化创意产业提供全方位支持，最终成为文化产业的战略投资者。文化创意产业和现代传媒产业之间有着天然和有机的联系。第一，文化创意产业的核心是内容，而传媒产业最大的优势就是内容。第二，文化创意产业的一个重要的推动力就是创新，而现代传媒产业在日常工作当中一直都在创新，报纸产品也每天都在创新。第三，文化创意产品要想在市场上发展就需要推广，而现代传媒产业具有传播推广能力，只要把现代传媒产业发展好，在此基础上向文化创意产业领域推进就会相对容易得多。

抓住机遇进行跨媒体的战略布局

与"内容为王"同样重要的是"渠道为王"、"终端为王"，应力争以"行政整合"、"市场配置"两只手推进战略资源的整合，尽快布局新的传播渠道和终端。杭报集团近年来把跨媒体和多元媒体布局作为主要任务，从2006年起，集团加快布局现代传媒产业格局。截至目前，已形成以报刊为主，兼具广播、电视、互联网、移动媒体、户外媒体、数字出版的"1+6"现代传媒体系。也就是说，现代传媒的基本业态，杭报集团已经基本布局完成。

——报刊主业。集团深入实施报刊差异化发展战略，7张报纸在不同的市场、不同的读者群进行拓展。近五年来我们又开始实施品牌化发展战略，提升报刊阅读率、到达率、首选率。同时，集团坚持区域化发展战略，做强本地市场、扩大浙江市场、辐射长三角市场、布局全国市场。其中，《杭州日报》辐射杭州都市经济圈的嘉兴、湖州、绍兴；《都市快报》跃居2010年世界日报发行百强第47位，成为浙江省发行量、到达率、阅读率第一位的报纸；《每日商报》有效覆盖义乌等商业发达城镇；《风景名胜》、《休闲》杂志已经开始向全国发展，在包括北京、上海等地成立了分公司和编辑部；最近又与地铁集团共同组建地铁传媒集团，年底将推出地铁报《城报》。

——广播。主要依托《都市快报》，与杭州交通经济广播《交通91.8》共同投资组建都快交通91.8传媒有限公司，开展从经营到内容的合作。

——电视。2003年，集团参股华数数字电视集团，发展数字电视业务。华数数字电视被国家广电总局评价为杭州模式，是目前全国发展最好的数字电视，最近正在谋划上市。在此基础上，《都市快报》组建视听中心，其完全独立制作的电视节目"快报时间"在华数零频道播出。2010年集团又与市文广集团组建楼视传媒公司，运营66房产电视频道。

——互联网站群。集团从2005年开始大幅度启动互联网业务，目前以"一报一网"工程为重点，全力构建互联网体系，形成了新闻门户网站（杭州网）、社区网站（19楼空间）、新闻网站（杭报在线、都市快报新闻网）、商业网站（杭网商城）、专业网站（盛元专业印刷网、自游网、快学网）等五大类20余个网站构成的互联网站群。

——移动媒体。与省市通讯运营商合作，推出浙江、杭州及萧山、富阳、余杭三个县区的手机报；与中国移动手机阅读基地合作，开发手机阅读和电子书阅读产品；2010年与汉王科技合作，推出移动数字阅读器，集团系列报刊于2010年11月7日"记者节"零点登陆汉王书城。《杭州日报》、《都市快报》以及《风景名胜》杂志去年又开始在平板电脑上推出新的阅读产品，《杭州日报》推出城市通，是城市资讯服务产品，《都市快报》iPhone、Android等手机客户端先后上线。

——户外媒体。主要是发展城市电视和阅报栏，在杭州主城区及周边萧山、余杭、富阳建设LED阅报栏及户外广告牌、城市信息亭，还与卫生部门合作推出300块"健康传媒"电子屏，覆盖各医疗中心及社区卫生站点，传播健康卫生知识。目前，杭报集团拥有超过900个阅报栏，这些阅报栏都带有LED屏幕，现在正在进行第二代改造，增加视频信息，丰富阅报栏内容。

——数字出版。组建杭州汉书数字出版传播公司，发展图书出版、电子音像出版、网络出版业务。

推进五大转型，形成全媒体发布

现代传媒产业基本布局完成后，杭报集团着手推进从单一发布向全媒体发展的转型，以增强传播力，建立新的主流舆论引导格局。为此我们大力推进采编队伍、组织架构、内容产品、传播机制、技术服务转型，打造与"1+6"现代传媒体系相适应的现代传播机制体制。

推进采编队伍转型。在全媒体传播模式中，采编队伍承担的任务发生了巨大的变化，不仅要采写编辑文字与摄影报道，还要担负采集和制作音频、视频新闻的任务。结合"学习型媒体"建设，杭报集团健全二级培训体系，从美国和国内高校邀请专家和学者进行讲座，先后举办技能大比武、专项多媒体技术培训、全媒体创新大比武竞赛等系列培训，加快推动一线采编人员从传统媒体记者向全媒体记者，单一采编专业人才向采编、经营、管理复合型人才，新闻传播者向新闻制造者的"三大转型"。《杭州日报》约40%左右的一线采编人员已掌握全媒体发布的各种基础技能。

推进组织架构转型。各报刊结合自身实际，分别组建了网络中心、即时新闻中心、滚动报道部、多媒体演播中心，运作"全媒体编辑部"；全面实行一报一网部署，各媒体依据自身品牌特色、市场特征，建立采编资源共享的网站，并从人员布局上充分保证未来的报道重点——即时、滚动和视频发布，在第一时间、第一现场发出自己的声音；同时各个队伍的记者24小时在线，随时与网民互动，其中有很多互动内容就变成第二天报纸刊登的内容。

推进内容产品转型。全媒体发布不再是报纸内容向互联网、手机、广播电视的简单平移，而必须根据不同的传播渠道和介质的技术特点、发布形态和受众偏好，制作成新的内容产品。目前，杭报集团各媒体已经具备了这一能力，同一个编辑部同时制作用于报纸和多元媒体的内容产品，将强大的新闻原创能力嫁接到符合多媒体出版的平台上，实现"一种内容、多种媒体、多种渠道、多次发布"模式。《杭州日报》所有的编辑部都是多媒体，一线记者同时采集视频、音频等信息，然后二线编辑制作三个产品：互联网、城市通和报纸。《都市快报》"全媒体"报道率先亮相2010年全国"两会"，特派记者王雷在快报写文章，在交通电台播新闻，在快豹宽频秀主持，一个记者同时负责三个栏目的制作，令人耳目一新。

推进技术服务转型。杭报集团加大信息化投入，从2005年开始，每年投入2000万至3000万元用于信息化项目建设。同时积极推进技术部门职能从技术引进与维护，向技术研发机构、运营机构转变，通过引进高端技术人才自主研发，以及与通讯运营商、技术供应商及新媒体的合作研发，推出一系列技术产品，打造适应多媒体、立体化发布的技术平台。现在集团内部很多的新网站和新产品都是自主研发的。加大购置直播车（机）和数字化媒体装备，建成视频直播室，为一线记者配备笔记本电脑、录音笔、数码照相机、小型摄像机，第一时间同时采集图文、视频、音频信息，加强实时播报能力。

推进传播机制转型。改变以往纸质媒体的报道模式及截稿时间，整合集团拥有的互联网、移动媒体、户外媒体、广播、电视，创新互动融合形式，丰富互动融合内涵，积极推动报道从"已经发生的事件"，向报道"正在发生的事件"转变。我们对全媒体报道有一个基本要求：当一个重大新闻事件发生以后，首先是通过手机、互联网，第一现场即时播报，然后是滚动报道，通过手机、互联网以及户外的LED电视屏实现；三是晚上电视电台进行播报；四是第二天的报纸进行深度报道、全景报道，同时对这一事件发生以后各方舆论进行比较、评论，由此实现即时报道、跟踪报道、滚动报道、互动报道、深度报道、多媒体报道，我们称为全天候一体化报道模式。

"十二五"期间，进一步构建现代传媒产业体系的目标

继续做强报刊，发挥其在现代传媒产业中的核心作用。我们认为中国的报刊市场仍然有持续发展的空间，所以"十二五"期间报刊依然是我们的主要发展阵地和领域。第一，做强报刊的意义在于报刊是增强传播力、提高引导力的主阵地，也是目前报业集团的产业支柱和收入支柱，在经济效益和社会效益方面都有着举足轻重的地位。第二，报刊市场的洗牌尚未结束，必须在竞争中发展。现在有两个趋势，一是在竞争激烈的一线二线城市，报刊出现集中化趋势；二是相关报刊市场在很多地方不成熟，比如消费类报纸、经济类报纸、文化类周报、一些专业性的期刊市场还有很大的空间。因此，我们认为"十二五"期间报刊肯定还会持续稳定地增长。第三，相对互联网，报刊权威、公正、客观的核心价值，仍具有比较大的优势。

依托报刊进行跨媒体发展，推进媒体融合，可以使报业集团核心资源优化配置，加快新媒体的发展。从2010年开始，杭报集团就提出并重点要求《杭州日报》、《都市快报》、《萧山日报》加快跨媒体业务发展。跨媒体项目《杭州日报》已经有4个，《都市快报》已经有6个，《萧山日报》也有3个，我们计划打造《杭州日报》、《都市快报》、《萧山日报》3大跨媒体集群。以报纸强大的品牌和内容生产能力来推进跨媒体发展，推进传统媒体和新媒体的融合，从而互相促进，是实践证明的有效途径。因此，做强报刊主业也是跨媒体发展的需要。

优化现代传媒产业结构，打造品牌媒体。同报业需要差异化战略、品牌化发展一样，报业发展多元媒体，也需优化结构，打造有竞争力的品牌。"十二五"期间，杭报集团将继续优化现代传媒产业结构，打造品牌媒体。对现代跨媒体、新媒体产品，进一步清晰专业特色、市场定位、盈利模式，加大扶持力度，力争"十二五"期间再培育1~2个类似"19楼空间"那样具有全国影响的新媒体品牌、若干个省内有影响的新媒体品牌。现在全国各地的报纸都在发展新媒体，但是普遍小而分散，缺乏有影响力的支柱产品。杭报集团"十二五"期间将会打造新媒体产业当中的《杭州日报》、《都市快报》、《萧山日报》等跨亿元的重点品牌，这样更利于建设新媒体产业格局。

为了提高多元媒体的竞争力，"十二五"期间，集团要考核新媒体用户数。我们的目标是"十二五"期间，全媒体规模翻一番，新媒体收入翻一番，报刊以外的收入占集团总收入的比例从现在的30%达到50%。这样，抗击风险能力将得到有力提升，产业结构也将更加优化。

以报业为核心，构建现代传媒产业体系，然后再以现代传媒产业为支柱，拓展自己的产业链，构建文化创意产业体系，最终实现从报业走向现代传媒，走向文化传播集团的转型升级、跨越发展的战略目标，这就是把产业结构的优化升级作为主攻方向的现实意义，而处于核心地位的是尽快顺应传媒产业革命的发展趋势，努力构建现代传媒产业体系，增强传播力，提高引导力。

作者系杭州日报报业集团原党委书记、社长

社交网络的发展趋势

文/陈一舟

"社交网络"是近些年最受关注的互联网名词,它的英文缩写是 SNS,第一个 S 是 Social 社会化,第二个 N 代表 Networking 网络,第三个 S 是 Services 服务。SNS 的概念起源于社会网络研究者提出的"六度理论",即最多通过六个人你就能够认识任何一个陌生人。SNS 将现实中的人际关系搬到了互联网上,让世界上的任何一个人都能联络彼此。

社交网络的起源

社交网络近几年发展之势迅猛。前不久的一部电影《社交网络》就是以 SNS 为题材,讲述了 Facebook 创始人的故事。他为了扩大自己的社交圈,把哈佛学生的电子邮件放在一起,做了一个哈佛大学的通讯工具,起名 Facebook。Facebook 最初从哈佛大学发展起来,后来陆续扩展到其他地区,很多学校要求加入,在美国迅速蔓延。到 2008 年,Facebook 面向社会人士开放,所有人都可以注册,随之用户数飞涨,现在已成为全球最大的社交网站。

如果说 Facebook 是国外社交网站的领头羊,那么 ChinaRen 则是中国第一家 SNS 网站。笔者当初和好友杨宁、周云帆一起回国创业,给公司起名的时候,杨宁想了一个不中不洋的名字——ChinaRen,左边是外国名,右边是中国名。当时我们还想了一个"爱中国"的名字,但是被别人注册了。所以说,1999 年中国出现的第一个 SNS 就是 ChinaRen,可能也是全球的第一个或者第二个 SNS 网站。Facebook 上线的时候是 2005 年,我们比它早了大概 6 年时间。

现在中国最大的实名制社交网站是人人网,前身是成立于2005年的校内网。人人网前不久在美国纽交所上市,是第一家在纽交所上市的社交网站。根据2011年第一季度财报数据显示,人人网有1.22亿激活用户,月度独立登陆用户为3300万,主要覆盖白领和学生群体。

社交网络发展的关键因素

社交网络的迅速发展首先依赖于照相设备的产生。1999年,数码相机和智能手机还没有普及,上传一张照片特别困难。首先要扫描,然后再上传,操作的过程很繁琐。所以,当年的ChinaRen是一个没有照片功能的Facebook。后来随着科学技术的不断发展,数码相机逐渐在用户中普及,大大缩减了用户上传照片的过程。以人人网为例,每天上传的照片数量是700万,都是用户与好友们分享的个人照片,有毕业、旅游、结婚生子等各种话题。所以说,数码相机是SNS发展的加速剂。

另一个主要因素是移动互联网的发展,这是互联网行业的一场巨大革命。智能手机出现后,已经不仅仅是一部通讯工具,而是一个集沟通、资讯、娱乐于一身的终端设备。而SNS则是移动互联网上最重要的应用之一。比如我们可以使用手机登陆SNS网站,随时关注好友的动态,看看发生了哪些有趣的事情。当我们看到美丽的风景时,可以立刻拍照上传到SNS网站,与朋友们分享。此外,LBS基于位置的服务也将成为移动互联网的一个引爆点,会给用户带来很多有价值的内容。当你在某个餐馆吃饭时,上传了一张附带位置信息的图片,你的好友就知道餐厅在哪里,并且可以和你进一步互动。用户也可以通过LBS服务,查看有多少好友曾经来过这家餐厅吃饭。

社交网络的多重基因

互联网上有四大业务模式,第一个是通讯平台,像雅虎、MSN等,都是一般的通讯平台;第二个是电子商务,比如淘宝;第三个是内容搜索,包括各大门户、搜索网站;最后一个是娱乐,包括游戏和网络视频。在四大模式里,SNS是一个以通讯为基础的娱乐分享平台,它具有多重基因,总体来说有以下几个特点。

首先是基于真实身份的好友间的互动。现在全世界做得比较大的SNS网站全部是实名制。Facebook 能够取得成功的重要原因就在于真实身份，它能让你很容易地找到好友，并且在真实、可靠的环境下与好友交流。

第二是一对多的通讯管理方式。以人人网为例，人人网采用一对多的通信方式，当用户发布内容时，所有的好友都能看到；如果用人人网的客户端照一张照片，然后附上位置信息，好友就知道这是在哪儿发生的事件。这就是多媒体的表现形式，有图片、文字，还有位置信息，使上传的内容更富有故事性。生活节奏越快的城市，用户对于通讯效率的要求就越高。很多白领、大学生都是"时间的穷人"，没有多余的时间一对一沟通，所以希望通过一对多这种简单且高效的方式交流，这也是人人网在大城市发展比较快的原因。

第三个原因，也是 SNS 最大的优势——多媒体属性。人人网为用户提供新鲜事、日志、相册、礼物、分享、社交游戏、公共主页等丰富的产品，用户可以在人人网上获取有价值的资讯，分享好友们的照片；也可以在好友生日时送上一份温馨的虚拟礼物，还能在社交游戏中与大家一决高下。

社交网络的未来

开放平台是 SNS 发展的重要趋势。人人网在 2008 年就推出了开放平台，也是亚洲第一个开放平台，拥有海量的第三方应用。当一个互联网公司想成为开放平台时，一定要把一部分资源分享出去，为第三方提供技术上的支持和优厚的分成。人人网是国内开发最早的 SNS 平台，对开发者来讲，在相关的接口上，给应用开发者提供的支持更加成熟、更有经验，而且人人网比较了解开发者需要什么。例如早期，我们和"五分钟""开心农场"的 APP 开发者们一起，熬夜来帮助他们优化产品；现在也一样，对于一些比较优质的 APP，人人网会给他们提供很好的技术支持和推广。人人网始终认为，开放平台与 APP 开发者紧密合作是一个共赢的过程。人人网不太看重收入，而是希望他们的产品能给用户创造价值。近期人人网和宝开公司合作开发了社交版"植物大战僵尸"，这款游戏最大的特点是在和用户的交互中完成任务，这是 SNS 网站最大的特点和魅力所在。

第二个趋势是电子商务的社会化。早在 2006 年，笔者就曾撰写博客预测未来社会化网络将同电子商务充分结合，电子商务将成为 SNS 平台主要的变现方式。糯米网上线时，人人网和成龙电影院合作推出了 40 块钱包含两张票、爆米花和冰淇淋的团购。当时并没有做很多广告，只是在人人网北京地区的页

面上挂了一个小广告，没想到一下子就卖"火"了。当天中午 12 点之前卖了 7 万张票，下午又卖了 23 万张，一整天卖出了 30 万张电影票，一举创下了当时团购网站的纪录。在糯米网上线一周年之际，双方再度联手推出超低价的 36 元双人观影套餐，7 天时间，16 万套电影票被疯狂的网友们抢购一空，再一次刷新了中国团购历史的纪录。

糯米网取得成功的原因就是和人人网的新鲜事同步。举个例子，人人网的页面上有一条用户发的新鲜事："某某某很喜欢糯米网的某件商品"，其他用户看到都会好奇地去点击，这是一个很好的宣传方式。人人网做了这样一个探索，很可能五年以后，人人网赚钱主要靠电子商务，靠好友之间的口碑传播卖东西，而不是卖广告。

第三个重要的发展趋势是移动互联网。预计五年后，50% 的互联网用户将通过手机上网。到那个时候，现有的大公司一半以上都可以消亡了，当然，也会有新公司的崛起。产生一块钱新的价值，就要干掉十块钱老的价值，这是一个负和的东西，不是零和游戏，这是比较悲观的看法。乐观的看法是，损失一块钱老价值会产生一块钱新价值，总消费会增加，但纯利不会增加。位置服务将成为移动互联网与电子商务结合的最好方式，也会是移动互联网盈利的突破点。人人客户端在报到功能中加入了糯米网的团购信息，基于用户的地理位置推荐团购商品。目前正逐步扩展至优惠券及地点活动。

第四个发展趋势是娱乐的社交化。在社交网络出来之前，大家都是玩单机版游戏或者与不认识的人一起玩网游。SNS 出现后，情况就完全不一样了，如社交版植物大战僵尸就和单机版的完全不同。"我"盖了一个房子，如果好友来住的话，就会增加"我"的战斗力，这将是游戏社会化的一个过程。

总体来看，互联网产品的发展规律可以用一句话来概括——让用户用最短的时间做自己想做的事。举一个例子，电子商务以前是 C2C 的模式，现在是 B2C 的模式。在 C2C 的模式下，商品的价格可能会便宜一些，但是浪费的时间很长。十年前，人的时间不值钱，十年以后大家工资都高了，生活压力大了，时间值钱了。用户在保证质量的前提下，宁愿多花几个钱，省一些时间。时间已成为稀缺资源，所以必须使用科学技术帮助人们节省时间，科学技术可以使我们以最快的方式去做我们想做的事情。

作者系人人公司董事长兼首席执行官

《汽车族》：顶层设计，系统运营

文/孙 刚

一本有文化理想的期刊是有魅力的，一本善于经营的期刊是迷人的，只有让理想照进现实才能使期刊走得更远。理想和经营的完美结合有助于对期刊商业模式的拓展。一般来讲，完整的商业模式有三个维度：独特的价值主张、独有的资源和能力，以及独享的盈利模式。现在中国有50多本汽车类期刊，每本之间都有很大差异。我们的体会是，在激烈的竞争中，只有注重独特的价值主张、独有的资源与能力以及独享的盈利模式才能构成完整的期刊商业模式。《汽车族》独有的资源和能力是其在专业领域十多年运作的深厚背景，而《汽车族》顶层设计、系统运营的经营理念，则决定了其盈利模式、品牌延伸和多元经营。

顶层设计的经营理念

期刊经营应该在顶层设计的指导思想下系统运营，而不是零敲碎打，走一步看一步。有的期刊人每天忙得焦头烂额，但是不知道自己在做什么，没有效率，更没有成就感。顶层设计在于如何按照大的设想付诸行动。在丰田"召回门"事件之后，丰田高层曾讲，为了第一时间消除"召回门"造成的不良影响，丰田的工作团队紧急赴美，把所有美国媒体对整个事件的报道进行汇总和研究，发现媒体和政府之间的配合相当默契，每一步都像是商量好一样，时间节点严丝合缝、舆论观点与政府的权威发布完全吻合。看完报道后，丰田的工作人员无不一身冷汗。美国媒体凭借极高的专业性以及良好的战略布局能力，几乎将丰田置于绝境。这件事情也告诉我们，系统的思考、合理的布局、全面的推进，是期刊成功的关键。如大家所知道的"三个泥瓦匠的故事"，选择不同的方式，做出的结果是迥异的。因此，所有的事情都需要先有顶层设计，就好比要想成功造一条船，首先要激发工匠们对海洋的热爱和向往。同样道理，郑板桥的竹子之所以能够卖出天价，是因为在画成之前，他早已胸有成竹。

在这样的顶层设计理念下，期刊构建应该有四个方面：商业模式、管理团队、市场容量、竞争优势。期刊有自己的特性，是一个特殊的文化个体，应该有商人和文化人的双重素养。我们是期刊的经营者，所以期刊经营者一定是"两栖人"，期刊的成功也一定是文化机制和商业机制共同作用的结果，而商业模式关键点是客户。我们一直在思考：为什么客户要把广告给我们？我们能为客户创造多少价值？我们为客户创造的价值与我们具有多少价值应该是相等的，所以我们要求自己在任何时候首先要把自己该做的事情做好，自己做强了，才有溢价能力。

四轮驱动的商业模式

《汽车族》充分认识到期刊的商业模式，因此除内容、广告、发行三种传统业务以外，活动、增值业务以及相关品牌延伸产品日益显现出更加明显的商业价值。《汽车族》有专门的品牌部门利用新的经营项目对杂志整体品牌资产进行维护和管理。品牌活动是一项主要的方式，每年从年初到年末，《汽车族》会举办"中国年度车型巡展"、"中国汽车后市场高峰论坛"、"中国新能源汽车盛典"、"中国年度车轮评选"、"中国汽车自主品牌英雄榜"、"中国高效汽车辩论赛"、"中国年度汽车广告论坛"、"中国进口汽车大典"以及"中国年度车型评选"等几项大型品牌活动，这些品牌活动涉及国产车市场、进口车市场、汽车前市场、汽车后市场、汽车传媒以及汽车教育等方方面面的领域。通过这些活动的举办，《汽车族》汇聚了中国汽车业各个领域的企业、专家、学者，迸发出智慧火花，为汽车消费者的选择提供了高价值的参考信息。正是通过这种与众不同的经营模式来体现自身的价值主张。年复一年，《汽车族》通过这些品牌活动的积累，有效地传播了专业的声音，确立了自己的品牌地位。

此外，《汽车族》还是唯一拥有汽车赛道的汽车媒体，位于怀柔的北京乐驾汽车体验基地不仅承载了《汽车族》自身的户外汽车活动，也为各种各样的厂商活动、赛车活动提供了难得的场地载体。可以说，从硬件到软件，《汽车族》都坚持了"刺猬"理念，一心一意、精雕细刻地经营，为自身的品牌累积丰富的资源，这就能使杂志在竞争激烈的平媒市场占得先机。

鹰一样的个人与狼一样的团队

团队的质量对于期刊运作的重要程度不言自明。我们始终认为，优秀的个人才是组建优秀团队的先决条件。因此，在十多年的经营过程中，我们就是本着独特的标准来寻找优秀的人才。网聚了优秀的人才，管理就成为一门学问。我们在日常运营中逐渐形成了一套人才激励机制，避免人力资源的浪费。我们一直坚持对员工的创造性劳动给予回报并表彰，对于具有创新性的思维、设想和行为给予大力支持和关怀。此外，《汽车族》曾经投重资分批分期地输送骨干员工到美国进行专业培训，虽然耗资不菲，但是有了这些优秀的人才，我们就有了超强的专业技能。一直以来，《汽车族》的企业文化是诚实、敬业、感恩、惜福。专业的团队拥有共同的价值观，协同创造，积极进取。这也再次证明了团队要靠企业文化来取胜。管理的原则是要提高团队的效率。鹰一样的个人和狼一样的团队在于提升个人的价值，让团队精益求精、追求卓越，把每一件事情做到极致。

微笑曲线

一个商品在研发、制造和销售三个环节获得的利润比例是不一样的。中间环节最低，一般占到总利润的5%，最高不超过10%。中间低两边高就像人微笑时一样，品牌附加值越高，溢价能力越强，所以传媒业要筑造自己的品牌。目前，有些媒体本身没有体现它应有的价值，因此更需要在传媒的品牌价值上深度挖掘，精耕细作。

《汽车族》所关注的市场份额，不是单纯与竞争对手比较，而是更看重市场容量、关注客户利益，这样才能有持续不断的创新能力，将行业的盘子做大。在提高市场容量，不断延伸产品线方面，我们除了做好《汽车族》杂志

以外，还开办了电子杂志、手机杂志、博客、微博等新媒体，拓展传播方式，近年还开始了汽车后市场产品的代理业务，还有前面提及的品牌活动和汽车体验基地的经营等。通过这些活动，我们要使产品多样化，产品延伸线更丰富。这使得《汽车族》在丰富的盈利模式中能有更多的价值体现。

制胜优势

企业的竞争优势包含两点：一是品牌，二是管理。《汽车族》的管理就包括了目标、执行和效率。经营关注的是结果，管理关注的则是过程。只有优化过程，才能产生卓越的结果，而优化过程的秘诀就在于管理创新价值，了解过程管理是企业可持续发展的关键。

要想树立真正意义上的可持续发展战略，首先要解决三个矛盾。第一是提高利润率还是增加总体收入，解决的方法是要关注商业模式，把关注点集中在客户利益上。第二是改善短期业绩还是做大长期业绩，这个矛盾牵扯到管理模式，关键点是要把握可持续性利润，眼光的远近决定了对很多问题的看法和处理方式。第三是关注单个部门的利益还是关注整体的协同效应，因为我们更看重共享资产，所以《汽车族》创刊十多年来，对经营部门没有单独提成奖励，而是将所有奖励都为团队设置。这大大提升了团队协作的能力，也就提升了期刊可持续发展的能力。

作者系汽车族杂志社总编辑

《淘宝天下》的远征

文/杨智昌

2010 年末,《淘宝天下》在各种传媒颁奖会中亮相颇多,这体现了业界同仁对淘宝天下传媒有限公司的关注和关爱,更体现了业界对媒介融合模式创新的期待。自创刊一年多、特别是 2010 年 7 月改版以来,淘宝天下传媒有限公司在想什么、在做什么,它为媒介融合探索做了怎样的尝试,这或许是奖项之外更值得关注的话题。

战略机会和实操推演

《淘宝天下》为什么可能?如何实现可能?

随着 2010 年团购的疯狂和"凡客体"的病毒性传播,网购进一步席卷人们的生活。而作为中国电子商务零售业最前端的淘宝网,到 2010 年末注册用户更是增长到三个多亿。

从数字上看,这已经相当于中国几分之一的人口。在一个如此庞大的平台上,一个服务于电子商务消费的媒体,其生存空间是不言而喻的。

再从未来来看,乐观地判断,电子商务带来的零售模式革命是不可逆的,而由此带来的生活方式的变迁,更会是天翻地覆。可以说,即使不是《淘宝天下》,也必然会出现别的此类媒体来服务于新的生活方式,而且不是一家,是一百家、一千家。

事实上,淘宝早就努力在购物平台基础上建立生活社区平台,接下来在社区分享等方面也将有大动作。同时我们也应该看到,这两年,无论是社交网站对真实人际关系的极大强调，还是团购网站对地域性的依赖，尤其是 LBS（基于地理位置的服务）等服务模式对地理位置的盘活，线上线下打通是互联网发展的最新动向。

这就需要重新理解"渠道为王"。

即使在很多人感慨互联网公司占据渠道优势，造成传统媒体被动的时候，我们也不应忘记，在线下，做到"渠道为王"的正是传统媒体。像国内其他优秀的传统媒体一样，浙报集团拥有线下优质媒体的布局、运营媒体的经验和政策资源等等。这在办好媒体的过程中，是不可或缺的。

而淘宝从来就不是一个"纯线上"的公司。全国快递业 2/3 的快递都在送淘宝的货，从一开始淘宝就同时具备线上线下两个渠道的优良资质。

如此一来，2009 年浙报集团和阿里巴巴集团牵手，推出纸质媒体形态的《淘宝天下》，无疑是极具前瞻性的布局。

《淘宝天下》在探索中闯出了一条血路，也正因在这样的战略背景下，利用传统媒体的优势，利用买家、卖家和渠道资源，进行了发行、广告模式创新，迅速形成巨大的始发量，铺设了强大的线下传播渠道。

从战略的沙盘推演回到实际操作

目前，《淘宝天下》从"中国电子商务消费第一刊"出发，不仅是在做"商品 T 台"（新周刊语），做"小二式"的服务（淘宝把员工称之为服务买家和卖家的"小二"），更是在用一种独特的姿态做媒体。

从"玩法变了"到"泡在江湖"，从"就玩不靠谱"到"亲你哪的"（以上皆为《淘宝天下》封面报道题目），《淘宝天下》记录和呈现着被称为"淘一代"的生活方式的轨迹和细节。可以说是这个三亿多群众的"新周刊"和"三联生活"。

2010 年年末，《淘宝天下》的两个封面报道——《2010 网购大变局》和《网购未来》从全球视野盘点和展望了网购的当下热点和发展方向。可以说，这是市面上最全面、最专业地关注网购消费的专题。这些内容全球取材，甚至采访外国相关技术的研究科学家，从"淘宝"做到了"天下"。

这种对网购的专业关注和分析，并不止于专题报道。从《淘宝天下》"价格雷达"、"数说"等栏目的设置看，这份周刊已经摆脱传统媒体的思维架构，开始以电子商务的方式，思考和表达。

类似于所有从梦想到实践的跋涉，《淘宝天下》同样面临100个甚至1000个困难，团队也永远以做beta版的心态来创业。但一旦打开一个战略空间，它提供给人们的想象是诱人的，值得为之挂帆远征。

两个"倒推"的尝试

创新的事业永远要落脚于实务。

《淘宝天下》独特的传媒之路，使其采编成功的难度并不比任何传统媒体低，但也正因为其独特，天然就拥有更多的创新空间。

作为一个传统报团和一个互联网公司合作的产物，淘宝天下传媒公司从一开始就不仅仅是一个纸质周刊，而更多的是一个平台——连接电子商务线上线下的平台和生活分享体，更多的是一种服务——提供有别于"纯线上"的购物体验和品牌传播服务。

淘宝天下传媒的媒介融合之路可以总结为两个"倒推"，从互联网倒推到媒介融合，从商业平台倒推到信息平台的融合。

在淘宝天下传媒公司，我们看到很多杂志社、报社所没有的场面——一边是采编人员忙碌的采写和编排，另一边则有一帮年轻人围在一起讨论网络的模式创新、产品开发。传统媒体和互联网两种基因、两种资源和两种人才"共处一室"。

近年，在"报业寒冬论"的驱使下，中国传统媒体行业的媒介融合之路不能说不努力，但真正在媒介融合方面做出典型模式和产品的，却并不多见。如果说这些同行是从传统媒体向互联网进发，那么淘宝天下传媒公司则更多地尝试从互联网倒推到媒介融合上来。

这种倒推，带来的优势无疑是明显的。单从人才上来看，就有上百个精通互联网的人才，这是传统媒体很少有的，更遑论他们跟网络工作人员之间的沟通和互相学习。

而《淘宝天下》的媒介融合之路说起来就非常简单，只需要让公司内"搞周刊的人和搞网站的人来电"，就会制造出很大的惊喜了。

这种互联网的基因从虎年岁末《淘宝天下》编辑部一次特别的业务总结会上可见一斑。《淘宝天下》周刊上的每一个商品都配置一个淘代码，读者在

淘宝网上搜索代码便可直达商品购买页面，如此一来，读者的搜索行为本身，便形成了一个数据库。编辑部将这些数据做了多重分析，哪些板块、哪个专题策划最受欢迎一目了然。这或许是全国首家用数据来细致分析版面满意度的纸质媒体。

另一方面，基于淘宝人的电子商务背景也是淘宝天下传媒公司独特的基因。立足于商业平台，让《淘宝天下》的媒介融合之路多了一份坚实感，也比同行更容易找到赢利模式。

近年很多传统媒体的媒介融合之路，无论是报网互动，还是开通微博都是将互联网作为信息平台，但是少数报纸已经尝试从社区服务切入，在融合过程中更多地注重互联网的商业平台和服务平台属性。

《淘宝天下》在这方面无疑做得更彻底。在周刊"淘实惠—聚划算"板块，通过和淘宝网的团购平台"聚划算"合作，每周有二十几个商品以超低折扣提供给读者专享，每期最多可让读者省下两千多块钱。这不仅仅是一个打折消息，而是通过刊和网的联动，为淘宝卖家、周刊和读者之间，架设了一个多赢的良性利益链条。

我们把这个看作更重要的刊网互动。在传统媒体的报网刊网互动中，更注重报纸刊物和互联网之间的信息联动，扩大信息沟通的回馈，如报网聊天室、报纸微博、报纸办网络论坛等。但《淘宝天下》的互动，是直接构成人、商品、交易之间的互动。

这种思维深深渗透在这本刊物的每个栏目。在一个关于"高CPI时代的民生"的专题中，周刊除了报道草根生活、草根省钱秘笈，还与淘宝卖家联动，让卖家给专题里涉及的所有商品都提供优惠。刊网互动不再仅仅是"网友甲说什么网友乙说什么"，而且还显得特别"实在"。

在这样的路径下，和所有的媒体一样，《淘宝天下》做的是一个接一个的选题，一天接一天的采写和编排，是更多的琐碎和务实。

作者系《淘宝天下》副总编辑

华商传媒集团报纸发行新策略

文/张永刚　翟树卿

伴随着以互联网为代表的新兴媒体的快速发展,出现了各种不同形式的媒体终端,受众获取信息渠道和阅读时间呈现出多样化和碎片化特点,纸质媒体的受众也出现了明显的分流。但从统计数据来看,纸质媒体仍然保持着良好的发展势头。这里笔者对华商传媒集团在西安、沈阳、长春和重庆四地都市报市场上的发行策略进行梳理,以期对其他报纸的发行工作有所启发。

《华商报》、《重庆时报》、《华商晨报》和《新文化报》同属华商传媒集团,在西安、重庆、沈阳和长春都市报市场中,已经成为领导者或强有力的竞争者。华商传媒集团用领先的管理思想,全局统筹,通过一系列举措巩固现有优势,开发新的读者群,为报纸经营提供了强有力支持。

华商传媒集团一系列发行策略带来的效果得到了市场的验证。来自慧聪邓白氏研究2011年上半年对西安、长春、沈阳、重庆四城市都市报发行市场监测数据显示,《华商报》在西安都市报发行市场份额已经超过70%;《新文化报》在长春都市报发行市场的份额在50%以上;《华商晨报》在沈阳的优势地位已经比较明显,以38.7%的市场份额排在沈阳市场第一位,发行工作逐步向沈阳经济圈的重点城市展开;《重庆时报》在重庆都市报发行市场的竞争中也取得了主动权。

拓展零售渠道　增加售卖机会

随着城镇化进程的加快,城市发展格局出现了中心外移的趋势,一些新的

城区正在成为经济新中心。以西安为例,新城区、碑林区、莲湖区等传统老城区的零售终端已经饱和,而且行业性"用工荒",以及新劳动法出台后报社用工成本增加等因素使得走街串巷的卖报人员大幅减少,单纯依靠现有零售渠道已经不能满足报纸发行的需要。

华商传媒集团花大力气开发自有零售网点,将商店、超市、彩票店、临街食杂店等一切可以利用的场所吸纳成零售终端。目前《华商报》自有零售发行网点承担的发行量已经成为零售发行量的一个重要组成部分。华商传媒集团在重庆和沈阳的报纸发行队伍也已经开发了一批新的零售网点。

这样的零售渠道提供的"搭售方式"比较符合伴随性消费的特点。对低于消费者价格敏感值以下的产品(如报纸),当其购买某种计划中产品时发现也需要,而且如果正好有零散时间选择,就有可能一并购买,这就达成了潜在消费者的首次消费体验,若多次体验后感知效果良好,那么就会产生持续的购买行为。因此,利用"搭售",发行工作就变成了找到消费者、营销给消费者的过程。而消费者是否由游离消费者变为忠诚消费者,完全取决于报纸的内容和可读性,这是报纸最核心的竞争因素。

渠道搭建以后,多少比例的消费者能转换为忠诚消费者,转换的动因、时间及购买渠道的变化,对报纸的发行环节和内容生产环节都非常重要。其实,报纸和快速消费品非常相似,只是经营者没有潜心研究过快速消费品的营销路线,而华商传媒集团做到了。目前的报纸零售营销走上了快速消费品的路线,只是快速消费品的体验式营销是完全免费,华商传媒集团是在收费的状况下完成营销,这也是颇智慧的一点。报纸产品是文化产品,一定要体现消费价值才能让消费者更看重其价值。

开发三线城市　提升广告价值

随着城市核心圈的扩大,三线城市成为众多品牌越来越看重的市场,媒体的触角也就显得异常重要。华商传媒集团发行网络在三线城市快速跟进,形成了大城市圈发行的架构。从西安、长春、沈阳和重庆都市核心圈向具有超强消费力的三线城市下沉,覆盖榆林、延安、鞍山、铁岭等新兴城市,也进一步提升各报纸的广告价值。

榆林和延安是最近两年奢侈品企业非常关注的市场,榆林的 GDP 增长一度成为2009年最快的城市之一。随着西安城市圈的扩大，《华商报》在高新区、经济开发区、曲江新区等区域成立了发行站，重点布局榆林、延安的发行，吸引有消费力的人群，从而优化《华商报》的大读者群结构，提升传播价值。《新文化报》将高新区、汽车开发区、经济开发区等区域纳入了发行重点区域。《华商晨报》在巩固沈阳发行优势地位的同时，放眼大沈阳经济圈，根据GDP的增长态势列出了报纸要重点覆盖的城市，目前已经在鞍山、铁岭、抚顺等多个城市设立了发行站，稳健扎实地推进发行规划。

随着高档消费品在中国的销售升级，众多品牌希望广告传播的路线能随着消费市场的下沉而延伸，而目前报纸媒体在消费能力较强的三线、四线城市却很不成熟。华商传媒集团的三线城市战略，有效地提升了报纸带给广告客户的附加值，适应了客户全局投放的战略。发行扎实先行，占有高端用户，为广告市场的成熟提供了很好的基石。

细节化管理　差异化投递

为更有针对性地做好订阅发行，华商传媒集团各报将订户位置细分为家庭、商铺、写字楼、企业、展示宣传窗口、机场、加油站等，对投递员提出了"投递时效"和"投递入户"的新要求。根据不同订户读报时间的不同，规定不同的送报时间。如家庭订户希望在上班前拿到报纸，企业订户读报的时间要晚于家庭订户，商铺的读报时间会更晚些。

如何与订户保持联系、拉近关系，对于报纸的续订非常有益。华商传媒集团发行部门提出了投递入户而非投递到楼下报箱的服务。因为投递入户能及时听到订户对报纸的反馈，第一时间解决订户疑惑，这对提高订户满意度和忠诚度非常有效。经过仔细分析，华商传媒集团发现流失订户主要集中于年龄在45岁以下、订报时间在两年以内的订户，报社及时开展了订户满意度调查，对流失订户进行二次回访，甚至三次回访，以了解订户不再继续订报的原因，并作出调整措施。此后，流失订户比同期减少3.8%。

就发行员的积极性而言，以前投递按件计费，只要投递准确无误即可拿到投递费。所以，发行员更愿意投递楼层低、有电梯的小区，对高楼层潜在订户开拓不够积极。华商传媒集团根据投递楼层、有无电梯等不同条件制定了不同的投递系数，投递楼层高的发行员拿到更高的投递费，这对发行员开发高楼层

订户的积极性起到了刺激作用，报纸的发行在实现小区订户占有率高的同时争取报纸的楼层占有率也最高。

为了使报纸发行深入高档社区，华商传媒集团各报开展了小区路演活动，现场演出、抽奖、订报，拉近与订户的距离。其中，《华商报》上半年在高端社区增量明显。此外，华商传媒集团在宣传品上也投入了较大成本，精美的订报手册、礼品套餐卡、宣传折页等都有力地支持着发行工作。为配合发行工作，《华商晨报》每天还增加4个新闻版面，为读者提供更多的阅读内容。

优化读者结构　增强品牌服务

华商传媒集团不断挖掘优良渠道的优势客户资源，增加受众结构中的高收入、高消费人群比例，注重从渠道上优化读者结构。各报与加油站、连锁快餐业等大客户建立了紧密的联系，使读者在获得销售相关服务后可获赠报纸，部分银行已经将《华商报》作为办理信用卡的礼品。这种多渠道接触潜在消费者的方式，不仅提高了报纸的订购率，也在一定程度上做了报纸的品牌宣传，让原来的忠诚消费者和广告客户感知品牌的影响力和活力，从而增加核心消费者的黏度。

华商传媒集团同时还开展第三方配送业务，但并不是前几年常规意义上的配送，诸如配送牛奶、面包等小件食品，而是有选择地绑定和吸纳有一定文化层次和消费层次的消费者的电子商务公司，在配送的同时做足客户关系，由此增加写字楼等区域众多年轻的高档读者，更有利于发行结构的优化。

华商传媒集团通过多渠道、全局性、真正从用户立场出发的发行策略，挖掘高端用户的活动轨迹，持续进行贴身营销，以达到利用渠道合理优化读者结构的目标，从而使媒体传播价值不断提高，使广告主更加看重高效的回报。

作者单位系慧聪邓白氏研究

以攻为守，使变更由危机变良机

文/李洪祥

2011年中国报业乃至传媒界最大的事件之一，就是《京华时报》与《新京报》主管单位的变更。不少传媒业内人士对两家报纸的未来非常关注，其中部分人充满忧虑，感觉很悲观，认为这是两家报纸的危机，之前的成功会随着主管单位的变更而烟消云散灰飞烟灭。事实证明，众人的忧虑有些夸张，京华时报十年来扎根北京，一直做"北京人的都市报"的理念，使得变更并未伤筋动骨。经过报社全体员工的主动出击，报纸策略相应的微调，京华时报以攻为守，主动出击，反而接了地气，将一场有可能伤及根本的危机，变成了一次扩大影响力的良机。

变更是对自我定位的重新审视

2011年9月2日，中央决定，《京华时报》由人民日报社主管主办变更为北京市委主管主办。鲁炜部长代表刘淇书记，对京华的过去、今天和未来提出了"五不变、五加强、五确保"的战略性的方略，尤其是对我们的未来，进行了"加强政策扶持、加强资源的整合、加强资金的投入、加强人才的培养、加强服务保障""五加强"的论述，使我们吃下了一颗定心丸。

突如其来的变更，要求京华时报必须对自我的定位进行一次全方位的审视和考量。我们突然发现，北京人民对京华这支铁军的热情，远远超出我们的想像。因为京华的十年，一直是以宣传北京、歌颂北京为己任。正因为有"北京人的都市报"这个根，才能够从民族性，走到世界性，成为海外市场里，

最受关注、转载最高的内地媒体之一。

我们感到，现在京华的事业，已经从南昌起义、三湾改编、延安大生产，走到了西柏坡，北京的大门已向我们敞开，新的大发展、大繁荣时期，已经到来。

当上帝为我们关上一扇门，就会打开一扇窗。因此，2011年，对京华时报来说，即是人民日报的京华十年，更是十七届六中全会之后的北京元年。

突如其来的变轨，在给京华带来重大机遇的同时，也给我们带来了巨大的挑战，面对接踵而来的危机，全体员工团结一心，以稳定为核心，坚持、坚守，把家庭、个人的事情全都压在一个肩膀，腾出一个肩膀，来扛京华。

罕见的危机亦是罕见的机遇

京华当时面临的形势是比较艰难的。

全中国没有哪一家媒体遇到过目前京华的状况，党报从到改革开放期间到改革开放之后，都没有。变更使我们把队伍从中央带到了地方，办报理念要有调整。经营上，又遇到了中国乃至全球的经济低谷。领导班子又不整齐，还出现了一些传说。

但工作必须有人来做。所有重担，都压在我们现在班子的肩膀上。人讲，军不可一日无帅，这次我深感这句话的份量。我们想做一些决策，人家说你这决策是不行的，但有些我们不能不决策，因为京华要发展，京华要有未来。面对飞速跑偏了的列车，总要有人站出来，以身修正。

变更，直接影响甚至冲击的，是报社新闻理念发生变化。在最初的一个阶段，不少采编人员的新闻判断因为变更而变得犹豫不决，开始自我否定，有不少同志热泪流了好几天。报社中高层很快发现了这一问题，多次明确"五不变"的原则，对导向问题严防死守。不允许京华时报仅仅因为主管单位的变更，就从中国最有锐气最有担当的一份都市报蜕变成一份思想保守瞻前顾后的机关报。必须坚持京华时报十年来赖以成名的办报理念与办报方针，不能让报纸呈现质量上的重大滑坡。

一个月之后，我们完成了初步防守，开始转为进攻，以攻为守，启动战役，以战役引领全面工作，以战役引领导向，以战役引领人心和队伍，以战役引领发行，以战役引领广告投放，以战役引领品牌，以战役引领京华社区网的布网，以战役引领京华时报的全面工作。做好稳定工作之后，京华时报开始出击。

主动出击寻求品牌飞跃

按照市委宣传部领导和要求，经过班子的精心谋划，在六中全会召开当天，我们开始出击，首先打响"坚守底线——平凡的良心"战役。这个战役是我们和搜狐网两家联手共同推出的。它所有的核心，都是围绕着建设社会主义核心价值体系、深化走转改、宣传并践行北京精神这一主线展开的。

这个战役，我们成功的推出了17年如一日，在天安门广场义务捡垃圾的75岁老太太刘玉珍、13年温情照顾，唤醒植物人丈夫的杨立英等等一批能够代表普通北京人厚德、包容的时代良心。京华人的这个策划，在鲁部长的直接推动下，在网络、电视和全国各中心城市的协同下，取得了巨大的社会反响，为社会道德的弘扬上做出了自己的努力与成绩，在全国乃至海外掀起了一股"找寻身边平凡良心"的热潮。

原来我们叫"保卫底线——平凡的良心"，鲁部长给改为"坚守底线——平凡的良心"，非常适当。如果人们的良心底线不去坚守，一旦被突破，那么，我们这个民族一定会坠落到邪恶的深渊。良心战役一共63天，全国33家媒体自发响应。保卫良心，寻找良心，坚守底线，已经成为大家的共识。

此外，京华时报与首都综治办、市公安局联合开展了"平安社区"与"满意派出所"评选活动，这是我们开展的第二大战役。在55天的时间里，京华时报开辟专版，对100个候选社区和34个候选派出所进行了巡礼式报道，增加了警民之间的互动与了解，共有466万人次参与了双评活动的投票，产生了2011年度50个平安社区和10个满意派出所。北京市委常委、公安局长傅政华同志对此高度评价，并为"双评"活动颁奖。

在划转后的第一个北京两会上，京华时报也交出了一份满意的答卷，尤其是在继建国60周年推出《共和国甲子大阅图》之后，又以16个连版的形式包装出了展示北京文化创意宏伟蓝图的《北京文化大阅图》，以2012龙升腾空，寓意北京文化在2012年里将迎来的飞速发展与壮阔前景。在两会上赢得了郭金龙市长、鲁炜部长和一大批代表、委员的赞誉。

应该说，理念上的危机不但没有将京华时报的采编队伍与报纸质量击垮，

反而使得报道思路更加开阔，报道手段更加多样，报道质量更加稳定，报道内容更加丰富。卓有成效的将理念可能崩塌的危机转化为理念得到转变与升华的良机。

变化永远是为了更加优秀

趁着这股劲头，报纸在 2012 年 3 月 5 日改版。为什么选择这个时间？一是全国两会人大开幕，二是那天是学雷锋日，三是那是是春天的惊蛰，万物复苏。所谓的改版，实际上是微调，对版面进行进一步梳理，对我们的新闻理念进行优化，更科学、更严谨、更合理、更面向未来这样一个梳理。

改版是改良，是在我们十年成功的基础上的继承和光大。这次的改版，是在新的形势下的改版。我们讲的与时俱进，这个词的前面，还有一句话，叫顺时而动。如果不能顺时而动，怎么能够与时俱进？

在保持京华传统特色的同时，版面呈现会更加美观。在新闻版上，从内容上，我们要加强时政新闻，加强热线新闻，做到两手都要硬。在稿件上，要简化稿件长度，优化导语，优化文字，加大标题的新闻含量。在形式上，优化版式，优化字体，加强图片、图表的处理。使这张报纸真正做到文字、图片、图表三位一体。

为落实六中全会精神，落实北京文化大发展大繁荣的构想，我们将对文化娱乐版块扩容，加大文娱新闻与活动的策划宣传。财经新闻在高端与活动上下大功夫，高端上启动京华智库项目，整合专家、官员、学者等采访资源的积累；百姓层面，继续搞好百姓财经，搞好炒股大赛。

这些变化，都是为了使京华这张报纸更适应当下新媒体新技术的浪潮冲击。在新的技术革新为受众提供海量信息的同时，传统的纸质媒体应该发挥自身的优势——权威、贴近与服务，而不是在信息量和时效上与新媒体硬碰硬，在对方最有优势的"三板斧"下硬撑硬扛，即使获胜也是杀敌一千自伤八百的惨胜，何况新媒体挟最新科技手段的锋芒是任何一家传统媒体所无法抗衡的。但躲开前三板斧的锋芒之后，传统媒体仍然有很大的空间以己之长攻敌之短。这些长处就是信息的权威性、政策的解读、深度的报道以及贴近受众服务读者的针对性。

京华的改版，就是为了让这艘航母不仅能经受风浪的洗礼，更能劈风斩浪，永立潮头。

三大工程弥补上市遗憾

除了内容上，京华时报还面临一些问题。首先是未来。比如航母的问题，是把战船联合起来呢，还是打造一艘大船？其次，十年来，京华只做成功一件面向未来的事情，那就是创立京华时报。近些年，我们也在做一件面向未来的事情，那就是改制上市。但是我们改制没启动，上市没启动，面向未来的事情没做成。

对上市的问题，吴社长是有战略头脑的。这些年，市场不好，广告形势不太妙，我们失血过多。有一天，我和吴社长聊未来，我说，我们把所有的战略都压在上市，我们豪赌一下吧，我们把所有的子弹打光为了上市，扛到最后一天，一旦上市成功，京华就迎来第二春，就会迎来一个大发展，一个大繁荣的时期。上市的资本谈判是我、雅琴和吴总去谈的，谈的非常好。我和基金方在框架协议签署的前夜，举杯庆祝。结果，风云突变，没想到突然变更了。我们把子弹打光了，但是上市的戏幕没能打开。

上市没成，只能面对现实，但这两千人的队伍还要走下去。我们要把这支队伍带出低谷。

未来，我们的战略是，要围绕着公信力、传播力和影响力的这个旗帜，建成一个以内容为高度、以覆盖为广度、以资本为深度、以人才为力度的全媒体的传媒集团。在这个战略目标下，我们将要启动三大工程。

首先就是启动全媒体的人才工程。吸纳人才，留住人才。人才是我们的核心，没有人，什么都干不成。在这个工程中，不仅给予员工所能想象到的各种物质奖励和提升的通道，包括户口等等。未来京华还要建立一个留住人才的办法，那就是期权或者股权激励，来留住人才。

第二个工程就是全覆盖的内容战略。这次改版就想做成全覆盖的东西。包括去年力推的时尚周刊，以及新创刊的艺术品投资周刊、改造健康周刊、改造家居建材周刊等等，更适合市场，更适合机制。

改版以后的京华时报，一定是一个结构最合理的综合性的都市报。每个内容版块，每个经营版块，都有自己的打法，都有自己的战略。我们要加大A叠的厚度，增加前面强势新闻版面的收入效益。把便宜的广告往后面赶，报相也会很好看。

第三个工程，是全方位的品牌工程。京华一定要加大品牌建设和整合。之前的品牌，像地道战一样，基本上各自为战，打一枪换一个地方。每个部门都有自己搞品牌的人，搞推广的人，从副主任到总监到业务员都有。

全方位的品牌工程是面向未来的。报社将大力加强对品牌的扶持，树立品牌就是高度的意识。比如阿迪、耐克都是中国产的，但为什么能卖那么贵？品牌。我去过浙江嵊州的纺织企业考察，他们说领带的成本价是30元，衬衣的成本价是50元，全国90%的领带、衬衣都是他们贴牌生产的，全球80% - 90%的产品都是嵊州贴牌的。贴过牌的领带衬衣却能卖得那么贵，都是品牌带来的利润增长。

在有了优质内容的基础上，覆盖的规模、形式与效果，是影响力与传播力的决定性因素，也是我们对过去十年成就的巩固与扩张。不能在现实与网络上做到成规模的有效覆盖，缺乏品牌的打造、包装与传播，采编做出的优良内容就有可能打折扣，好的覆盖会使得报社整体的工作事半功倍，而覆盖不全或无效覆盖则会浪费大量报社的资源。我们将启动面向未来的工程，首先就是使发行中心的公司化，将小蓝帽改造成现代的物流企业，发挥亿家超市所积累起的经验，从报纸发行终端的角色改变成能自我创造利润价值的现代物流。

我们另一个面向未来的工程，就是新媒体工程。新媒体，一定是京华的未来。我们在搞好京华网的同时，将在北京建立京华社区网，为北京市民做最贴近、最贴心的服务。我们将和北京各社区进行合作，依托我们覆盖北京的70个发行终端、物流配送，依托广告中心的产品资源、营销资源，依托新闻中心社区部社区资源，推出京华具有核心竞争力的移动互联产品。

京华时报将举全社之力，打造京华品牌。品牌推广部门应该将采编、广告、发行打通，整合京华整体资源，真正以品牌推广为己任。做好城市营销，做好五省区市联盟，与兄弟媒体展开深度合作，将京华的品牌推向全国，推向世界。

作者系京华时报社主要负责人

南航传媒：
奏响改制上市的华丽乐章

文/王建宁

2010年12月7日，中国南航集团文化传媒股份有限公司（以下简称南航传媒）在广州召开了股份有限公司创立大会暨第一届股东大会；12月13日正式领取股份有限公司营业执照；12月20日，在挂牌仪式上，新闻出版总署报刊司发来贺信，祝贺中国民航界首家传媒企业完成股份制改造。

南航传媒是央企南航集团公司旗下唯一从事文化传媒产业的成员企业。2004年，为整合内部媒介资源，南航集团公司决定成立南航传媒对内部媒介资源进行统一经营、统一管理。成立之初，南航传媒与南方航空报社以"两块牌子一套人马"的方式运营，仅经营报刊等传统平面媒体业务，年收入不足300万元。经过七年多的拼搏，如今南航传媒已成长为一个集报刊、影视、互联网、户外等多种媒介的采编出版、经营以及广告、公共关系、展览等业务于一身的综合型文化传媒企业。2010年，南航传媒营业收入超过2.5亿元，净利润超过8000万元。鉴于传媒行业的发展前景和南航传媒的发展势头，文化传媒产业已被确定为南航集团公司的骨干支柱产业。

改制上市序曲

在2004年南航传媒成立之初，就有改制上市的想法，但当时企业规模尚小，无论是经营业绩还是治理结构，都与上市公司规范运营的要求相去甚远，甚至连上市的门槛都够不着。同时，在政策上，新闻出版单位登陆资本市场还

有着非常严格的规定,改制上市在当时对于南航传媒来说只是一个可望而不可及的美好愿望。但是,南航传媒没有知难而退,而是坚定信念,朝着这个目标努力。

南航传媒作为航机媒体企业,具有非常明显且独特的优势,特别是在国家政策支持、经营基础、持续发展等各方面均具有良好的条件。

政策优势。南航传媒出版、经营的 6 种报刊均为非时政类刊物,内容偏重娱乐、生活等方面。这种非时政的独特性,为南航传媒采编出版与经营性业务整体上市提供了可能,也符合国家文化体制改革的要求。

渠道优势。南航传媒运营的媒体是典型的渠道媒体,所属报刊主要在南航的国内外航班上发行。这些媒体所面对的受众是南航每年承运的 7000 多万旅客,这些旅客都是消费能力较强的高端读者,市场认可度也很高,这一优质的受众群体为南航传媒提升经营效益提供了良好的基础。

先发优势。在企业的发展上,南航传媒准备得早,经过辛勤耕耘,已经打下了扎实的基础。几年来,南航传媒规范基础工作,整合内部资源,按照现代企业制度运营,一步一个脚印,踏踏实实开展各项工作,奠定了在航空传媒界的先发地位,成为航空传媒界的标杆。

持续发展优势。南航传媒作为航机媒体企业,拥有"走出去"的便利条件。借助资本市场的力量,南航传媒可以依托南航飞向世界各地的 660 多条航线,顺利实现从空中走向地面、从国内走向海外的自然延伸,打造南航传媒媒体品牌的国际影响力,进而传播中国的优秀文化,助力中国文化软实力的提升。由于拥有规模庞大的优质受众,《南方航空》等平面媒体已经初步建立品牌形象,机上视频、互联网等媒体也正在发展之中,南航传媒未来发展的空间非常广阔。

2010 年,国务院国资委审批同意南航传媒改制上市。目前,南航传媒已经完成了股份制改造,如果能够成功上市,成为国务院国资委旗下第一家完成报刊改制上市的企业,则必将进一步提升国有大型企业发展文化产业的热情。在企业改制上市过程中,南航传媒重点做了以下几个方面的工作。

打造旗舰杂志,以点带面带动各报刊发展。南航传媒自成立以来,一直经营着南航集团公司所属的《南方航空》、《南方航空报》、《航空画报》、《云中往来》、《航空旅游报》和《空中之家》6 种报刊,分别在广东、辽宁、新疆三地出版。近几年,旗舰杂志《南方航空》发展迅速,通过招聘优秀人才、进行内容改版、制作精美专题、开展业务交流等方式，《南方航空》已被打造成了具有现代专业品质的高端媒体，被誉为中国民航最好的航机媒体。在由国新出版物发行数据调查中心主办，中国期刊协会、中国报业协会联合举办的2009年中国广告精确投放奖评选中，获得"最受广告主、广告商青睐的时尚与消费类期刊奖"和"中国发行量认证奖"两个奖项；在2010年第四届广东省优秀期刊评选活动中获得"品牌期刊"称号。

《南方航空》的品牌塑造带动了南航传媒其他报刊的发展。《云中往来》是南航明珠俱乐部的会员刊，其品牌价值在不断提升，影响力逐步扩大；《空中之家》是中国大陆唯一的英文航机杂志，已经成为世界各地旅客了解中国的重要工具；《南方航空报》现在每周出版3期，共48版；《航空画报》、《航空旅游报》分别依托东北地区、新疆维吾尔自治区的航空市场，取得了明显的发展。

整合集团媒介资源，做大做强南航传媒。自2005年起，南航传媒开始对南航内部的各类媒介资源进行整合，明确市场定位。2005年7月，吸收合并原南航集团广告传媒有限责任公司；2006年6月，取得南航股份公司机上视频等无形资产经营权；2007年4月，与南航股份公司签订独家广告代理协议。在此期间，又通过业务整合，注销或剥离了原先分布在武汉、深圳、三亚、大连、珠海、哈尔滨、长春、沈阳、乌鲁木齐等地的隶属于南航的多家广告公司，基本解决了内部同业竞争问题。整合后的南航传媒资产完整、人员独立、财务独立、机构独立、业务独立。业务整合使南航传媒有了稳定发展的前提，更好地实现了媒体资源价值的开发和利用，提升了企业的综合实力和市场竞争力，也为对外拓展业务、走入市场奠定了坚实的基础。2010年，南航传媒主营业务收入超过2.5亿元，较2004年成立时增长105倍；净利润超过8000万元，较2004年成立时增长85倍，已成为国内最大的具有采编出版资格的航机传媒企业。

深度开发媒介资源，开展大型公关活动。从2006年开始，南航传媒在第七届深圳文博会的南航传媒展台上，小朋友正在现场作画。依托旗下媒体，整合打造媒体平台，运作"空姐新人秀"大型公关活动，创造性地将海选与招聘有机结合。从2006年第一届首创电视招募空姐，到第二届的突破农村户口限制、引入南航VIP会员评委，到第三届的超前职业规划理念，再到2009年、2010年引入"亚运空姐"的概念，历届大赛都在不断创新，无论是活动执行还是宣传效果都超过预期,国际国内主流媒体争相报道,取得了巨大的社会效益和品牌效应,为中国民航空乘人才选拔树立了全新的行业标杆。国务院国资委将南航的空姐招募活动作为中央企业用人制度改革的典型,在全国央企中做了重点推荐。

强化基础管理工作,为持续发展提供保障。在进行业务和资源整合的同时,南航传媒还在规范经营方面作出了努力。先后与股东南航集团公司和南航股份公司签署了报刊《授权经营协议》、《无形资产特许使用协议》、《商标使用特许合同》、《传媒服务框架协议》、《避免同业竞争协议》等文件,在法律层面上保证了南航传媒经营的合法性,为长期稳定、持续发展奠定了坚实的基础。

在企业内部,南航传媒也加快向规范化、制度化管理迈进,完善和加强制度建设,建立了一整套内控管理制度,完善了企业治理,提升了企业的核心竞争力和抗风险能力。

改制上市进行曲

随着业绩的增长和结构的不断完善,南航传媒在基本条件上已经达到了标准,改制上市的门槛已不再高可及。党的十七大将发展文化产业提升到前所未有的重要位置,明确提出要提升文化软实力,推动社会主义文化大发展大繁荣。新闻出版行业"十二五"规划中也明确指出,鼓励传媒企业改制上市,着力打造跨行业、跨地域、跨媒体的大型传媒集团。南航传媒看到了改制上市的大好时机,正式开始公司股份制改造工作。

2009年初,南航传媒正式聘请安信证券公司、金杜律师事务所、中瑞岳华会计师事务所、中企华资产评估有限责任公司等专业中介机构为改制工作进行专业指导。按照中介机构的调查结果,在保证企业改制和整体上市大方向不变的前提下,南航传媒制定了符合自身实际的改制方案。在一年多的改制进程中,南航传媒不断发现和解决问题,克服了重重困难,最终取得了股份制改造的成功。在此过程中,南航传媒重点解决了以下四个问题。

报刊整体改制还是经营业务单独改制的问题。为实现媒体价值最大化,南航传媒追求采编出版与经营性业务整体改制上市的目标,这意味着股份制改造中要将报刊采编、出版、发行、广告等业务纳入到改制后的股份有限公司中来。而目前国内的传媒上市公司基本上都是经营性业务单独上市，上市方式的选择直接关系到改制完成后企业业务的独立性问题，因此整体上市方式能否成功是南航传媒改制面临的最严峻的挑战。

南航传媒积极研究政策，与中介机构分析对策，加强与行业主管部门的沟通，考虑到非时政类报刊整体上市不会违背国家现行政策的规定，寻求整体上市并非没有可能性，因此向新闻出版主管部门积极争取，最终取得了新闻出版总署和广东、新疆、辽宁新闻出版局的支持，确定了改制后报刊采编经营整体上市的方案。

报刊经营资质及属地化管理的问题。2004年5月，南航集团将集团内所有文化传媒类资源进行整合，成立了南航集团文化传媒有限公司。多年来，南航传媒虽然从事《南方航空》等6种刊物的采编经营业务，但是上述报刊的主管、主办单位依然是南航集团及其所属的航空运输企业，南航传媒取得的只是有协议期限的经营权。为确保公司能健康、持续、快速地发展，南航传媒改制必须取得上述6种报刊的主管、主办单位资格，获得报刊的实际经营资质。

2010年，南航传媒开始启动报刊主管、主办单位的变更工作。由于上述6种报刊分别在广东、辽宁、新疆三地出版，南航传媒根据总署有关报刊属地化管理的规定，先后在广州、沈阳、乌鲁木齐三地成立全资子公司，作为报刊的新任主办单位。同年6月，《南方航空》等报刊的主管、主办单位变更申请经过三地新闻出版局的审批，正式上报新闻出版总署。8月，总署正式批复同意变更申请，南航传媒成为6种报刊的主管单位，所设子公司为主办单位。以一家企业完成跨地域报刊的整合，这是中国新闻出版行业的一个创新，操作模式也为今后其他企业解决跨地域报刊整合提供了参考，具有借鉴意义。

资质审批的问题。由于南航传媒的控股股东南航集团是国务院国资委下属的大型中央企业，因此南航传媒作为央企子公司进行股份制改造需要取得国务院国资委的批准。经过多次沟通，南航传媒取得了国务院国资委的支持。2010年9月，国务院国资委批复同意南航传媒的国有股权管理方案；同年11月，又批复同意南航传媒改制设立为股份有限公司。按照国务院国资委的规定，批复改制设立股份有限公司的同时，也标志着国务院国资委同意南航传媒上市。

职工安置的问题。南航传媒积极向员工宣讲改制的必要性及对企业未来发展的促进作用，召开职工代表大会，通过了职工安置方案，妥善解决了职工安置问题。全体员工均由改制后的股份有限公司接纳，劳动合同重新签订，社保、薪酬待遇等相关事项延续过去的政策。

改制上市咏叹调

改制上市已经按预定计划推进，当年遥不可及的梦想就在眼前，南航传媒人用自己的创新和坚持正一步步将梦想变成现实。作为非时政类报刊改革的探索者，主要积累了以下几点经验和体会。

目标明确，工作要有前瞻性。改制之前首先要明确企业发展的目标，不可盲目，一定要根据企业的实际情况制定具有现实意义的发展目标。南航传媒在改制之前就已经确定了改制后整体上市的目标，而且这一目标符合中央发展文化产业的大方向，企业也具备整体上市的客观条件。只有确定现实可行的目标，才能前瞻性地制定企业的改制方案，做好克服各种困难和障碍的准备。

积极与主管部门沟通，争取支持。南航传媒在改制过程中，积极向中宣部、国务院国资委、新闻出版总署、广东省新闻出版局、辽宁省新闻出版局、新疆维吾尔族自治区新闻出版局等主管部门汇报企业改制工作进展情况及整体上市的目标和设想，在整个过程中时刻与主管部门保持良好的沟通。作为南航集团唯一的文化传媒企业，南航传媒的改制上市工作也得到了股东南航集团公司和南航股份公司的大力支持，主管部门的支持是完成改制的最大助力。

聘请中介机构进行指导，力求规范。南航传媒聘请了专业的中介机构对股份制改造进行指导，按照中介机构的专业意见，开展改制工作。以此为契机，在改制过程中力求规范经营，修正南航传媒发展中不规范的地方，建立健全公司制度和治理结构，为日后的健康发展打下坚实的基础。

保持积极坚定的心态。文化传媒企业一般自身历史比较长，因为各种因素的影响，在发展过程中可能也会存在一些问题，不规范的情况也不少。在改制过程中，会遇到各种各样的问题和困难。作为改制的组织者，一定要保持积极的心态，坚定方向，不松懈、不抛弃、不放弃。

股份制改造的完成，只是南航传媒改制上市过程中的阶段性成果。目前，南航传媒正紧锣密鼓地开展下一步工作，向着整体上市，登陆资本市场，实现做大做强的目标继续前行。

今年3月，南航传媒在广东省证监局进行了首次公开发行股票辅导备案登记，正式进入上市辅导阶段。在辅导期内，南航传媒积极开展整体上市审批、确定募投项目等工作，并在中介机构的指导下，完善公司制度，按照上市公司的标准严格规范经营，为整体上市目标的实现积蓄力量。

改制上市畅想曲

10月15日~18日，党的十七届六中全会在北京召开，全会审议通过了《中共中央关于深化文化体制改革推动社会主义文化大发展大繁荣若干重大问题的决定》，这对文化传媒产业的发展来说是个大好时机，也更加坚定了南航传媒发展壮大的信心。

当前，文化产业的发展风起云涌。针对上市，南航传媒已经明确提出了未来企业发展的战略目标：充分利用登陆资本市场平台的机遇，借助资本市场的强大融资能力，快速扩张企业业务和资产规模，实现超常规的快速发展。

2010年国务院提出的文化产业发展的目标是，国家力争在"十二五"期间，培育三到五家产值过百亿的文化产业公司。按照现在南航传媒的实力，距离百亿产值还有不小的差距，但从南航传媒依托的资源、自身的优势、发展的机遇和现实的条件看，如果能尽快实现整体上市，加快融资步伐，快速扩张业务和资产规模，实现超常规快速发展，三五年之后，南航传媒完全有可能成为一家百亿产值的文化产业公司，成为一艘遨游世界的中国文化产业航母。

作者系中国南航集团文化传媒股份有限公司总经理

浙报集团：品牌驱动发展

文/丁晓琴

2011年是中国报业历程中不平凡的一年。这一年，文化体制改革进入关键时期，中国报业面临体制机制的改革与转型，而新媒体发展又推动着传媒格局嬗变。面对变局，许多报业集团已经意识到无论是纸媒之间的竞争，还是全媒体形态下的竞争，品牌才是真正的第一核心竞争力。而在浙江日报报业集团，2009年就已经开始尝试以品牌战略来驱动传统报业集团向科学发展的现代传媒集团转型发展。

以品牌为先导，确立集团的发展战略

品牌战略是企业以品牌的营造、使用和维护为核心，在分析自身条件和外部环境的基础上制定的企业总体行动计划。它的最终目的在于建立经久不衰的知名品牌，长久地赢得消费者的信赖，实现企业的经济价值和社会价值。

2009年，是浙报集团的品牌建设年。集团党委高度重视品牌工作，把品牌建设视为集团发展战略的支撑工程，视为浙报集团从传统报业集团向现代传媒集团转型升级的重要抓手之一。这一年新年伊始，浙报集团就推出了"全球征集令"，拉开品牌建设的大幕。这项活动最有成效的是，找到了两家合作伙伴——上海联纵智达咨询集团、德国MetaDesign。他们分别从品牌战略和形象设计两个方面，为浙报集团的品牌建设提供了专业的、先进的解决方案：一是制定了"建设一流传媒集团"的品牌战略，并为这一战略目标的实现制定了5年发展规划；二是形成了浙报集团品牌管理条例；三是全面设计了集团的

VI 体系并且规范了浙报集团品牌识别标准；四是制作了浙报集团品牌手册。

经过上述品牌打造，浙报集团获得诸多品牌成果，这些成果紧扣集团实际，涵盖了从战略、机制到可视化设计的各个层面，可操作性极强。另外，一直以来，传统报业集团的品牌工作缺乏统一的思路，处在比较低层次的战术层面，职工也缺乏符合现代媒体运营所需的品牌意识。在面临报业转型升级的关键时期，品牌项目给浙报集团带来的是新意识、新思路。

品牌建设，贯穿发展每个环节

品牌建设的规划、办法有了，品牌的定位、方向明确了，接下来就是看怎么实施，能不能创造性地、跨越式地建设，能不能持之以恒。如果不能执行，或者执行得不好，再高超的战略也毫无价值。

浙报集团高海浩社长在 2009 年内部 "品牌工程报告会" 上说："以前我们也进行品牌建设，但大多是自发的、自然的，不成体系，没有规划。接下来我们的品牌建设，是有规划、有计划的自主行为，是有方法、有章法的主动行为。要把品牌建设贯穿到整个集团发展的每一个环节。"

确定 "建设一流传媒集团" 的品牌战略后，浙报集团开始了 "全媒体、全国化" 的实施路径。对内，整合了 "党报发展平台"、"钱江报系发展平台"、"九星传媒发展平台"、"专业传媒发展平台"。这些发展平台，都有核心的品牌媒体来带动。品牌媒体带动战略的实施，使集团的存量产品较好地实现了转型升级，使各种资源得到了有效的整合。对外，展开了一系列讲究战术的产业布局。在北京，参与重组中共中央机关刊物《求是》杂志社下属的红旗出版社，按照现代企业制度进行改造，融合网络、数字、电子传媒等资源，初步构建 "图书出版发展平台"。此外，还以资本为纽带建立了 "财经传媒发展平台"。

在积极探索新旧媒体融合的方向和方式时，2009 年 9 月，浙报集团做了一件引起业内关注的事，就是对接亚洲最大的电子商务平台淘宝网，创办了中国第一份网络潮流导刊《淘宝天下》。这份时尚生活周刊创刊仅一年，期发量超过 30 万份。最主要的是创新了诸多传媒的发展路径，比如在运行机制上，主推线上发行；在内容采编机制上，以互动和数据吸引读者；在广告模式上，实现了电子商务特质的赢利模式，将淘宝网的商品代码 "淘代码" 植入版面，

帮助读者精准寻找商品或店铺。

浙报集团以《淘宝天下》周刊为主体，规划搭建时尚消费类全媒体集群，实现了第 7 个发展平台——"时尚生活传媒发展平台"。这七大发展平台，在浙报集团这一母品牌的引领下，按照"联合、整合、融合"的方针，清晰地梳理了一个现代传媒集团的发展路径。

借助品牌建设，塑造企业文化

维萨信用卡公司的品牌营销执行副主席 Becky Saeger 一语中的，"我们的员工就是我们的品牌，因为每一位员工都和客户发生联系。"品牌同化需要组织一系列活动，提高员工的行为同品牌长期保持一致的可能性。换言之，当企业员工和主要客户、潜在客户或其他利益相关者打交道时，就希望他们的思考、沟通以及行为方式能够创造品牌所期望的客户体验和持久的影响力。要使品牌真正驱动发展，就要把品牌意识贯穿到企业文化建设的整个过程中去，而要做到这一点，集团负责人、品牌部、各子报子公司负责人、员工这四个角色一个都不能少。

品牌管理具有跨部门性质，它横跨了各子报、子刊，集团经营、财务、人力资源等部门。各个不同特征的子报刊，互相之间可能不理解甚至不信任，品牌策略和计划往往容易被短期执行中的问题所左右、以利润为导向，而不受长期战略规划的驱动；集团内部为品牌贡献不同要素的各个管理部门、各个子报刊之间存在一定的脱节，有着自己的利益诉求，结果有可能使得整个报业集团品牌的连贯一致性不见了，这个时候它的品牌精神开始混淆。

对此，罗兰贝格国际管理咨询公司提出，一种全面的战略方法是整个企业内跨部门的行为，其责任人应是企业一把手，而非品牌经理。

浙报集团的品牌建设在这方面已经有了一个较好的开始。在高海浩社长的亲自部署下，集团各管理部门以及子媒体、子公司联动，采编和经营联动，在 2009 年浙报 60 周年组织的"传媒文化周"、2010 年的浙报集团借助上海世博推广品牌等活动中都得到了很好的演练。这些总活动下面套着诸多子活动，每项子活动都跨部门、跨单位，最后大家秉承集团品牌的共同诉求，通力合作，圆满完成。

在组织体系上，浙报集团形成了集团市场与品牌部、子媒体子公司品牌管理部门、品牌管理员这样一个完整的组织架构。集团党委会（董事会）为品牌建设最高决策机构，集团市场与品牌部跟进品牌战略的实施、执行品牌管理的工作、规划子品牌组合和结构、对企业品牌进行推广和提升等。规定下属各单位一把手要亲自管理品牌建设工作。集团市场与品牌部多次组织各品牌管理员参加培训，把品牌建设的理念、意识、方法进行导入，逐步形成品牌管理的工作流程。

品牌管理，就是从产生洞见到形成战略，再到实施和执行的每一部分和细节。很关键的一点，我们需要每一位员工都能成为"品牌的人"，他们的一举一动、一言一行如果都能深深烙印着企业的品牌文化，那么至少可以帮助企业收获两点，即以共同的目标来统一内部行动，外部关系群体对企业形象的认识更加清晰，这两点能让企业获得更大的效益。

浙江日报报业集团为了追求这一点，专门在内部制作了精美的《品牌管理手册》，以它为指导，最终期望将品牌创建的工作贯彻到每个下属公司、部门和员工的工作中去，融入到企业每个人的行动中并长期坚持。这一步是一个很好的开始。

探索品牌评估体系，推动战略目标实现

在以品牌为导向确定发展战略的同时，也应建立起相应的品牌评估体系，没有评估就无法有效管理。

不过，即便在已经推行多年品牌管理的工商企业中，能将品牌评估准则落在实处的并不多。浙报集团在这方面也只进行了初步的摸索，把品牌建设绩效的部分指标如"阅读率"列入各子媒体考核指标，每年考核一次。对于旗下主要媒体如《浙江日报》、《钱江晚报》的品牌价值，在全国品牌500强中的排名次序的波动，依托第三方的评估进行跟踪分析。但在目前，还没有形成一个完整的评估体系，有待进一步构建清晰的衡量指标，探索以品牌建设绩效为指标体系的管理新模式。

确立评估准则的最终目的在于：测定品牌对达成企业战略目标产生的影响、对建立顾客联系发挥的效用，以及整个流程所包含的全部品牌接触点。换句话说，品牌评估体系有两个参照标准。首先，品牌接触点标准能够让我们对品牌绩效进行诊断和评定。在面对现有顾客或潜在顾客时，我们能够根据它判

断过去所采取的措施是否有效。浙报集团对子媒体品牌价值的评估,正是属于品牌接触点标准的范畴。另一个标准是战略标准,它是用来分析品牌对企业成果影响的参照。当我们需要了解在品牌建设方面的举措效力如何时,以战略标准为基准就可以得出它们对品牌乃至整个企业的影响。浙报集团对子媒体受众"阅读率"的考核,是品牌战略标准之一。

　　品牌建设活动不是单纯意义上的财务支出,而是以品牌和企业未来为导向进行的长线投资。假如品牌绩效始终是犹抱琵琶,那么集团高管和子媒体、子公司负责人就极有可能觉得他们正陷入"购买"品牌的漩涡。只有建立行之有效的品牌评估体系,才能更好地管理所有的品牌接触点、监控品牌建设进程、进行更合理的品牌投资操作,以此来实现企业战略目标。

作者单位系浙江大学传播所研修班

CREATIVE CLASSICS 品牌篇

小城大报之"扬晚"故事

文/《传媒》记者 彭 波

"占据中国报业半壁江山的地市报,数量巨大,处境却日益尴尬。面对新媒体的虎视眈眈、省级报业集团的强势入侵、同城异质媒体的全方位'蚕食',地市报可谓深陷重围,举目皆兵。"下扬州之前,这段来自业内专家对地市报发展的评价一直萦绕在笔者的脑海,我甚至有些担心此行的目的地——扬州晚报社是否已经在这样的多重夹逼之下,和它的许多兄弟单位一样经历着"上不着天下不着地"的发展痛苦。

可是,当笔者走进这家报社,当晚报总编辑徐向明匆匆赶来并侃侃而谈时,我的困惑与担心自然地消解了。原因并不是《扬州晚报》不必面对发展中的诸多挑战,恰恰是因为在多重夹逼下,它走出了一条独具"扬味"特色的发展道路。在此,笔者想先透露两个数字——2011年《扬州晚报》广告经营到账额达到1.1亿元,纯利润3700万元,数字也许并不能和中国省级大型报业传媒集团相比,但却标志着《扬州晚报》在地市晚报一级率先迈入屈指可数的"亿元俱乐部"行列……

小城报业多坎坷,"扬"味内容化危机

扬州是小城,市辖区面积2310平方公里,市辖区人口约100多万人,乘车从城东到城西如出租车司机所言也就40多分钟。但在地理位置上却是上海经济圈和南京都市圈的节点城市,距离省会南京(国内报业竞争最为激烈的市场之一)大约100公里。这一切决定了这个城市的报纸必然要面对许多的挑

战，而这一点也应验了篇首那位专家的结论。

首先，扬州尽管地处要道，但实际上却是长三角核心经济区的边缘地带，长三角经济的快速发展对扬州的影响有限，使得扬州的 GDP 发展速度和城市规模与苏州、无锡、常州等同级城市有明显的差距，经济环境的偏弱直接影响到扬州当地报纸广告发展的空间。其次，扬州距离省会城市南京的车程在 1 小时内，受中心城市辐射影响较大，生活方式和文化的趋同性高，很长一段时间以来来自南京的《现代快报》、《扬子晚报》都在蚕食扬州的报业市场。第三，中国地市报发展最特别的一点在于，他们必须直面来自同城广电媒体的挑战，《扬州晚报》也不例外。

内忧外患，从何做起？

"我们的选择就是继续坚持《扬州晚报》曾经的内容优势，在坚持原有优秀传统的同时进行创新，以适应读者新的阅读需要。"出身新华日报传媒集团的徐向明总编辑是"内容为王"理念的忠实拥护者。

2007 年之前，"公理、关爱、求真"是《扬州晚报》的办报理念，因为它敢于说真话、乐于讲真情，并且具有浓浓的"扬州味"，在当时曾牢牢地锁定了一批读者。然而面对内外交逼的新竞争环境，《扬州晚报》又重新梳理了办报理念，补充进"本土、丰富、精致"等要素，并据此对内容和形式做出调整。

"本土"：对抗网络压力，坚守报业优势。"曾几何时，传统晚报的内容一般都是四部分组成，即时事新闻、社会新闻、文体新闻以及副刊。但是进入网络时代后，这粗略的四部分划分已经不能满足读者的需要，为此我们提出'做网络没有的新闻'这一口号，并陆续把采编业务的重点向这方面倾斜"，"为了做好本土化，报纸抓住了两点，一是扬州新闻，二是扬州文化，并且内容必须是原创的。"这是徐向明当时提出"本土化"时的规划。

为此，《扬州晚报》开始大规模地招兵买马，面向全国招聘大批记者，形成了全国地市级媒体中最大的采编队伍（136 人），构成强大的新闻采集力度。之后，将这支队伍细致地分布在扬州的各个地段，挖掘本地新闻，每天至少保持 17 个版面用来报道。

"现在，我们可以骄傲地说无论是负责采写当地新闻的记者，还是报道当地新闻的版面量，《扬州晚报》在整个江苏省是最多的。此前，晚报就曾开辟过《历史的今天》栏目，就是我们的记者深入社区，到居民家中翻找各种老照片，回味当时故事的精彩集纳，'一张老照片，一段难忘情'曾经是扬州街头很热门的话题。做了四年的总编辑，我最大的感触就是老百姓感兴趣的新闻，他们永远都不厌其多；而老百姓不感兴趣的新闻，他们也绝不会浪费时间在上面。"徐向明如是说。

不仅如此，48个版面的《扬州晚报》在向本地新闻倾斜的同时，面对必须要报道的国际、国内的新闻也是尽量做到焦点化、落地化，即只抓焦点，做到精致，而不遍撒枝叶；同时想办法将国际、国内的新闻与扬州当地建立联系，例如对"天宫一号"进行报道时，就派出记者深入发射基地采访为"天宫一号"而忙碌的扬州人，拉近扬州市民与这件大事的直接关系。

"丰富"：提供大容量信息，大力弘扬扬州文化。"扬州是一座有2500年发展历史的文化名城，是1982年国家首批公布的二十四座历史文化名城之一，许多文人墨客曾在这里留下他们的足迹与诗篇……在这样的城市办报，《扬州晚报》就必须成为读者了解、知晓扬州文化的渠道，所以大作扬州文化是报纸内容发展的重要方面"，"但可惜的是，过去报纸并不重视对扬州文化的报道，注意力更多地投注在副刊上。现在我们必须重新拾起文化的血脉，让成长在本地的扬州人和其他的外地人去真正地了解这座城市。"文人出身的徐向明谈起文化来特别津津有味，当然他也深谙要打好"文化牌"，最重要的就是组织起一支深具文化实力的作者队伍。

于是，从2007年开始《扬州晚报》花费大量时间联系扬州老中青三代文化人，将其组建为一支稳定的作者队伍，为报纸提供稳定的稿件来源。同时，根据老百姓的文化喜好，报纸还设计出许多独特的版面，如《老扬州》、《扬州书画》、《行走扬州》、《扬州读书》等，将其集中在周六出版的《绿杨风》文化周刊中，期待每一次绿杨风起的瞬间，都能够捧出扬州文化的饕餮大餐。并且将原本周日出版的《扬州刊》重新打造，利用其中两整版来报道扬州人物，另外两整版来细说扬州地理，分系列介绍扬州的古树林木、园林老宅、文化乡镇、湿地洋楼等，将东方文化与本土新闻密切配合，使"扬州文化、扬州新闻"成为《扬州晚报》行走有力的两只大脚。

"精致"：从内容到版式弘扬扬派风格。"目前，精致生活是人们最新的追求，精致办报也就应该成为报纸的新追求。本土、丰富、精致应该是一个逐步推进的过程"，"对《扬州晚报》来说，精致最先体现在它的版式上，我们没有简单地模仿那些流行的版面，而是采用相互咬合的版式来塑造《扬州晚报》

的别具一格，如同园林建筑般让其具有视觉上的美感。这样即便是挡住报头，在报摊上读者看到这特殊的版式也会认出我们的报纸，某种程度上这也带着《扬州晚报》特有的'扬州味'"。

今天，谈论《扬州晚报》的"本土"、"丰富"、"精致"三部曲似乎是一件轻松的事情，轻松到犹如读着杜牧的"二十四桥明月夜"一般地自在，然而三部曲的唱响却凝结了一支136人的"扬晚"采编团队的苦与乐。令人欣慰的是，随着三部曲理念的落实，《扬州晚报》终于如愿以偿地收复了扬州报业市场，打败来自南京的两家竞争对手，2011年发行量达到12万份，坐上扬州报业市场的第一把交椅。

借"一纸风行"开拓经营

文章的篇首曾提到2011年《扬州晚报》广告经营到账额达到1.1亿元，率先进入地市级晚报营收的"亿元俱乐部"行列，这一点再一次证明了报纸内容对经营活动的重要作用，同时也把一家地市级报纸种种经营策略的成功推向了前台。"借助报纸的一纸风行，晚报的经营也是风生水起。在一个竞争如此激烈的地级市，如何提高自己的经营水平，是《扬州晚报》经营团队一直钻研的问题。"徐向明对记者说。

多条口经营，对市场精耕细作。目前，《扬州晚报》广告部门共分为16个条口，专业操作，责任明确。他们不仅深耕房地产、汽车等报纸广告等大户行业，还对一些扬州本地的特色行业进行积极开发，如沐浴业在扬州就比较发达，有"早上皮包水，晚上水包皮"之说。《扬州晚报》就利用这一特点将沐浴业当做独立的一个条口进行市场开发，仅此一业，一年的收入就有上百万元。

运用活动策划，拉动报社经营。活动营销对许多报业中人来说已经是驾轻就熟，《扬州晚报》这样的地级市报纸也对此做了积极尝试。2011年，《扬州晚报》的各种品牌活动共有300多个，主要包括三大类，第一类是公益活动，如周周文艺演出进社区等；第二类是公益活动和经营活动相结合，如大明寺祈福撞钟活动；第三类就是纯经营活动，如房交会、车博会、年货大街等，既服务百姓、解决百姓需要，又提升了报纸的市场化运作能力和经济效益。

强化服务意识，完善客户服务工作。如果说报纸的内容是为读者服务，那么报纸的经营就是为客户服务。基于此,《扬州晚报》尽管身处小城,却不断强化服务意识。一是挖掘、巩固客户资源,持续做好大客户的维护和发展工作,形成长期合作的纽带关系。二是稳定和发展优质广告客户结构,规划和培养好细分市场,以争取更多的合作伙伴。三是不断加强与客户的沟通,积极发展新客户,着力挖掘潜在客户。四是了解客户需求,帮助客户掌握读者和目标消费者的信息,及时反馈,为客户的销售提供有益的帮助。

在这样的经营思路与实践中,《扬州晚报》逐渐尝出发展的甜头,然而他们并没有止步于此,面对风起云涌的新媒体时代,2010年《扬州晚报》成立了扬州晚报网,整合了晚报原有的《扬州E家》社区论坛,晚报博客网资源,包括新闻、生活、财经、互动四大板块,开设有23个细分频道,日稳定点击量在60万左右。并从2011年1月起,将晚报采编人员全面向全媒体记者转型,摄、写、播一体化,报纸、网络齐头并进,新开辟的《小高读报》栏目专职从事扬州微客新闻的播报,在微博粉丝中影响不断扩大。

"也许太多人会认为全媒体是大型报业集团的重头戏,其实竞争无处不在,地市级报纸面对网络的崛起,也唯有转型成为集文字、视听、存储、搜索等功能于一身的新媒体,才能以集大成者的身份立足于所在城市,成为推动城市媒体产业融合的主导力量。对此,《扬州晚报》已经做好了准备。"徐向明说。

自行车上的"走转改"

2011年8月是新闻战线"走转改"活动如火如荼开展的时期,这个月《扬州晚报》的记者孟俭第一个举手报名,和他的自行车一起踏上了《扬州晚报》"走转改"的旅途。

随后,在连续26天的扬州酷暑中,孟俭骑着自行车走向了扬州周边的30多个乡镇,用手中的笔和镜头记录下田间老农丰收的笑意、留守儿童中秋的盼望、石子工厂复兴的姿态、射阳芦苇拔出的遗憾……一副千姿百态的扬州生活图卷带着稻香、荷香与泥土香徐徐展开。

"提起30年前开铁匠铺的生涯,周风刚感慨万千。最近十多年来,他听到最多的就是'某村的铁匠铺关门了',但他一直坚守着,就是不舍自己的老手艺。"2011年9月14日孟俭在宝应范水镇发回了《老铁匠的30年坚守》一

文,将"老手艺无限好,大多已近黄昏。到底该通过怎样的形式进行发掘和保护,图片记录还是文字记载,仅仅这些够吗"的发展疑问带给了那些只关注快速发展的"现代人"。

然而发展的遗憾似乎在 9 月 20 日发表的《射阳湖畔,千亩莲藕话丰年》一文中体现得更多,"沿着射阳湖镇的千年老街——驻马街,骑行一段后转向一座小桥,映入眼帘的是穿梭不停的船只和连成一片的荷叶。走了一段距离,遇到了种藕大户陈国发,2011 年他承包的 200 亩水域全都种了藕,若按 1 元多一斤计算收入 20 万元不成问题。","可是尽管靠养殖致了富,但陈国发等村民也有些忧心,因为在水产经济繁荣的背后,射阳湖牺牲了曾经浩淼的芦苇荡,日益见高的圩堤不利于湖水的自我更新,将直接影响到水产养殖。而失去了芦苇荡的射阳湖在旅游业的开发上败给了许多条件不如自己的景点。致富的路要如何继续走下去令不少村民感到迷茫。"今天,基层农业与生态维护两相博弈已经是农业发展的最大拷问,期待孟俭的文章能在某种程度上为射阳湖按下"修复键"。

"我的文章关注问题,但更愿意把今日扬州发展的良好一面告诉读者,让我们扬州人感到自豪","在水系丰富的鱼米之乡高邮,唯独横泾镇沿荡村第三组有些怪,稻田很少、棉花田却铺天盖地。对此,该组村民费恩名道出了其中的玄机——这是村组与低洼地抗争的结果,巧思之下如今是种田养鱼两不误,一亩地收成两三千元不成问题。为此,我写下《低洼地打造'立体'农渔业》一文"。因为暴晒直到采访时仍有些黝黑的孟俭,曾经也漂在北京,但故乡的发展却召唤他勇敢"回家",当足迹踏上扬州的田间湖畔时,他告诉记者这次"走转改"活动之所以第一个报名,绝不是为了做噱头,而是内心对故乡与对记者这一行业的热爱在召唤。

26 天之后,《扬州晚报》的"走转改"仍然在继续;26 天之前,其实他们已经把"基层"当做了报纸内容的"基地"。

"2009 年,我们在扬州 86 个社区就都聘请了社区记者,他们具备一定的新闻写作能力,对报纸新闻有兴趣。报社每月为他们提供固定的通讯费,优先录用他们的稿件,设立专门的社区新闻版。不仅如此,报社在 2009 年年初就开始设立《记者第二办公室》栏目,引导记者进行深度采访,转变记者工作作风。这个栏目的特点是每周一期,挑选记者深度体验社会不同岗位的工作,抢修管道的水电工、春运期间的铁路售票员、交通协管员、社区调解员等,每个记者至少工作一天,细细发现该工作中可能遇到的实际问题和困难,后来这个栏目获得了 2010 年度江苏省优秀新闻专栏唯一一个一等奖。"徐向明介绍着"走转改"之前的"扬晚"基层报道经验。

可能正是有了这样的"走基层"基础,当中央正式发出"走转改"的号召之后,《扬州晚报》的"走转改"活动才能不简单地停留在红头文件上。

具体来说,在报纸管理和制度考核层面,这张报纸首先对编辑、记者进行了学习教育,将中央媒体一些"走转改"的优秀报道专门印发,并编发内刊《扬晚人》全面反映每周的报道情况。其次全面修改考核制度,将考评以"走转改"为导向,一般新闻只给数量分,不给质量分。优秀稿件与奖励向来自基层的报道倾斜,对于表现突出的记者,给予加倍奖励。

在新闻采访层面,《扬州晚报》重新梳理办报思路,进一步确立办报的指导思想。所采取的措施主要包括:一是增加社区记者的数量,从 4 个人增加到 10 个人,与广大的社区居民打成一片;二是骑自行车进行采访,派出记者孟俭承担《单骑走基层,千里看扬州》栏目,用一个多月时间沿扬州周边进行深入采访,掌握大量的第一手资料,并安排其他记者进行持续跟进;三是开通 96496 短号热线,将"你有难我来帮,你有惑我来解","传民情、诉民盼、道民怨、解民忧"作为热线的使命,令热线和老百姓的实际问题紧密结合起来;四是陆续设立基层联系点,在全市范围内,挑选 1000 个基层联系点,包括基层的派出所、医院、学校、企业、村支部等,要求相关记者每月都要进行采访与调查。

此外,《扬州晚报》还要求晚报记者逐步改变现有文风,针对目前广泛存在的网络语言太多、群众语言太少、时尚语言太多、朴素语言太少等问题进行纠正,力求用朴实的话语、真切的情感、带着泥土味的新闻事实承担媒体"铁肩担道义,妙手著文章"的使命。

"《扬州晚报》的'走转改'会一直持续下去,因为贴近群众是我们永远的办报宗旨,也是对晚报记者一贯的要求。"徐向明推崇范长江式的记者,他希望在"走转改"的路上《扬州晚报》培养出一批能深入基层的优秀记者,让这些优秀的记者扛起猎猎的"新闻大旗"。

此时不是烟花三月,但扬州还是给我留下了深刻印象。回顾《扬州晚报》的种种发展,仍然让做专业媒体的我们感到振奋,从它的身上能够体味出中国地市报发展的不易,更看到这些媒体的不言放弃与勇于创新。或许很难推测出

在这个传媒业竞争瞬息万变的时代,地市报的未来会何去何从,可是当它们有了拼搏的心志与奋起的姿态,一切也就有了可能。

编者按:笔者在扬州采访期间,正值"走转改"活动在全国新闻战线如火如荼开展之际。在扬州日报报业集团旗下的三张报纸——《扬州日报》、《扬州晚报》、《扬州时报》中,"走基层、转作风、改文风"不是仅仅停留在红头文件上,而是扎实地体现在每一个记者丈量基层实践的匆匆脚步中。下面的一组记者手记就分别来自这三张报纸的三位普通记者,他们年龄有差、分工有别,但是在这样一场席卷全国新闻界的活动中,却都有着自己的独特感悟与深刻体会。

CREATIVE CLASSICS　品牌篇

扬帆破浪，齐鲁青未了
——齐鲁电视台品牌飞跃

文/齐鲁电视台

"齐鲁青未了"，这是齐鲁电视台即将17周岁时台长徐龙河写下的年末寄语，意为"青春常在。"开播于1995年1月1日的齐鲁电视台，以有线、无线两种传播方式覆盖山东省十七城市以及省外部分周边地区，拥有超过1亿的庞大受众群体。多年来，齐鲁电视台一直秉承着"或者第一，或者唯一"的独创性发展理念，以新闻类节目为龙头，影视剧、娱乐节目为两翼，收视份额、节目创优、广告创收等各项指标均位居全国省级地面频道前列，成为领军全国地面频道的"TV地标"。齐鲁台的发展经验被国内同行形象地称为"齐鲁现象"。

2011年7月，齐鲁换将，原山东电视台总编室主任徐龙河接任齐鲁电视台台长职务。齐鲁台近几年高位运行到一定程度，上升空间变得有限，现在每前进一步都要付出几倍的努力。徐龙河接手之前，齐鲁台的收视已出现下滑。是不是已经百尺竿头，碰上"天花板"？高位接棒，会不会成为齐鲁台调头向下的拐点？正在外界有所担心和质疑的时候，徐龙河用实际行动予以回应。短短几个月时间，徐龙河在齐鲁电视台这个舞台上烧旺了三把火：频道定位适时转型，频道品牌华丽升级；内容创新持续不断，"微创新"小步快跑，品牌栏目优势扩张；协调内外规范管理，优化机制激发创新活力。

"三把火"的效果立竿见影：齐鲁台收视率迅速回到省网、省会城市网双第一的位置，其中山东省网最高收视份额达到75.63%，突破山东有收视记录以来的收视巅峰；全新新闻节目"么敢当""小溪办事"在业界打响品牌;"1＋x"渠道增值,聚合营销能量;领航"九合"组织,打造中国电视营销"第三极"力量……2011年齐鲁台的广告创收达到5.68亿,这一数字意味着,齐鲁台不仅在全国300多个省级地面频道中取得领先,而且也超过了全国多数省级卫视。

齐鲁台像一架动力十足的战车,一直奔驰在自我超越的道路上。这架战车的驱动力,来源于齐鲁电视台17年创业发展所积累的最宝贵的文化财富,徐龙河台长将其概括为"时时刻刻的自省、生生不息的创新"。纵观齐鲁台17年的成长历程,定位语从"城市特色,晚报风格"到"青春色彩,新锐思想",再到"参与齐鲁,共享欢乐",每一次定位变化的背后,都是一次品牌的再造与提升。2011年9月,经过深刻的自我反省和认真的研讨论证,徐龙河提出了全新的品牌战略——"公益齐鲁,公信天下",这是齐鲁台的一次品牌质变和飞跃,也成就了齐鲁台的崭新气象。

一、品牌升级——公益齐鲁,公信天下

(一) 公益——媒体的最佳品牌标识

公益,是一个媒体的最佳品牌标识。"公益齐鲁"是齐鲁台多年来进行公益品牌积累、厚积薄发的结果。

自古山东出好汉,路见不平,行侠仗义,而孔孟的"仁义精神"也得到了齐鲁电视人的传承。齐鲁台的金牌节目"拉呱"定位就是"倡导中华文明的核心价值:仁爱信义、忠孝和睦,开播以来,已经成功调解了数千起家庭矛盾、邻里纠纷,成为社会矛盾的减压阀,也成功塑造了齐鲁台为民代言、惩恶扬善的良好公益形象。"拉呱"的公益精神,使它深入人心,从"没有牙"的观众到"掉了牙"的观众,都是"拉呱"的忠实粉丝。

"拉呱"的公益性集中体现在"毫光工程","毫光工程"是2006年"拉呱"和山东慈善总会联办的,目前已经接受社会各界善款达到400多万。6年多来,"毫光工程"救助的对象数不胜数。例如为了给"半脑男孩"柱柱修复脑袋,主持人王羲历时3年,求助几十家医院,用毫光工程募集到的几十万善款,最终还给这个男孩一个圆圆的脑袋。同时齐鲁台还举办了一系列的公益活动:关爱留守流动儿童、"天使之翼"救助肢残儿童活动、救助"美丽受损女性"、"堵住吃人的机井"、"5.19勿要酒"戒酒行动……齐鲁台还出资在山东

农村建立了 100 多个留守流动儿童活动站、17 个齐鲁乡村卫生站、20 个齐鲁文化站、4 个爱心操场等等。

齐鲁台的主持人更是各种公益活动的积极参与者。齐鲁台推出特色公益活动"Long Stay——主持人下乡长住",让活跃在电视屏幕上的主持人们来到田间地头,扎扎实实地体验到劳动的艰辛。卖菜、喂猪、放牛、种地……整整一周,主持人与农民一起吃住,一起干农活,真正地融入农民的生活,带着相处中产生的朴实的情感,更好地为喜爱他们的观众服务,开创了电视界的"第一个"。

齐鲁台还以公益活动为契机,为主持人提供"形象放大器",主持人良好的公益形象带来良性效应:"拉呱"的主持人小么哥担任济南市公交安全形象大使、山东省消防安全形象大使、济南市节水保泉形象大使、济南市民政局形象大使等,在"拉呱"中搭词的鄢磊担任济南市"双拥共建"形象大使,"每日新闻"主持人树辉、"101"主持人小番茄都是山东省无偿献血形象大使,"小溪办事"的主持人小溪任省妇联"关爱留守儿童"形象大使等。

这些常年坚持的公益活动,表明了齐鲁电视台的公益力量,赢得了收视之外的关注度和好口碑。在由《中国广播影视》主办的"TV 地标 2009 中国电视公益榜颁奖盛典"上,齐鲁电视台获得"2009 中国电视公益榜 5 强第一名",荣获"最具爱心媒体奖"。

由此,齐鲁台已经由单纯的信息传播者,自觉变成社会责任的"担当者"、公益行动的"践行者"。在徐龙河台长看来,将"公益齐鲁"作为频道定位是水到渠成的事情,是多年来厚积薄发的结果。通过倡导、推动、践行公益事业,齐鲁台在观众心目中的公信力大大提高,电视品牌的核心价值也得以彰显。

(二) 公信力——媒体存在的基石

公信力是一个媒体存在的基石,是衡量媒体权威性、美誉度和影响力的标尺。从建台开始,齐鲁台就提出以"新闻立台",并时刻关注公共利益。除了多档日播新闻节目打造公信力之外,2008 年 10 月,齐鲁台创办以重大突发事件打断式直播报道为特色的"独家!"栏目,更成为齐鲁台影响力和公信力的最大增长点。自开播以来,播出 Break 新闻数百次,内容包括重大突发事件、政府信息发布、民众求助、信息辟谣等,在观众中产生了广泛的影响力。现在,这一打断式新闻直播仍然是业界尚未逾越的高度。

Break 新闻让齐鲁台在影响力突围上超前半步，在重大事件面前及时发声、准确发声，确立了媒体的影响力和公信力。针对"独家！""Break 新闻"的实践，新华社还专门发了内参，评述认为：齐鲁电视台用"Break 新闻"直播确立影响力和公信力，这标志着我国新的电视传播模式革命的开始，标志着我国电视传播活动进入了新的历史时期。

这是因为，"独家！"能够让齐鲁台第一时间抢占新闻制高点，发布及时、准确、权威的信息。山东观众逐渐养成"每遇大事，先看齐鲁"的收视习惯。不仅如此，在突发事件中，"独家！"及时辟谣，对澄清谣传、稳定人心起到相当大的作用。例如，2011 年 3 月发生的"抢盐"风潮，齐鲁台"独家！"连续 6 次打断式直播，及时发布权威信息、澄清谣传，有效地遏制了"抢盐风潮"的蔓延，受到了有关部门的高度评价。

《易经·系辞》讲："形而上者谓之道，形而下者谓之器。"对齐鲁台而言，公益之为器，公信之为道。换言之，如果说"公益齐鲁"是齐鲁台的外在形象，那么"公信天下"则是齐鲁台的灵魂内核。"公益齐鲁，公信天下"全新频道定位的提出，预示着齐鲁台要以公益提升公信，以公信驱动公益，实现齐鲁品牌的再度跃升。

二、节目升级——"两新、三塔"

为了实现"公益齐鲁　公信天下"的品牌升级，齐鲁台通过"两新、三塔"的节目改版思路，继续深化"新闻立台"的办台理念，倾力打造"么敢当"、"小溪办事"两张全新的新闻名片，从而形成民生新闻的"三塔"格局。

"拉呱"是曲艺和新闻的嫁接，"新聊斋"是传统故事讲述风格和现代新闻内容的嫁接……如果说，营造不同领域、甚至两极之间的节目嫁接，即"嫁接式创新"是齐鲁台的特色，那么从成功节目中孕育出新节目则是齐鲁台的又一突破。按照徐龙河的思路："不需要所谓的"革命性创新"，而是让创新每年能迈出一小步，让创新成为一种持续的状态。微创新，这是代价最小、最有保障的创新模式。""么敢当"和"小溪办事"这两个新节目就是成功的例子。

（一）品牌创新＋品牌扩张，催生新栏目——"么敢当"

2011 年 11 月 28 日中午 11:50，长达 80 分钟的新闻直播节目"么敢当"

亮相齐鲁台午间档。这档全新节目被称为"拉呱"的姊妹篇，继续由主持人小么哥担纲，延续了其嬉笑怒骂、仗义执言的主持风格。西汉史游的《急就章》有言："师猛虎，石敢当，所不侵，龙未央。"山东的"泰山石敢当"早在史书中有所记载。从风水学上讲，石敢当具有避邪、消灾的功效；而从民众心理上看，民间传说中的"石将军"石敢当则是敢说敢当、打抱不平的正义化身。小么哥"嫁接"石敢当，"么敢当"的名字由此而来。

作为"拉呱"品牌的延伸和扩张，"么敢当"撑起午间收视高峰，每天80分钟"国事家事天下事"的新闻汇编，由小么哥和美女刘爽搭档，以方言和对口点评为看点。"么天气"、"杠赛来"、"星边事"等板块揽括了天气资讯、身边事、明星娱乐等内容，满足了午间时段的主要观众群体追求轻松娱乐的收视需求。最重要的是，"么敢当"拥有齐鲁台"最大的一张脸"——小么哥，他本身就为"么敢当"带来了大量的人气。

"么敢当"一开播即占据山东省网和省会济南市网同时段自办栏目收视榜首，也是唯一一个上榜的新闻节目。同时段收视率较之前一年提升了40%以上，造就了齐鲁台"午间收视隆起带"。如同"拉呱"一样，"么敢当"改变了山东人中午不看新闻节目的收视习惯，代替了过去午间的电视剧和重播节目，"么敢当"这档新闻栏目成为了山东观众午间饭桌上的一道新菜。

（二）"小溪办事"主打服务，突出公益，做大服务品牌

2004年，"每日新闻"开设了一个小板块，叫"为您办事"，每天三分钟。创办不久就成为明星板块，小侠女王羲更是家喻户晓、荣誉无数。2011年6月，中宣部、广电总局专门下发文件，表扬"为您办事"在关注民生、促进和谐、弘扬正气方面的积极作用，要求总结经验，全国推广。

2012年元旦，在"为您办事"基础上，齐鲁台推出了一档专门的办事节目"小溪办事"。主持人小溪化身"小侠女"，小溪特派员故事化的讲述，纪实性的展示，把曲折的办事过程全面展现；小溪别动队是短平快的办事新闻组合，为群众办事更快更有实效。小溪本人也和她的栏目一起成为齐鲁台另一个呼声甚高的公益名片。

"小溪办事"是"公益齐鲁"全新品牌战略最直接的产物和体现。这档节目集中体现了三种精神：第一是齐鲁的"侠义精神"。自古山东出好汉，他们行侠仗义，路见不平一声吼。"小溪办事"把小侠女敢做敢为的办事风格复制到由她派出的特派员和别动队身上，打造"该出手时就出手"的见义勇为的侠义精神；第二是孔孟的"仁义精神"。"小溪办事"追求的是关爱百姓，追求社会的公平、正义；第三是集小善为大爱的现代公益精神。小溪虽没有大海的磅礴气势，但是涓涓溪流也可汇成人间大爱。体现的正是齐鲁台"公益、公信"的定位。

"主打公益牌，为民办实事"是"小溪办事"贯穿的宗旨。其中"临沂警嫂"是"小溪办事"帮助的众多典型案例之一。2012年1月，小溪办事员接到一名40岁刑警的求助电话，他的妻子患上胆汁型肝硬变，必须移植肝脏才能延续生命。因为一直等不到合适的肝源，只有通过血浆置换来维持生命。"小溪办事"连续报道了好警嫂急需AB型血和医疗费的新闻，得到观众捐血、捐钱的热烈回应。最终临沂警嫂等到了肝源，重获新生。

在着眼节目本身为民服务的特色外，"小溪办事"还生发出新的公益品牌活动——"小溪书屋"，借以调动社会爱心人士，积聚爱心力量，添置图书和书桌、书橱，改善山东省内欠发达地区小学生的阅读环境，为贫困的农村孩子开启知识大门。日照市高泽镇程戈庄小学成为"小溪书屋"捐建的第一站。此外"小溪办事"还将开通小溪情报站，设立"小溪大爱"基金，为老百姓提供更实际的救助。

"小溪办事"开播以来不仅占据了同时段山东省网、济南市网收视第一名，而且也是全省所有类型节目中，收视最高的节目。主打公益和服务的"小溪办事"得到了老百姓的认可和赞扬，网络、短信等互动平台几乎没有批评意见，具有超高的美誉度。"小溪办事"已成为继"拉呱"之后齐鲁台的第二张名片。

（三）构筑新闻"三塔"为支撑的编排格局

除了增添两档全新新闻栏目，齐鲁台还将原来晚间主打新闻"一天零一夜"改版升级并更名为"101"，"101"直接体现齐鲁台"或者第一，或者唯一"的创新理念，中国台北的101大楼是亚洲第一高度，而荧屏上的"101"意图在夜间电视版图上再造新高度。

"101"新闻选题"从身边看世界"，以山东本土的公共新闻事件为基点，辐射到全国乃至全球的焦点新闻；在节目风格上，"101"坚持"新闻现场化、现场故事化、故事悬念化、讲述曲艺化、点评感性化"，在传递信息的同时，用一波三折跌宕起伏的新闻故事吸引观众；节目时长50分钟，大体量，多板块，新风格，使"101"成为真正意义上的晚间新闻盛宴，收视稳居山东省网同时段冠军。"101"领跑全国各大电视栏目,获封"金长城传媒奖·2011中国十佳广播电视栏目"。

至此,午间大板块直播新闻"么敢当"(11:50——13:10),傍晚直播节目带"新聊斋"、"拉呱"、"每日新闻"、"小溪办事"(16:30—18:50),后晚间直播节目带"101"、"拍案"(21:35—22:55),每天3大新闻直播带,7档日播新闻节目,再加上齐鲁台打断式新闻直播节目"独家!",共同构成了一个全方位、大容量的民生新闻体,齐鲁台也由原来的新闻双塔扩张为"新闻三塔"。

三、活动升级——大爱有行,公益无疆

"公益齐鲁·公信天下"的频道新定位昭示一种新的价值追求,它并非是一个空洞的口号,而是有着坚实的节目内容和实际行动为内核支撑的。除了常规节目,齐鲁台还高举公益大旗,推出一系列公益活动。

(一)拉呱连心桥,构架起心灵之桥。

"拉呱"节目创办六年多,齐鲁台发起捐建"拉呱"连心桥的公益活动,全额出资为群众铺路搭桥、扶危济困。到目前为止,齐鲁电视台已经修建并启用了四座拉呱连心桥:2010年12月17日,拉呱第一座连心桥在莱芜和庄镇下洼村正式竣工通车;2011年5月28日,第二座连心桥在聊城市张樊村建成;2011年6月25日,拉呱第三座连心桥落户德州市宁津县杜集镇;2011年10月29日,小么哥新婚这天,拉呱第四座连心桥在五莲县南营村正式建成通车。通过卫星连线,连心桥与婚礼现场联系到了一起。

同时,婚礼现场,"拉呱"主持人小么哥也当场承诺捐出喜钱,为淄博淄川区寨里镇蓼坞村修建第5座连心桥。目前第5座桥已经破土动工。个人爱心与"拉呱"栏目、齐鲁台的公益定位完美融合,构架起齐鲁台与观众之间的连心桥梁。

(二)"爱心白菜传递爱"大型义卖,解决菜农实际困难

2011年冬,山东1100多万亩白菜长势喜人,但却面临无人问津的局面,秉承"公益齐鲁,公信天下"的理念,齐鲁台率先举起了"爱心白菜"的大旗,以"101"栏目为依托,推出了为101户菜农排忧解难的"收菜行动",每天持续报道,呼吁社会组织和个人踊跃献出爱。同时,"101"栏目组还联

系了福利院、山村小学、贫困家庭等,将白菜送到他们手中,让爱心继续传递下去。然而,仅仅是这样做,仍然不能解决所有菜农的问题。从坐而言到起而行,齐鲁台决定集中全台资源,来一场大规模的"爱心白菜传递爱"的公益行动。

经过半个月的筹备和酝酿,12月3日,齐鲁台团总支发动频道内青年志愿者120多名参与,书匀、小番茄、小海螺、大壮、鄢磊等主持人也全体出动,变身菜农,凌晨五点就前往百里之外的章丘高官寨,帮助菜农收割白菜,最后共收割了40吨爱心白菜,其中10吨送给了社区的残疾人,剩下的6大车30吨白菜则运送到济南的王官庄大众广场。

王官庄大众广场是本次公益活动的主会场,本次活动得到了广大市民的热情响应。6辆运输大白菜的车前都挤满了排队购买白菜的爱心市民。几个小时内,30吨来自章丘的爱心大白菜被广大市民抢购一空。这次爱心白菜义卖活动还设置了济南工人新村、山东肥城两个分现场,吸引了热心市民、企业、超市、社区前来购买及订购,共计卖出750多吨爱心白菜。

为了扩大这次公益活动的影响力,帮助更多的菜农解决卖菜难的困难,齐鲁台在12月3日13:00—14:00现场直播了三个现场的义卖情况,使本次活动的公益效应进一步扩大,彰显了齐鲁台的社会责任和公益形象。

四、广告升级——1+x聚合营销,"九合"之势

节目是灵魂,广告是血液,这是强势品牌的两条腿。广告收入始终是电视媒体盈利的生命线,"限娱令"、"限广令"让不少媒体进入"经营寒冬",而齐鲁台却成为其中的异数,2011年广告创收破5.68亿元大关,骄人成绩的背后隐藏的是齐鲁台的团队智慧和谋略。

(一)1+X渠道增值 品牌增值

2012年齐鲁台的广告创收指标是6.6亿。任务重,形势严峻。面对不利的环境,齐鲁台除了盘活手中有着高收视和影响力的自办栏目和电视剧场外,对于角标、logo、5D拼图第二视窗等的荧屏价值的开发可谓达到极致。齐鲁台还将原来"1+3"整合营销概念扩充到"1+X"。"X"代表齐鲁台将通过"不拘一格"的渠道和方式,聚积广告营销的"合"能量。

在整合传播的时代,跨媒体经营、多渠道传播是进行客户整合传播的一条

途径，齐鲁台原有三大线下媒体作为齐鲁荧屏的补充，即"1+3"："1"是指齐鲁台自身。"3"是齐鲁台独家买断经营的超联传媒、常青藤传媒和农村数字电影院线三种新媒体的组合，它们组成一支传统媒体的"特种部队"，为客户量身打造的线下传播活动，迎合了企业终端覆盖的营销目标。新媒体与传统媒体的联动，大大拓展了电视媒体的经营范围，真正意义上将线上线下充分融合，实现销售增量和品牌增值的双重传播效果。

超联媒体以1137台食品安全查询机为广告传播载体，覆盖全山东省17市的418家超市。每台每日播出广告60次，接触人流近4000万人！覆盖广，到达率高，直通市场最终端。齐鲁台还可以依托与超市的联系，为广告客户承揽产品的终端推广活动。前段时间，齐鲁台利用超联媒体，组织了"刷刷乐"活动，消费者在消费了相关产品后，由超联终端获得小票，可刮票兑奖。奖品就是广告客户提供的试用装。"刷刷乐"既让消费者受益，也帮助广告客户做了促销。

常青藤传媒是齐鲁台铺设在山东全省147所高校的近3000台餐厅电视终端，覆盖200万省内大学生。凭借地面推广活动，在山东高校建立起强势、精准的分众广告运营体系，帮客户锁定中国未来最主流的消费群。

而农村电影院线是山东省委宣传部的一项公益事业，由齐鲁台出资一部分，发起农村电影工程。齐鲁台可以获得的回报是在电影开播前有5分钟的广告段位。这三大媒体对齐鲁台荧屏形成补充，其单独收益只有两三千万，但对荧屏呼应的潜在效果非常大，很多客户就是看重这一点才在齐鲁台投放广告。

在三大线下媒体之外，齐鲁台还拥有一个传播的第二平台——锐TV。作为齐鲁台品牌延伸的又一传播平台，数字电视频道锐TV对齐鲁台现有观众形成有效的补充和延伸，是客户营销传播的新锐力量。锐TV目前覆盖全省17城市600多万户受众。

2011年齐鲁台为克莱斯勒JEEP所做的全媒体营销方案彰显了"1+X"的整合营销的效果。2011年克莱斯勒JEEP时逢70周年。作为高端座驾品牌，克莱斯勒很少选择地面频道，但这一次却选择齐鲁台作为其在山东的品牌传播平台。齐鲁台结合JEEP品牌宣传计划，以JEEP历史为主线，通过整合齐鲁台、手机电视、锐TV、商超户外屏、平面媒体等资源，有效聚合了JEEP目标消费群。山东的消费能力普遍不高，但通过齐鲁台的宣传，JEEP在山东境内的销量一下就跃进了前三位。

2012年齐鲁台还将计划成立两大联盟——齐鲁经销商战略联盟和齐鲁学生会网络联盟，将"1+X"渠道进一步推向无限。成立齐鲁经销商战略联盟的目的是，除了终端渠道，还要把经销商这个中间环节打通。把品牌、传播、营销、渠道整个打通，形成传播价值链。今后不仅可以为广告客户做广告代理，还可以做营销代理。可以这么说，齐鲁台要把自己变成最大的经销商。

相比经销商联盟，齐鲁学生会网络联盟的步骤似乎要快一些。2011年，齐鲁台成立了常青藤网站，相当于齐鲁的校园网。成立齐鲁学生会网络联盟，是要把全省高校里的学生会和社团组织联盟在一起，把校园营销渠道打通。预计3月份这些联盟有望结合一些项目推出。

（二）领军"九合"，打造中国电视营销"第三极"力量

面对激烈的电视竞争环境，地面频道的声音小，在各自省内也鲜有合作对象，而省际地面频道彼此间没有交叉覆盖和利益竞争，所以更容易达成合作。2011年9月26日，酝酿许久的"九合组织"正式启动。"九合组织"即全国省级强势特色地面频道合作组织（简称NCC），由齐鲁电视台与江苏城市、浙江教科、安徽经视、湖南经视、河北农民、江西五套、天津都市和云南都市等九家强势地面频道结盟而成，后又有湖北综合、河南都市、黑龙江都市加入，目的是打造一个服务增值、营销助力、品牌升级的合作平台，实现"九合一匡成大道"的全国性战略布局。齐鲁台曾于2004年领衔"金牛媒介"、2007年领军"地面四小龙"，此次，齐鲁台也成为"九合组织"地面联合舰队当仁不让的旗手。"九合组织"势力范围涵盖华北、华东、西南三个区域，收视覆盖人口约4.9亿，占全国收视人口的40%，这些区域大多为经济发达的省份，可以说占据了中国市场的"半壁江山"。从2011年9月26日在中国广告节上盛势亮相，到11月9日在北京联席招商，再到12月合肥会议成员扩容，"九合组织"在短短三个月的时间里，通过卓有成效的联合推广、造势和招商，已经匹敌央视、强势卫视，成为中国电视营销格局中备受业界瞩目的"第三极"力量。

2013年1月1日，齐鲁电视台即将迎来"18周年成年礼"。老子说过："胜人者有力，自胜者强"，一个敢于面对危机、善于超越自我的齐鲁电视台将是电视市场的恒久强者；"公益齐鲁，公信天下"，一个高收视率、高美誉度、高公信力的新齐鲁将在山东广播电视台大发展的格局下跨上新的台阶，在中国广电事业上写下浓墨重彩的一笔。

年度报告篇

INDUSTRY INVENTORY

2011 年度十大新政

文/传媒杂志社编辑部

一、党的十七届六中全会审议通过《中共中央关于深化文化体制改革、推动社会主义文化大发展大繁荣若干重大问题的决定》

10月15日—18日，中国共产党第十七届中央委员会第六次全体会议在北京举行。会议全面分析形势和任务，总结了我国文化改革发展的丰富实践和宝贵经验，研究部署深化文化体制改革、推动社会主义文化大发展大繁荣，进一步兴起社会主义文化建设新高潮，对夺取全面建设小康社会新胜利、开创中国特色社会主义事业新局面、实现中华民族伟大复兴具有重大而深远的意义。

全会审议通过了《中共中央关于深化文化体制改革、推动社会主义文化大发展大繁荣若干重大问题的决定》，主要内容包括：充分认识推进文化改革发展的重要性和紧迫性，更加自觉、更加主动地推动社会主义文化大发展大繁荣；坚持中国特色社会主义文化发展道路，努力建设社会主义文化强国；推进社会主义核心价值体系建设，巩固全党全国各族人民团结奋斗的共同思想道德基础；全面贯彻"二为"方向和"双百"方针，为人民提供更好更多的精神食粮；大力发展公益性文化事业，保障人民基本文化权益；加快发展文化产业，推动文化产业成为国民经济支柱性产业；进一步深化改革开放，加快构建有利于文化繁荣发展的体制机制；建设宏大文化人才队伍，为社会主义文化大发展大繁荣提供有力人才支撑；加强和改进党对文化工作的领导，提高推进文

化改革发展科学化水平。

点评：

当今世界各种思想文化交流交融交锋更加频繁，文化在综合国力竞争中的地位和作用更加凸显，维护国家文化安全任务更加艰巨，增强国家文化软实力、中华文化国际影响力的要求更加紧迫。文化越来越成为民族凝聚力和创造力的重要源泉、越来越成为综合国力竞争的重要因素、越来越成为经济社会发展的重要支撑，丰富精神文化生活越来越成为我国人民的热切愿望。

《中共中央关于深化文化体制改革、推动社会主义文化大发展大繁荣若干重大问题的决定》既是一篇与时俱进的文化宣言，又是一份关注民生的行动纲领。它从中国特色社会主义事业四位一体总体布局出发，着眼全面建设小康社会战略全局，对新形势下文化改革发展做出全面部署，指出一切推进文化改革发展的实践和探索都必须始终坚持中国特色社会主义文化发展道路，一切推进文化改革发展的力量都要凝聚到建设社会主义文化强国这一战略目标上来；明确地提出了到2020年文化改革发展的奋斗目标和主要任务，充满了一个个新论断、新思路、新举措。

同时它强调社会主义文化建设的基本任务是顺应各族人民对丰富精神文化生活的热切愿望，满足人民基本文化需求，并做出了"为广大群众成为社会主义文化建设者提供广阔舞台"、"在全社会营造鼓励文化创造的良好氛围，让蕴藏于人民中的文化创造活力得到充分发挥"等鼓舞人心、催人奋进的重要论述。

二、国务院公布修改后的《出版管理条例》

3月19日，国务院总理温家宝签署第594号国务院令，公布新修订的《出版管理条例》。条例共9章74条。《出版管理条例》的制定，旨在加强对出版活动的管理，发展和繁荣有中国特色社会主义出版产业和出版事业，保障公民依法行使出版自由的权利，促进社会主义精神文明和物质文明建设。

新的《出版管理条例》将原条例的"出版事业"均修改为"出版产业和出版事业"，针对事业单位和企业法人不同的性质做了不同的规定；增加了出版单位"中止"情形的规定，与条例中已有的"终止"情形相区别，包括办理备案的主管部门与办理的期限；明确了国务院出版行政部门的审批时限；对中小学教科书的出版发行主体的审批权限统一集中到了国务院出版行政主管部门；申请从事出版物的印刷或者复制的报批机关中的"公安机关"被删去，申请从事出版物的印刷或者复制不再需要去公安机关办理相关手续；进一步明确，从事报纸、期刊、图书的全国性连锁经营业务的单位，如果是省内经营的单位，该类业务的报批机关为省级行政主管部门；新增行政许可《出版物经营许可证》，并将网络出版纳入"出版物经营许可"的调整对象；放宽涉外出版业务限制条件；新条例中多处"出版行政部门"修改为"出版行政主管部门"，新加入第六章"监督与管理"；对需承担责任的违法行为的情形和惩罚幅度等也都作了一定的调整；首次将"电子出版物"以及"网络出版"写入条文，并根据特别法优先于一般法的原则，将这几类特殊对象的调整指引至各自专门的规定。

点评：

国务院最新修订的《出版管理条例》出台后，业内人士普遍认为，修改后的新条例更具操作性，也更符合出版领域新的发展趋势。新的《出版管理条例》，顺应出版体制改革工作，明确区分了出版业中性质不同的主体，并进一步体现在出版单位的设立、领取出版许可证、变更单位登记信息等一系列环节上；增强了出版业行政监管，在以市场调节为主的基础上，通过行政手段作为规范市场的有益补充；及时根据实践中发生的变化做出调整，对行政管理者和出版从业人员的违法行为惩治力度加大，针对出版单位违法行为的多样化，增加违法责任的条款；将音像制品、电子出版物、网络出版规定衔接，也体现出管理水平的不断提高和完善。总的来说，新条例在放宽相关法律限制的同时也加强了政府行政部门的监管，必将进一步完善管理和服务职能，提高出版行政管理的效率。

三、《新闻出版业"十二五"时期发展规划》发布

4月20日，新闻出版总署发布了《新闻出版业"十二五"时期发展规划》，总结了"十一五"时期新闻出版业取得的巨大成绩，对"十二五"时期新闻出版业发展的指导思想、基本要求、主要目标和主要措施等做出具体部署，并提出了未来五年新闻出版业发展七个方面的重点任务。

这些重点任务包括：传播社会主义先进文化，弘扬社会主义核心价值体

系；加强精品力作的生产，传承和弘扬中华文明；完善新闻出版公共服务体系，保障人民群众基本文化权益；做优做大做强新闻出版产业，提高新闻出版业整体实力和竞争力；顺应数字化、信息化、网络化趋势，推进新闻出版业转型和升级；统筹国际国内两个大局，推动新闻出版业"走出去"；加强市场体系建设，创造良好的市场秩序。

规划明确了"十二五"时期新闻出版业发展的总体目标。到"十二五"期末，新闻出版业发展方式转变基本到位，新兴业态蓬勃发展，数字出版等战略性新兴产业领域的发展达到世界先进水平。新闻出版产品和服务更加丰富，公共服务能力和水平进一步提高。基本扭转新闻出版产品和服务的出口逆差状况，大幅度提升中华文化的国际传播力和影响力。基本形成以公有制为主体、多种所有制共同发展的产业格局，以民族文化为主导、吸收外来有益文化共同繁荣的开放格局。基本建立起统一开放、竞争有序、健康繁荣的现代出版物市场体系，以人为本、面向基层、惠及大众的新闻出版公共服务体系，技术先进、传输快捷、覆盖广泛的现代传播体系。

点评：

新闻出版总署署长柳斌杰曾指出，"十二五"是建设新闻出版强国的关键五年。《新闻出版业"十二五"时期发展规划》及11个专项规划为我们描绘出了未来五年新闻出版业发展的宏伟蓝图，是未来五年新闻出版业的行动纲领，充分体现了我国建设新闻出版强国的战略目标，意义重大。此外，《报刊业"十二五"时期发展规划》作为11个专项规划之一首次发布，也成为此次规划的一大亮点。"十二五"规划既有总的指导方针和原则，又有具体的任务和项目举措，反映了新时期新闻出版业发展的新格局和新要求，充分体现了科学性、全局性、前瞻性、实践性的特点，指明了未来五年新闻出版业的发展方向。

四、中央非时政类报刊出版单位转制规程出台

8月，非时政类报刊出版单位体制改革工作联席会议办公室制定出台了《中央各部门各单位非时政类报刊出版单位转制工作基本规程》（以下简称《规程》），供中央各部门各单位非时政类报刊出版单位作为转制工作的参考。此次出台的《规程》仅适用于具有独立法人资格的报刊出版单位转企改制，

对报刊出版单位在转制工作中如何制订转制工作方案，如何进行清产核资、财务审计和资产评估，如何实施国有资产管理，如何建立健全现代企业制度和法人治理结构，如何注销事业单位法人与办理企业登记注册，如何制订人员安置和劳动关系调整方案以及如何向有关部门申请享受税收优惠政策等，都做了具体的规定。

点评：

从5月《中共中央、国务院办公厅关于深化非时政类报刊出版单位体制改革的意见》出台，再到7月全国新闻出版局长座谈会上，非时政类报刊出版单位体制改革的"时间表"和"路线图"正式公布，明确提出到2012年9月底前全面完成转企改制任务，非时政类报刊转企改制的号角正式吹响。而《中央各部门各单位非时政类报刊出版单位转制工作基本规程》（以下简称《规程》）的出台无疑是非时政类报刊改革的加速器，《规程》内容具体且极具操作性，为出版单位的改制工作有序进行提供了依据和保障，具有很强的指导意义。

日前，非时政类报刊转企改制工作正在全国范围内全面展开，此次改革涉及面之广泛、影响之深刻前所未有。在改革深入的过程中还有许多难点和问题需要解决，改革之后的制度建设和配套政策也需要及时规划，其他相关政策的制定和支持不可或缺。

五、《互联网文化管理暂行规定》修订后发布实施

为了加强对互联网文化的管理，保障互联网文化单位的合法权益，促进我国互联网文化健康、有序地发展，根据《全国人民代表大会常务委员会关于维护互联网安全的决定》和《互联网信息服务管理办法》以及国家法律法规有关规定，文化部于3月18日正式发布修订后的《互联网文化管理暂行规定》，于2011年4月1日起施行。

《规定》明确了网络文化发展的原则和方向，对互联网文化单位的主体准入、内容管理、经营规范及违法处罚等作了具体规定，强化了县级以上特别是省级文化行政部门的职责、权限和义务。这就要求各级文化行政部门要在网络文化建设和管理中大力弘扬社会主义核心价值体系，贯彻新的文化发展理念，促进文化与科技结合，鼓励网络文化企业与传统文化企业双向进入和资源整

合，推动网络文化大发展大繁荣。

点评：

修订实施《互联网文化管理暂行规定》（以下简称《规定》），是文化行政管理部门在不断深化对互联网特点和规律认识的基础上，适应互联网发展新形势所采取的重要举措，是不断创新管理方式、提高网络文化管理水平的重要体现。互联网早已成为向公众提供文化产品和服务的重要平台，但是网络文化成果良莠不齐，有精华也有糟粕，互联网文化发展在准入、内容及经营管理等方面都还存在很多问题，如内容优秀的互联网产品不足，原创作品十分匮乏，有害及低俗信息屡禁难止，不同地区互联网产业发展差距很大等，亟需政策规范和引导。《规定》的实施对促进互联网企业依法经营，加强对互联网产品内容的管理，规范网络文化经营秩序，净化网络文化环境有积极作用。但是如何进一步完善网络文化管理体制机制，促进网络文化健康有序发展，仍是各级文化行政部门亟待解决的重要课题。

六、新闻出版总署印发《关于严防虚假新闻报道的若干规定》

有一段时间，受网络虚假信息的影响，传统媒体虚假新闻、不实报道呈上升趋势，一定程度上损害了政府形象，扰乱了新闻秩序，降低了媒体公信力，社会反映强烈。10月19日，新闻出版总署制定《关于严防虚假新闻报道的若干规定》（以下简称《规定》），从新闻记者采访基本规范、新闻机构内部管理规范、虚假失实报道的防范及处理规则以及相关责任追究等方面提出明确要求，切实维护新闻传播公信力，从源头上防止新闻造假。

《规定》要求：新闻记者开展新闻采访活动必须遵守国家法律法规，严禁编发虚假新闻和失实报道；新闻机构要建立健全内部防范虚假新闻的管理制度；建立健全虚假失实报道的纠错和更正制度，完善虚假失实报道的责任追究制度；新闻出版行政管理部门要加强行政监督，严肃查处损害国家利益和公共利益的虚假失实报道。

点评：

《关于严防虚假新闻报道的若干规定》的制定，是新闻出版总署贯彻党的十七届六中全会精神，规范行业发展，服务人民群众的重要举措。体现出从源头上抓新闻真实性的管理理念，要求"新闻记者报道新闻事件必须坚持实地采访"、"深入新闻现场调查研究",在相当程度上避免由猜测、想象、臆断、误传所产生的虚假新闻。致力于全面防范虚假新闻,如规定:"除危害国家安全、保密等特殊原因外,新闻报道须标明采访记者和采访对象的姓名、职务和单位名称,不得使用权威人士、有关人士、消息人士等概念模糊的新闻消息来源。"这就是说,以往可以用模糊语言"打马虎眼"的表述,日后将不被许可。对新闻采编作出了更为具体和更具有可操作性的规定,严禁依据道听途说编写新闻或者虚构新闻细节,不得凭借主观猜测改变或者杜撰新闻事实,不得故意歪曲事实真相,不得对新闻图片或者新闻视频的内容进行影响其真实性的修改。同时加大了对虚假新闻有关责任人的处罚力度,如规定:"蓄意炮制和炒作虚假新闻造成恶劣社会影响、损害国家形象和公共利益的报刊,责令新闻机构主要负责人引咎辞职。"

七、新闻出版总署发出《关于开展报刊记者站专项治理的通知》

3月17日,新闻出版总署印发《关于开展报刊记者站专项治理的通知》,进一步加强对报刊记者站的管理,严格规范记者站工作秩序和新闻记者采编活动,要求结合报刊记者站年度核验工作,从4月15日至7月25日集中开展记者站专项治理"百日行动",对违规记者站进行全面清理;报刊出版单位认真开展自查自纠,切实加强内部整顿;报刊主管主办单位要认真履行职责,切实加强对所属报刊记者站工作情况的监督、检查和管理。

7月5日,根据各地开展专项治理"百日行动"的情况,新闻出版总署印发《关于继续做好报刊记者站专项治理工作的通知》,要求各级新闻出版行政部门要继续加大执法力度,认真查处报刊记者站违法违规问题;各省级新闻出版行政部门要认真清理违法违规的记者站,做好本省报刊记者站的重新登记工作;各省级新闻出版行政部门要认真总结专项治理成果,及时报送专项治理总结报告;各级新闻出版行政部门要建立健全报刊记者站长效监管机制,监督报刊记者站依法开展新闻采编活动。

点评:

目前一些报刊出版单位存在擅自设立记者站、变相向记者站下达经营任务等违规行为,部分记者站人员利用新闻采访活动的便利从事经营活动,个别记者站人员以发表舆论监督报道相要挟,对基层单位和群众敲诈勒索,造成十分恶劣的社会影响。今年以来，新闻出版总署通过开展报刊记者站专项治理"百日行动"、加强报刊记者站年度核验、对记者站一律重新登记并换发统一印制的报刊记者站登记许可证，组成检查组对河南、黑龙江等8个省以及中国质检报刊社等4家中央报刊出版单位进行督查指导，进一步加强了对报刊分支机构及记者站的管理，建立健全了报刊记者站监管机制、日常管理机制、综合评议制度，并结合报刊记者站年度核验制度，建立健全报刊记者站退出机制。从根源上坚决纠正和制止利用新闻采访活动谋取不正当利益的行为，严肃查处了记者站及其工作人员的违规行为，维护基层和群众的根本利益，切实加强了新闻记者职业道德建设。

八、十二部委联合印发《2011年虚假违法广告专项整治工作实施意见》

2月26日，国家工商总局、中宣部、国务院新闻办公室、公安部、监察部、新闻出版总署等十二部委联合印发《2011年虚假违法广告专项整治工作实施意见》（以下简称意见），旨在持续深入推进虚假违法广告专项整治工作，进一步加大整顿规范广告市场力度，努力营造文明诚信的广告市场环境。

《意见》指出，2011年将继续把直接关系人民群众健康安全的医疗、药品、保健食品广告，危害未成年人身心健康的非法涉性、低俗不良广告，以及扰乱公共秩序、影响社会稳定的严重虚假违法广告作为整治重点；继续加大对省级电视台卫视频道、大中城市电视台经济频道、都市类报纸媒体广告的监测检查力度，严格监管电视购物广告，严厉查处各类媒体以新闻报道形式和健康资讯节（栏）目名义变相发布广告的行为，进一步深入治理损害消费者权益的虚假违法广告；坚持标本兼治，着力治本的工作方针，增强治理虚假违法广告的整体合力；健全工作机制，加强广告市场监管，努力营造公平竞争、健康有序、文明诚信的广告市场秩序。

点评：

《意见》强调，明确职责，强化措施，新闻出版行政部门要监督报刊单位切实履行报刊广告审查的法定责任，加强报刊广告审读工作，将报刊广告内容纳入报刊出版质量综合评估体系，建立报刊优胜劣汰机制。对发布违法广告问题严重的报刊予以告诫，通报批评、下达警示通知书，责成其主管主办单位监督整改，停止发布违法广告。对广告违法率居高不下、被监管部门多次公告曝光、刊登虚假违法广告问题严重的报刊，列入报刊违规记录，报刊和报刊出版单位的主要负责人，不得入选政府主办的各类评奖和评优，对拒不整改或整改没有效果、广告违法率居高不下的媒体，依法给予报刊年检缓验。《意见》内容全面细致，对新闻出版行政部门进一步开展虚假违法广告专项整治工作具有重要的指导意义。

九、国家广电总局发布《关于进一步加强电视上星综合频道节目管理的意见》

10月25日，广电总局下发了《关于进一步加强电视上星综合频道节目管理的意见》（以下简称《意见》），提出从明年1月1日起，34个电视上星综合频道要提高新闻类节目播出量，同时对部分类型节目播出实施调控，以防止过度娱乐化和低俗倾向，满足广大观众多样化多层次高品位的收视需求。

《意见》重申，电视上星综合频道是以新闻宣传为主的综合频道，要扩大新闻、经济、文化、科教、少儿、纪录片等多种类型节目播出比例；对节目形态雷同、过多过滥的婚恋交友类、才艺竞秀类、情感故事类、游戏竞技类、综艺娱乐类、访谈脱口秀、真人秀等类型节目实行播出总量控制。要求各广播电视播出机构要坚持把社会效益放在首位，坚持社会效益和经济效益的有机统一，建立科学、客观、公正的节目综合评价体系；明确提出"三不"，即不得搞节目收视率排名，不得单纯以收视率搞末位淘汰制，不得单纯以收视率排名衡量播出机构和电视节目的优劣。《意见》还在强化监管方面提出一系列要求，如各级广播电视行政管理部门要切实履行监管职责，建立完善各项制度，坚决做到依法依规管理，及时发现问题，果断严肃处理；各播出机构要落实节目三审制度，严格节目把关；电视上星综合频道节目的管理实行播出机构一把手责任制。《意见》明确要求，省级广播电视行政管理部门均须建立专门收听收看机构，并配备专业人员，重点跟踪检查广播电视过度娱乐化和低俗问题。《意见》规定，凡在节目中出现政治导向、价值取向、格调基调等方面的问题，视其性质和严重程度，对该节目分别采取批评、责令整改、警告、调整播出时间以至停播等措施，还对加强行业自律、支持社会监督、开展教育培训、表彰优秀节目、加强引进电视节目形态管理等提出了明确要求。

点评：

《意见》主要是针对当前群众反映强烈的部分上星频道电视节目过度娱乐化、格调低俗、形态雷同等倾向而制定的一整套管理措施，包括明确电视上星综合频道定位、增强新闻类节目播出量、改善节目类型结构、建立科学综合评价体系、实施节目播出备案管理制度、强化播出和管理部门职责、加强行业自律和社会监督等多个方面，是一个全面规范电视上星综合频道播出管理的文件，其目的是为了使电视荧屏更加健康向上、丰富多彩，更好地满足广大观众多样化多层次高品位的收视需求。许多网民表示，上星频道节目管理的措施十分必要，电视节目过度娱乐化倾向应当及时遏制，众多观众热切期待改版新节目。一些业内人士也在网上表达了对加强上星频道节目管理的看法，认为这将会促进电视节目内容和形式创新创优，有利于电视繁荣发展。

十、国家广电总局下发《关于加强互联网传播新闻类视听节目管理的通知》

6月28日，广电总局下发了《关于加强互联网传播新闻类视听节目管理的通知》（以下简称《通知》），对严重违反《互联网视听节目服务管理规定》和《互联网视听节目服务业务分类目录（试行）》相关规定，各互联网企业尤其是视频网站擅自设立"资讯"、"新闻频道"等新闻栏目板块进行严查。发现存在超出《信息网络传播视听节目许可证》载明业务范围，擅自播放新闻类视听节目的网站，要责令其立即进行整改，停止超范围业务，若不能停止，总局将注销其《信息网络传播视听节目许可证》。

《通知》对新闻类视听节目管理有关要求重申如下：从事新闻节目的自采、自制业务，必须持有"第一类互联网视听节目服务"业务许可，才可提供时政类视听新闻节目首发服务，时政和社会类视听节目的主持、访谈、评论服务，自办新闻、综合视听节目频道等服务；从事新闻节目的转载业务，应该持有"时政类视听新闻节目转载服务"业务许可，才可以提供转载广播电视、新闻视听节目网站已登载播出过的时政新闻类，以及转载含有政治、社会评论题材的主持、访谈、报道类视听节目，供公众点播收看、收听的服务。整频道转播含有新闻内容的广播电视节目频道，应该持有"转播广播电视节目频道的服务"业务许可，才可以提供互联网完整转播广播电视节目频道、频率的服务。

点评：

2008年1月31日开始正式施行的《互联网视听节目服务管理规定》除要求从事互联网视听节目服务的单位要拿到《信息网络传播视听节目许可证》外，从事广播电台、电视台形态服务和时政类视听新闻服务的，还应当持有广播电视播出机构许可证或互联网新闻信息服务许可证。2010年4月，广电总局下发《互联网视听节目服务业务分类目录（试行）》，对获得视听的网站转播新闻类节目进行了严格的规定，对四种类型的互联网视听节目服务内容进行了严格的界定。激动网、酷6、优酷、土豆等几大网站虽然拥有视听许可证，但并不具备设立"资讯"、"新闻频道"等新闻栏目板块的资质。本《通知》的制定和颁布，为各互联网企业尤其是视频网站规范化运行敲响了警钟，对于整个互联网行业的健康发展具有重要的指导意义。

2011 年度十大事件

文/传媒杂志社编辑部

一、全国新闻战线开展"走转改"活动

由中央宣传部、中央外宣办、国家广电总局、新闻出版总署、中国记协等五部门组织的"走基层、转作风、改文风"活动，正在全国新闻战线广泛开展，社会反响十分强烈。

8月9日五部门召开视频会议，对新闻战线开展"走基层、转作风、改文风"活动进行部署，9月23日，新闻出版总署下发了《关于在新闻出版系统深入持久开展"走基层、转作风、改文风"活动的通知》（以下简称《通知》）。按照五部委部署的《通知》精神，各新闻单位积极响应，给新闻媒体带来了一股清新务实之风。广大新闻工作者以饱满的热情走乡村、进社区、到厂矿，深入基层一线、深入普通劳动者中间，体察国情民情、反映火热生活，集中推出了一大批来自一线、感人至深的报道，受到了社会各界的欢迎。

新闻战线开展"走基层、转作风、改文风"活动是一项实践性很强的活动，重在联系实际、贵在取得实效。在开展"走转改"活动中，中央主流新闻媒体率先行动，主要领导带头走基层采访报道，刊载和播出了许多令人耳目一新的好新闻。如《人民日报》发表的《要当500强 更要500年》、《湘西新盼》等报道，《光明日报》发表的《一群人 一辈子 一件事》、《霸州有个西粉营》，《经济日报》发表的《北芹村的蔬菜不愁卖》，中央电视台《新闻联播》播出的《北大仓今年粮满仓》等。期刊界也行动起来，由传媒杂志社组

织的"全国知名期刊昆明行"活动，20多家知名期刊的主要负责人，到昆明考察采访，是期刊界一次大规模"走转改"活动。

回望历史，许多革命领袖都办过报刊，都成为深入基层、坚持好作风、好文风的表率。毛泽东创办的《湘江评论》立意高远，倡导社会革新，影响很大。周恩来早年办的《觉悟》真实反映现实，深入群众和社会基层，反映人民群众疾苦。

2008年6月，胡锦涛总书记在人民日报社考察工作时，强调"要坚持用时代要求审视新闻宣传工作，按照新闻传播规律办事"。中国当代领导人对新闻宣传工作自身规律和行业特点的重视是对马克思主义新闻观的继承与发展。

按照新闻传播规律办事，就是要求新闻工作者深入生活，深入实践，深入群众。"走基层、转作风、改文风"活动，是坚持党的新闻事业性质宗旨、履行新闻工作责任使命的必然要求，是落实"三贴近"、增强新闻宣传吸引力感染力的重要途径，是加强队伍建设、提高新闻工作者综合素养的有效举措。

"为有源头活水来"，最美丽的风景在基层，最感人的故事在基层，基层蕴藏着最鲜活、最生动的新闻资源。新闻工作者走出高楼大厦、走出书斋会场，深入改革建设前沿，深入群众生产生活，挖掘现实素材、采写现场报道，以敏锐的时代眼光提炼报道主题，以深厚的生活积淀丰富报道内涵，以朴实的文风增强吸引力感染力，就是贯彻群众路线、做好群众工作的具体体现，就是推进改革创新的生动实践。深入开展"走转改"活动，是新闻战线的一项长期任务，要不断深化，持之以恒，务求实效。

二、浙江日报报业集团上市

2011年9月29日，浙江日报报业集团上市，成为全国第一家经营性资产整体上市的报业集团。

浙报传媒鸣锣上市，以极高的效率结束了这一年来多家报业集团问道"上市"却"黯然泪下"的历史。2011年10月31日，借上市的"东风"，它又凭借"传媒梦工场"项目的启动正式吹响集团进军全媒体的号角。动作频频，一石激起千层浪。

1949年，浙江日报社诞生；2000年，浙江日报报业集团成为浙江省第一家、全国第八家报业集团；2002年，浙江日报报业集团出资创立浙江日报报业集团有限公司,在国内率先尝试以报业集团和强势传媒群体为依托,统筹运营报业经营资产,确立了报业经营的独立法人地位……此后,它确立起"传媒控制资本、资本壮大传媒"的发展理念,首创"一媒体一公司"的运作模式;它坚持以报为本,又注重多元发展,培育了资本经营、房地产和高新技术三大重点多元业务;它秉承"全媒体、全国化"的发展战略,将脚步迈出浙江,与国内多家知名媒体合作,积极探访报业"三跨"之道……今天,投向浙江日报报业集团的目光中有太多的羡慕与赞许,然而若不是浙报人将低调、苦干、踏实、严谨、前瞻等优秀品质融入了发展的血液,也许再多的"足智多谋"、再多的"机遇青睐"也不能成就这番业绩。

三、《新华每日电讯》发行破百万

今年年初《新华每日电讯》高调宣布发行量突破了 100 万份,达到 105 万,这一数字的出现,再一次证明了中国党报具有顽强的生命力,能够克服党报发行这一"天下第一难"。并且,在百万发行量实现的同时,《新华每日电讯》通过对"白话新风"理念和"为读者做新闻秘书"办报宗旨的贯彻与实施,已经成功地在各类读者中塑造起良好的品牌形象,深受读者欢迎与喜爱。

这是一份有着大起大落和坎坷历史的党报。1993 年元旦创刊的《新华每日电讯》,初期设置有 8 个版面,第一年发行 7 万~8 万份,内容必须照搬新华社通稿,版面设置完全按照《人民日报》的模式;2000 年,随着新华网的横空出世,甚至要面对可能被"停刊"的命运。然而,2002 年,它竟意外地获得一道"赦令"——此后,再不必模仿《人民日报》的形式,拥有了对报纸内容和形式的探索权。于是该报借此东风,开始改版,从进一步加强通稿处理、扩大稿源到 2005 年大胆提出"新华大文摘"的概念,再到此后不断坚守与磨合"新闻秘书"的发展理念,作为一张出身国家级通讯社旗下的报纸,2011 年它迎来自身发展的"最高点"。

业内学者曹鹏曾这样评价它,"这种逆势上扬的发行奇迹,固然有赖于报纸的内容,但强大的渠道营销力量无疑发挥了作用。长期以来都有党报发行难之说,甚至有人称为'天下第一难'。现在的事实却显然在颠覆这样的成见",的确如此,2011 年《新华每日电讯》为国家级大报的发展做出了表率。

虽然记者"黑名单"最终并未出炉,但该事件的发生客观上足以起到警示媒体的作用。尽管大部分新闻从业者都能自觉秉承职业操守，舆论监督时做到揭恶扬善、以正视听，可是也不排除一些记者缺乏职业道德，为了引人眼球对所获信息未做调查核实就大肆渲染。殊不知，在传播渠道如此之多、传播速度如此之快的今天，一条"危言耸听"的报道很快就会将当事者推上风口浪尖。这样的报道一旦爆出，再经过各媒体纷纷转载，有可能瞬间就会导致无法挽回的损失、给当事人造成不可逆转的伤害。所以新闻记者应当时刻谨记在履行监督职责的同时，还肩负着维护社会的公平正义的社会责任。

归根结蒂，舆论监督者和被监督者都要加强自我约束，依法自负其责，在权力与职能之间达成合理的平衡，在责任与义务之间构成良性互动，促进整个社会和谐健康发展。

四、重庆卫视改版成为中国首家公益电视频道

2011年3月，重庆卫视向中国传媒界发出嘹亮呐喊，将通过改版转变成为中国第一家公益电视频道，此举还意味着此后它将全面停播商业广告，切断电视媒体一直以来最重要的盈利来源。

改版后的重庆卫视，以建设"主流媒体、公益频道"为目标，着力传播社会主义先进文化，着力打造自办精品文化栏目。作为省级卫视中的第一个红色频道，它有着"铁肩担道义"的可敬品格，但面对"风萧萧兮易水寒"的前路，如何维持与创新也是现实给予它的沉重命题。

重庆卫视是一家有着20余年发展历史的老牌卫视，早在1998年，它就已在25个省（直辖市）、32个地级市和22个省级市落地，其所创办的《三峡大移民》、《巴渝风》、《雾都夜话》、《龙门阵》等优秀栏目深受电视观众喜爱。2006年，重庆卫视在秉承巴渝叙事的麻辣风格基础上，确定"故事中国·人文天下"的频道定位，用"故事化思维"的方式来制作节目，以人文关怀来升华信息，提升了卫视的传播价值、品牌价值和商业价值。

同年，重庆卫视率先在全国范围内提出"编播季"的理念并进行了创造性的实践，引发了全国卫视的"编播季"风潮。此后几年，它通过调整频道定位，做强内容产业；深挖本地资源，拓展文化底蕴；加强制度管理，进行量化评估；不断细分市场，提高观众忠诚度等措施，将自身提升为西部一流卫视。

五、《辽沈晚报》转企改制

5月30日,《辽沈晚报》整体转企改制暨辽宁北方报业传媒股份有限公司成立仪式举行。这标志着全国首家晚报都市类报纸先行完成了整体转企改制,也标志着辽宁晚报都市类报纸在全国率先迈出了采编、经营整体转企改制方面的实质性步伐。

《辽沈晚报》历经19年的创新发展,已成为区域市场最具实力的都市类报纸之一,是东北地区唯一进入世界报业协会公布的全球日报发行量100强的平面媒体。

在全面深化文化体制改革,推动文化大发展、大繁荣的大背景下,辽宁报业传媒集团在辽宁省委领导下,先行试点推进《辽沈晚报》整体转制改革,成立由辽宁报业传媒集团绝对控股的现代报业传媒股份有限公司,被看作是我国文化体制改革进程中的一个重要节点。

《辽沈晚报》创刊于1993年1月1日,是辽宁日报报业集团主办的以综合新闻为基础的省级晚报。一直以来,它秉承"让政府和市民都满意"的办报宗旨,坚持正确的舆论导向,坚持贴近实际、贴近生活、贴近群众,坚持理念创新、制度创新、内容创新、技术创新和管理创新,探索并走出了一条在社会主义市场经济新形势下办好晚报、都市类报纸的新路子。2008年3月,《辽沈晚报》与《铁岭日报》成功实施战略合作后,2009年初又实现了辽宁中部城市群省市两级报业的资源共享及采编、经营业务的互利合作,《辽沈晚报·铁岭版》、《辽沈晚报·本溪版》、《辽沈晚报·阜新版》、《辽沈晚报·抚顺版》等报业集群基本形成,拉开了我国区域报业资源整合的大幕。

六、大众报业集团年度中国新闻奖喜获"大满贯"

2011年10月20日,在全国最高级别的新闻竞赛——第二十一届中国新闻奖评选中,大众报业集团一举抢得七席之地,一等奖更是"花开两枝",实现评论、消息、通讯、摄影、网页、论文等各类体裁的"大满贯",涵盖了党报、都市报、杂志和网站等媒介形态,被业界称为"大众日报现象"。

1939年1月1日,大众报业集团的母报《大众日报》创刊,是我国报业史上连续出版时间最长的党报。然而，悠久的历史并没有成为他们懈怠的理由。近些年来，《大众日报》及其系列子报刊在坚持正确舆论导向、深化新闻改革、提高舆论影响力方面，进行了一系列探索创新，取得了良好效果。大众报业集团坚持"围绕主业办产业，办好产业为主业"的基本思路，发展报业经济，扩大规模、调整结构、强化管理，初步培育起以报纸为依托的广告、发行、印刷、信息、物资、酒店等产业，经济实力不断增强。同时，集团不断深化人事体制和分配制度改革，提高队伍素质，在用人机制改革、分配激励机制改革、学习体系建设和组织文化建设等方面取得了突破性进展。

2011年5月19日上午，山东大众报业集团半岛传媒股份有限公司揭牌仪式在青岛举行，大众报业集团融资上市迈出关键一步，老报纸即将迎来发展的新未来。

七、全国"扫黄打非"办公室、新闻出版总署组织开展打击非法报刊专项行动

11月上旬，全国"扫黄打非"办公室、新闻出版总署联合发出通知，要求从11月10日起至12月底在全国组织开展打击非法报刊专项行动，严厉打击非法报刊、非法报刊机构、假记者、假新闻。

全国"扫黄打非"办公室负责人介绍，这次专项行动的打击重点一是非法报刊，包括假冒、伪造国内刊名刊号或无刊号出版的报刊，利用境外注册刊号在境内非法编辑发行的报刊，以买卖刊号、一号多报（刊）和固定形式印刷品广告等形式非法出版的报刊；二是非法报刊机构，主要指未经批准擅自设立的报刊社、编辑部、记者站、工作站、报刊网站，特别是未经批准以港澳等境外媒体名义擅自设立的编辑部、记者站、办事处等非法机构以及制售传播非法报刊的信息咨询企业；三是假记者，包括假冒记者或新闻采编人员身份的社会闲散人员、新闻机构离职人员和非采编人员，以及假冒网络新闻媒体记者或新闻采编人员身份的各类网站工作人员；四是假新闻，即违背新闻真实性和客观性原则，没有事实依据，凭空捏造、混淆视听的各类虚假新闻报道。新闻出版总署要求各地指导报刊出版单位开展自查自纠，坚决纠正买卖刊（报）号等违规行为，严把信息来源和新闻内容审核关，坚决杜绝虚假新闻的产生。

近年来，非法报刊、非法报刊机构、假记者、假新闻的现象时有发生，在

社会上造成了一定的负面影响。这类问题究其原因：首先是面对市场的诱惑，一些新闻从业者放松了对自己的要求，对社会责任感和职业道德方面的建设不够重视。二是市场利益的驱动。有些媒体为了吸引受众的眼球，制造虚假新闻，利益驱动搞有偿新闻。三是一些媒体单位内部管理混乱，缺乏足够有效的监管机制，致使一些不法分子钻空子，等等。

要彻底杜绝非法报刊、非法报刊机构、假记者、假新闻等问题，不仅需要政府专项行动，还需要全社会一起努力，媒体和记者自身要增强社会责任感和职业道德建设，树立正确的新闻价值观，从而提高新闻媒体的权威性、公信力，维护新闻工作的崇高社会声誉和新闻工作者的良好社会形象。同时还要引入社会监督机制，自觉接受人民群众的监督，让假新闻、假记者永离媒体，使新闻部门真正成为党、政府、人民的喉舌，成为社会主义精神文明建设的重要阵地。

八、第二届中国出版政府奖首次增设期刊奖

我国期刊有9800多种，是传媒阵营中数量比较大的一个群落。长期以来一直没有国家级的奖项，到今年，这一情况一去不复返了。

3月18日，第二届中国出版政府奖颁奖典礼在北京举行。登台领奖的，除了出版社的同志们以外，还有很多杂志社的同志。本届中国出版政府奖首次增设期刊奖。本次评选，新闻出版总署高度重视，精心组织，严格把关，科学评审。评奖办公室组织有关专家和专业机构，从报送规范、出版规范、广告规范、编校质量四个方面对312种报送的期刊进行参评资格全面审核，通过审核共计取消了121种期刊的参评资格，最后评出期刊奖和提名奖。

本届期刊奖获奖期刊分科技类和社科类两类，各有10种，共20种获奖。提名奖科技类19种，社科类20种，共39种。这次期刊的评审，既是对2007年到2009年期刊业发展实力的审视，也是对"十一五"期间我国期刊业发展成果的一次盘点，集中反映了我国科学技术、哲学社会科学繁荣发展的良好局面。从获奖期刊看，本次期刊奖呈现以下几个特点：一是社科期刊老树新花，品牌效应彰显。从这次获奖的10种社科类期刊看，都是拥有30年以上历史的老品牌期刊，这些老品牌期刊在新的时代里焕发出新的生机。二是学术期刊占江山半壁，理论推动创新。在这次获奖的20种期刊中，学术期刊有10种，占

据江山半壁，这在一定程度上体现了近年来我国学术期刊的发展成就。三是技术科普期刊异军突起，读者市场双赢。技术科普期刊是联系科技发展前沿与社会生活的桥梁，本次期刊奖有3个获奖，5个获提名，展现了技术科普期刊近年强劲的发展势头。

从获奖期刊整体看，这些期刊反映出我国期刊业整体繁荣，各门类期刊共同发展，更好服务人民群众精神文化生活、服务创新型国家建设发展要求的鲜明时代特色；代表了我国期刊业的最高水平，集中体现了我国期刊业近年来改革发展的突出成就；体现了鼓励原创，激励创新，推动期刊实现跨越式发展的政策导向。

中国出版政府奖首次增设期刊奖，是对期刊作为出版界生力军角色的肯定，说明政府相关部门对期刊出版工作的高度重视，也是对期刊出版界强烈要求和迫切愿望的积极回应，对于推动我国期刊业的发展有重要的意义。随着报刊体制机制改革的深化发展，随着期刊业整体向好发展，中国出版政府奖期刊奖的激励和推动作用将日益凸显。

九、八种学术期刊收取版面费被停业整顿或警告

2月23日，新闻出版总署召开"加强学术期刊管理"专家座谈会，会上通报了对《中国包装科技博览》等8种期刊违规刊发学术论文问题的处理情况：依据相关规定，对严重违规的《中国包装科技博览》等6种期刊予以停业整顿、警告等行政处罚，对《管理观察》等2种期刊予以通报批评，同时责令立即纠正违规行为。

针对一些学术期刊忽视学术质量，靠收取版面费盈利以及"核心期刊"功能异化等问题，新闻出版总署通过监测和审读，发现一些期刊刊载论文数量过多，最多的每期刊发200多篇，由于缺乏必要的审核和把关，论文质量难以保证，特别是少数期刊超越办刊宗旨及业务范围，刊发的论文几乎涵盖所有学术领域。

究其原因，有专家认为，一方面，学术与人才机制的不尽完善造成了论文发表需求旺盛。为了完成在核心期刊发表论文，或者出版学术专著的"硬指标"，一些知识人士进行着"投入与产出"的精心计算，将"社会良心、道义、担当、责任"搁置一旁。论文买卖"产业化"的利益链条，牵动着计划

学术导致的庞大需求，更牵动着"象牙塔"内学术官员的职务晋升、教师的职称升级，以及由此带来的学术资源分配和待遇的改变。另一方面，读者面窄、发行量少，但又必不可少的学术期刊在生存上面临着资金不足的困境。一些缺乏社会责任和职业道德的期刊出版单位片面追求经济效益，忽视学术质量，以收取版面费牟利，刊载拼凑、剽窃学术文章的现象时有发生。

就学术期刊而言，其本身担负着传播学术，将本领域最新的研究成果进行发布，惠及整个学术共同体的重任，其属性具有公共性的色彩。也因此，很多学术刊物注定与大众无缘，仅只是少数学术圈内人士的"阳春白雪"。但无论是发表论文"刚性需求"的产生，还是学术刊物的生存现状，都不能成为学术期刊舍本逐利的借口。如何让刊物不再为区区的版面费自跌身价，在生存面前折腰，这显然是诞生优秀学术刊物的先决条件。

当下要改变学术期刊发展窘况则是牵一发而动全身的。将资质级别的评定标准从"决定学术因素的单向度"改变为"为学术自身发展服务"的良性互动是解决问题的关键。这其中又蕴含着各种综合因素，如学术期刊办刊人的职业操守和诚信、国家对于科研创新成果的奖励机制、国际优秀学术期刊的发展模式，以及打造精品学术期刊、科技类学术期刊编辑职业素质培养等，都是促进学术期刊健康发展的要素。

各学术期刊出版单位只有严格按照办刊宗旨和业务范围出版，完善编辑流程，加强编辑队伍建设，不断加强编辑质量、不断提高学术质量，同时积极转变经营管理模式，深化内部机制改革，积极适应学术期刊出版数字化、网络化、规模化的发展趋势，才能在编辑、经营、生产、发行等各个环节上提升水平，为报道前沿研究成果、服务创新型国家建设发挥积极作用。

十、视频网站扎堆上市

媒体上市历来为业界所关注，而今年我国主流视频网站空前活跃，年内扎堆上市，引来业界格外关注，成为今年业界一件重要事件。

继乐视网2010年8月登陆创业板、优酷去年12月在美国纽约证交所上市、酷6去年借壳登陆纳斯达克以来，今年5月以视频业务为主的凤凰新媒体登陆美国纽约证券市场，土豆网于今年8月17日在纳斯达克上市。有资料显示，包括PPStream、PPTV在内的国内主流视频网站，也都摇摇欲试，筹备上市。

　　国内提供网络视频服务的公司包括优酷、土豆、迅雷（微博）看看、奇艺、酷6、56网（微博）等垂直视频网站，有搜狐、新浪、腾讯等门户网站下设的综合视频网站，有PPTV、PPS等视频播放器客户端，此外还包括一些更为上游的网络版权分销商，如乐视（微博）网、优朋普乐、盛世骄阳、激动网等，其中乐视网和激动网均设有自己的视频网站。

　　优酷、土豆是国内最早一批上线的视频网站，初期定位于视频分享平台，类似于YouTube的UGC模式，用户可以主动上传、观看、并分享视频内容，网站收入模式为广告。随着在线视频广告规模和用户数量的爆发式增长，视频网站经过多年发展，业务日趋成熟，经营状况也得到大幅改善，加之用户认可度不断提高，使整个行业进入新的发展阶段，已从发展前期的单纯"烧钱"转向争夺市场份额。主要视频网站需要通过上市融资，为下一步的市场争夺战奠定资金支持。

　　资料显示，包括凤凰新媒体、优酷网、土豆网等在内的主流视频网站，目前的月访问量和覆盖用户数已双双突破1亿大关，并仍以稳定的增速向上攀升。这说明，一方面，视频网站已经进入比较稳定的发展阶段；另一方面，根据国内外互联网发展经验，在细分行业中，经过充分竞争，最终只会留下两到三家企业，最多也就5家左右。国内视频网站行业将很快进入争夺市场份额的阶段。如果主要的几家视频网站错过上市，很有可能因为资金问题，最终在竞争中被淘汰。

　　同时，有业内人士分析，尽管数据显示视频网站行业发展势头良好，几家已上市和进入上市进程的公司财报也显示，视频网站的财务状况正在得到改善。但近期中国概念股受各类负面影响，视频网站选择在这一时期上市，可能并非最佳选择。

　　易观国际报告预计，到2013年中国网络视频市场收入规模将达到69.9亿元，预计未来5年内，国内网络视频广告的市场规模将达到200亿元。可以预见，视频网站的赢利时间点将很快到来，今日的付出将在未来两到三年内给公司带来丰厚的回报。

2011 年中国传媒创新报告

文/中国新闻出版研究院传媒研究中心

2011 年，随着《国民经济和社会发展第十二个五年规划纲要》的正式出台，产业资本加速进入以传媒业为代表的文化产业，传媒业对其他产业的带动和辐射力量进一步增强，在整个国民经济中的地位进一步提升，作为新的经济增长点的战略地位愈加突出，迎来了更大更宽广的发展机遇。中共中央十七届六中全会通过的《中共中央关于深化文化体制改革　推动社会主义文化大发展大繁荣若干重大问题的决定》提出，要努力建设社会主义文化强国，推动文化产业成为国民经济支柱性产业，进一步深化改革开放，加快构建有利于文化繁荣发展的体制机制，为传媒业的改革和创新指明了方向。在这一背景下，传媒业在内容、管理、改革、经营和技术等方面都具有了新的特点，创造了新的业绩。

2011 年中国传媒创新业绩

（一）内容创新

2011 年中国传媒的内容创新亮点纷呈，传媒业不仅圆满完成了纪念建党 90 周年、辛亥革命 100 周年和西藏和平解放 60 周年等重大事件的宣传报道，而且在报道内容、报道形式、报道介质等方面也发生着明显的变化。

1. 庆祝建党 90 周年报道掀起红色高潮

2011 年，庆祝建党 90 周年新闻报道声势浩大、规模空前，专题专栏特色鲜明、精彩纷呈，网络互动空前活跃、反响热烈，是重大主题宣传的又一成功实践。例如，在"庆祝中国共产党成立 90 周年大会"直播报道中，央视 11 个频道同步并机播出大会盛况，包括 CNN、BBC、俄罗斯全俄广播公司、法国电视台、德国 ARD、韩国 SBS 等 92 个国家和地区的 332 家电视机构转播央视信号或通过央视国际视频发稿平台供稿。值得一提的是，在建党 90 周年网络报道中，商业网站首次与新闻网站一起站到了网上正面宣传的前沿，以一种文化自觉的态度积极参与中宣部和北京市互联网宣传管理办公室策划组织的一系列网上活动与宣传报道，与重点新闻网站一起唱响了网上建党 90 周年的思想文化主旋律。

2. "走转改"活动给新闻媒体带来清新务实之风

2011 年 8 月 9 日，中宣部等五部门召开视频会议，对新闻战线开展"走基层、转作风、改文风"活动进行部署。这项活动是新闻界贯彻落实胡锦涛总书记"七一"重要讲话精神的重大举措，是党的以人为本、执政为民的执政理念的重要体现，是坚持"三贴近"、保证新闻信息真实准确、增强新闻宣传吸引力和感染力的重要途径，是加强新闻队伍建设、树立和维护新闻工作者良好社会形象的基础性工程。活动一经开展便得到了各地各层级新闻媒体乃至整个宣传文化系统的热烈响应，很快形成了一股"下基层"、"接地气"的新闻采写风气，一大批来自基层、清新朴实、生动鲜活的报道受到社会各界好评。

3. 强调社会职责和媒体属性，强化主流价值观传播

2011 年 3 月，中央电视台提出对电视节目的考核"由重收视率为主，向重栏目综合评价体系转变"，并确定于下半年正式实行。新评价体系大大加重了对社会效果的考评，力求用主流价值观统领中国电视的评价标准。同时，各地电视台着手调整娱乐节目的比重和内容，增强新闻类节目播出量，各上星综合频道陆续推出思想道德建设类栏目。电视业以主流价值观统领内容评价标准，表明其更加重视自身权威媒体形象的重新塑造，更加强调其社会职责和媒体属性，这一举措对中国电视业的科学发展意义重大。

（二）改革创新

2011 年，中国传媒业改革以非时政类报刊转企改制和省级报业集团省内跨区域合作为突破点，取得了阶段性成果。

1. 非时政类报刊转企改制取得阶段性成果

2011 年 5 月，《中共中央、国务院办公厅关于深化非时政类报刊出版单位

体制改革的意见》出台，根据非时政类报刊的不同性质和功能，分期分批进行转制，到 2012 年 9 月底前全面完成转企改制任务。截至 2011 年 12 月底，已有 1600 多家非时政类报刊单位完成了转企工作。同时，中央 23 家相关部门以及湖南、湖北、重庆、上海、天津等 16 个省区市已经上报报刊改制方案，涉及首批转企改制地方报刊 942 个。

2. 都市类报纸整体转制迈出实质性步伐

2011 年 5 月 30 日，《辽沈晚报》整体转企改制暨辽宁北方报业传媒股份有限公司成立仪式举行。这标志着全国首家晚报都市类报纸先行完成了整体转企改制，也标志着都市类报纸在全国率先迈出了采编、经营整体转企改制方面的实质性步伐。

3. 省级报业集团省内跨区域合作有新进展

一是《梅州日报》加盟南方报业传媒集团，与《南方日报》在采编、广告、发行等领域进行全方位合作，南方报业与《梅州日报》将建立以资产为纽带的全面合作关系。二是安徽日报报业集团整体吸纳亳州报业集团。这一跨地区发展的举措，创造了省级党报整体并购市级党报的新路径、新模式。

（三）经营创新

2011 年，传统媒体和新媒体都在积极探索经营创新模式，不断挖掘自身优势，积极寻求与对方合作，在传媒经营上进行了新的开拓。

1. 媒体掀起上市潮

2011 年，不管是传统媒体还是新媒体，都掀起了一股上市潮。9 月 29 日，浙江日报报业集团成功登陆上海证交所；10 月 19 日，粤传媒重大资产重组获批。在新媒体方面，上海广播电视台旗下新媒体企业百视通，吸纳了广电制作、文广科技全部股份，于 1 月 11 日借壳"广电信息"，成功登陆国内 A 股资本市场，开创了主流广电新媒体企业上市先河。此外，视频网站在 2011 年也扎堆上市：5 月，以视频业务为主的凤凰新媒体登陆美国纽约证券市场；8 月 17 日，土豆网在纳斯达克上市；有资料显示，包括 PPStream、PPTV 在内的国内主流视频网站，也都跃跃欲试，筹备上市。

2. 商业门户与地方媒体进行跨地域嫁接

2011 年 8 月 18 日，由南方报业传媒集团与腾讯公司联手打造的腾讯·大粤网正式上线。8 月 26 日，由河南日报报业集团与腾讯公司联手打造的腾讯·大豫网正式上线。大粤网和大豫网是腾讯公司继 2006 年与重庆日报报业集团创办大渝网、2008年与湖北日报传媒集团创办大楚网之后，与地方报业集团的再度联姻。在这一联姻的背后，是商业门户与地方媒体的跨地域嫁接，是体制内报业资源与体制外新媒体资源的跨体制融合，对未来报业转型进行了积极的探索。

3. 互联网企业大规模投资、兼并、收购

2011年，仅腾讯网的大型投资就达十多项，4.5亿元投资影视娱乐公司华谊兄弟，8440万美元投资艺龙旅行网，5000万美元投资国内鞋类B2C网站好乐买，8.92亿港元获得金山软件15.68%股权。其他互联网巨头也都加速了并购的步伐：百度3.06亿美元战略投资旅游搜索引擎去哪儿网，人人网8000万美元全资收购视频分享网站56网。战略性的投资、收购、并购已成为互联网公司跑马圈地、扩大规模、超常规发展的一条捷径。

4. O2O（"offline and online"的简称）模式开始发力

所谓"O2O"模式，即线上和线下的有机结合，尤其是在新媒体领域应用极广，如miniSMART的微博营销等都是"O2O"模式的典型案例。在传统媒体未来的转型中，地方生活服务类资讯网站将成为方向，"O2O"模式也将成为主要运营手段。

（四）技术创新

2011年，在新技术革命的冲击下，全球传媒业的发展波涛汹涌。在互联网发明的第二十个年头，数字媒体不再仅仅是传媒形态的一个单独门类，全球传媒业作为一个整体被深深卷入新技术的变革进程。

1. 微博急速扩张，成为仅次于传统媒体的第二大舆情源头

2011年微博应用持续扩张，中国互联网络信息中心（CNNIC）统计数据显示：截至2011年12月底，我国微博用户数达到2.5亿，对比2010年底的6311万，增幅高达296%，成为年内用户增长最快的互联网应用模式。另据第十一届中国网络媒体论坛消息，目前，我国微博客用户已经超过3亿。

随着规模的急速扩张，微博也日益成为网民舆论监督的首选阵地。据中国传媒大学网络舆情（口碑）研究所（IRI）监测数据统计显示，在2011年上半年选取的舆情指数前80名事件中，共有15个事件由微博首发。微博也已经成为仅次于传统新闻媒体报道的第二大舆情源头。

2. 移动互联网发展势头迅猛

2011年我国手机上网用户突破3亿，占互联网用户比重66.2%，互联网

服务商的重心正在全面向移动互联网转移。三大电信运营商在网络等基础设施之外，也在多个层面推动移动互联网应用建设。比如，目前三大运营商都推出了应用商城，为用户提供丰富的 3G 应用。在电子商务应用层面，三家公司都在移动支付产业积极布局。此外，传统互联网企业也开始全线布局移动互联网，腾讯、百度、淘宝等公司都积极推出移动互联网的相关产品。

3. 传媒业开启云时代

2011 年，中国的计算产业获得了迅猛发展，在政策和投资的双向拉动下，云计算产业园、云计算数据中心遍地开花。2011 年 9 月，为进一步落实 2010 年下半年首批"国家云计算服务创新试点城市"和北京"祥云工程"计划，亦庄中国云产业园项目正式启动。有机构预计，到 2012 年，中国云计算市场规模将达 606.78 亿元。"十二五"期间，我国云计算产业链规模可达 7500 亿至 1 万亿元人民币。目前，阿里巴巴、腾讯、盛大、百度等国内互联网企业也纷纷试水云计算服务项目，但总体仍处在基础架构平台建设的层面上，缺少实际应用和盈利模式。同时，云计算的发展也面临安全隐患、缺乏统一标准、服务质量不够完善和管理模式仍需变化等四大挑战。

4. 开放平台发展预示互联网从信息网络向应用网络转变

开放平台在 2010 年起步，2011 年有了实质性的推进和应用。百度实现个性化搜索页面和应用定制，腾讯 QQ + 直接加载到用户桌面，新浪微博打通微博与即时通信，此外还有淘宝开放平台、360 开放平台、人人网开放平台等。一时间，开放平台成为各大综合性网站趋之若鹜的新应用。从互联网的发展进程看，数据和用户分别是 web1.0 和 web2.0 时代的核心。如果说 web1.0 时代用户以浏览网页、获取资讯为主，网站以提供大众化内容为方向，那么 web2.0 时代，用户的个性化和多样化需求则成为重点，网站必须提供出满足用户从浏览到搜索、从新闻到娱乐、从参与到互动的各种产品和服务。很显然，开放平台能够实现网站的目标，最终在互联网平台上实现"数据 + 用户"及"内容 + 渠道"的整合。

（五）管理创新

2011 年，我国传媒业管理部门切实履行宏观调控、行业管理、市场监管、公共服务等职能，积极改革和创新管理方式。

1. 法制化建设迈出新步伐

2011 年 3 月 19 日，国务院公布了新修订的《出版管理条例》和《音像制品管理条例》。随着国务院对《出版管理条例》和《音像制品管理条例》两部行政法规的重新修订，以其为制定依据的《出版物市场管理规定》、《订户订购进口出版物管理办法》和《音像制品进口管理办法》也进行了相应的修改。当前，以宪法为指导、以3部行政法规为核心、以5部部门规章为支撑、以251件规范性文件为配套的新闻出版法律体系基本建立，为新闻出版业改革发展提供了有力的制度保证。

2. 行业管理更加规范

（1）新闻出版总署加强对报刊记者站的治理，严打假新闻

从2011年4月开始，新闻出版总署集中开展记者站专项治理"百日行动"。10月，又从5个方面采取17项措施，进一步加强对报刊分支机构及记者站的监督管理，同时制定了《关于严防虚假新闻报道的若干规定》，这些措施和规定的出台，从源头上坚决纠正和制止了利用新闻采访活动谋取不正当利益的行为，严肃查处了记者站及其工作人员的违规行为，维护了基层和群众的根本利益，切实加强了新闻记者的职业道德建设。

（2）广电总局接连出台措施管理荧屏

针对部分电视上星综合频道出现过度娱乐化和低俗倾向，广电总局于2011年10月出台了《关于进一步加强电视上星综合频道节目管理的意见》，以上星综合频道为重点，加强电视剧和娱乐类节目播出的宏观调控与管理，明确电视上星综合频道的定位和功能，切实提高新闻节目的播出比例，适应人民群众多层次、多方面、高品位的精神文化需求。11月，广电总局以总局令的形式印发《〈广播电视广告播出管理办法〉的补充规定》，明确要求，自2012年1月1日起，播出电视剧时，不得在每集（以45分钟计）中间以任何形式插播广告。

3. 市场监管不断加强

（1）全国"扫黄打非"办公室、新闻出版总署组织开展打击非法报刊专项行动

2011年11月上旬，全国"扫黄打非"办公室、新闻出版总署联合发出通知，要求从11月10日起至12月底在全国组织开展打击非法报刊专项行动，严厉打击非法报刊、非法报刊机构、假记者、假新闻。

（2）八种学术期刊违规刊发学术论文被停业整顿或警告

2011年2月23日，新闻出版总署召开"加强学术期刊管理"专家座谈

会，会上通报了对《中国包装科技博览》等 8 种期刊违规刊发学术论文问题的处理情况：对严重违规的《中国包装科技博览》等 6 种期刊予以停业整顿、警告等行政处罚，对《管理观察》等 2 种期刊予以通报批评，同时责令立即纠正违规行为。

（3）十二部委联合印发《2011 年虚假违法广告专项整治工作实施意见》

2011 年 2 月 26 日，国家工商总局、中宣部、国务院新闻办公室、公安部、监察部、新闻出版总署等十二部委联合印发《2011 年虚假违法广告专项整治工作实施意见》，旨在持续深入推进虚假违法广告专项整治工作，进一步加大整顿规范广告市场的力度，努力营造文明诚信的广告市场环境。

4. 网络的监督管理得到加强

互联网早已成为向公众提供文化产品和服务的重要平台，但是网络文化成果良莠不齐，有精华也有糟粕，亟须政策规范和引导。2011 年，《互联网文化管理暂行规定》、《关于加强互联网传播新闻类视听节目管理的通知》、《互联网视听节目服务管理规定》、《互联网视听节目服务业务分类目录（试行）》等一系列规定相继出台。5 月，国务院新成立了互联网信息办公室，并明确了其对互联网管理的主要职责。12 月，北京、广州、深圳、上海等地先后出台规定，微博个人用户注册需要使用真实身份，意味着微博实名制大幕终于拉开，微博的发展将走上法制化的轨道。

2011 年中国传媒业存在的问题

（一）微博的出现加速信息传播的碎片化，内容监管日益成为重点和难点

2011 年微博成为舆论漩涡的中心，从温州动车事故到郭美美事件，微博都当仁不让地成为舆论主角，微博是迄今为止最具革命意义的个人媒体，它极大释放了人们的社会表达，使信息传播的碎片化达到前所未有的高度，但是"碎片化"也往往成为假新闻和谣言滋生的温床，因而对传媒监管提出了严峻挑战。传媒人特别是传统媒体的"把关人"价值和定位将得到全新的历史阐释和体现，这也需要整个传媒业适应历史发展做出相应的转变。

（二）传媒产业的体制改革不断深化，市场化转型压力加大

随着传媒产业的体制改革不断深化，原先制约传媒产业发展的重意识形态属性轻产业属性、条块分割、区域化分割、行业分割，以及资产属性不清晰等

深层次的体制问题将得到逐步解决，随之而来的是整个国家和社会对传媒产业市场化运营水平的要求将越来越高。但是由于目前我国传媒产业仍然存在着诸多问题尚未解决，因此在文化体制改革不断深化之后，传媒单位将会面临前所未有的市场化转型的压力。

（三）中资概念股海外遇冷，新兴传媒亟须改变资本依赖型发展模式

2011年随着欧债危机等金融危机的衍生危机不断爆发，中国互联网行业也是寒气袭人，曾经轰轰烈烈的团购大潮开始退去，5000多家团购网站正经历一波生存危机。电子商务网站的日子也不好过，统计数据显示，深圳市30%的电子商务企业注册当年就会死亡，30%的企业在注册三年内死亡，只有不到四成的企业能够成活下来。更让人惊异的是赴美上市的骤然反差。上半年扎堆排队，盛况空前，下半年寥寥无几，大跌不止。2011年6月以来，继迅雷和盛大文学双双宣布推迟上市后，已有20多家中国互联网企业推迟或者取消近期赴美上市的计划。这说明国际投资者对于中国互联网的投资热情不再，互联网继续依靠资本输血来实现创新和运营的模式将难以为继。

（四）宏观经济的不明朗，传播技术的突飞猛进正在颠覆传媒业的传统格局，传媒业结构转型面临更大压力

全球经济在金融危机的影响下陷入低迷状态，传媒产业的投资融资也因此严重受挫。动荡的国内外股市使20多家上市的新媒体公司的股价下跌，损失严重。2011年前三季度，虽然报纸、杂志广告相比2010年同期涨幅均为15%，但涨势已经趋缓，而新媒体包括百度、淘宝等的广告营业收增长率则在30%以上。这表明，随着技术的突飞猛进，传统媒体增长乏力已成定局，以互联网和手机媒体为代表的新媒体正在不断蚕食着传统媒体的领地，改变着传媒业的格局。未来传统媒体如何应对挑战，寻找新的增长点，实现结构性转型越来越成为关乎传统媒体生死存亡的关键。

未来传媒业创新的特点和趋势

（一）探索新形势下传媒管理是管理部门面临的重要问题

当前，社会意识多样化和思想文化领域的空前活跃，全球思想文化交流更趋频繁，舆论环境日趋多元，尤其是随着互联网的快速发展，国内外舆论互联、互通、互动特点更加明显，对新闻报刊管理提出严峻挑战。如何针对网络

时代的新问题,加强对传媒的管理,提高舆论控制力,形成积极健康的舆论环境,是2012年传媒管理面临的重要内容。十七届六中全会《决定》明确提出,"发展现代传播体系","建设国家新媒体集成播控平台","加强对社交网络和即时通信工具等的引导和管理,规范网上信息传播秩序,培育文明理性的网络环境",为加强和改进传媒管理指明了方向。

(二) 积极稳妥地推进非时政类报刊出版单位体制改革

全国非时政类报刊出版单位将在2012年9月底前全面完成转制任务,因此,2012年报刊改革的首要任务仍然是要按时、稳妥、高质量地完成非时政类报刊出版单位转企改制任务,培育中国特色社会主义现代报刊出版企业。同时要研究起草报刊编辑部分类改革实施意见,对大量分散弱小的编辑部分类整合兼并、联合重组后转企改制;研究制定学术期刊改革办法,积极探索健全学术质量管理体系与建设集约化运营平台相结合的集团化发展模式;积极推进党报党刊集团进一步完善体制机制,培育文化领域的舆论引导者和战略投资者。

(三) 微博和传统媒体之间的良性互动加强,传统媒体公信力价值凸显

面对海量的信息、新闻、资讯,受众找到有价值信息的难度在增大,接近事实真相和对事件、信息解读的要求在增加。如"7·23"甬温线特大铁路交通事故发生后的传播过程给我们的启示是,虽然传播最快的是微博,但人们通过大量微博信息得知事件后,更加关心的是详细、全面的情况以及事故的直接原因、深层原因、处理过程和深度分析。在此次事故的报道中,很多报纸连续报道、深度解读,并在报道中采用微博信息,分析微博传播。这些报道被网络大量转载,形成了巨大的二次传播力。可见微博与报纸形成了很好的互补关系,通常受众通过微博快速浏览到一些新闻信息,然后通过报纸进行深入阅读,在某种意义上,微博又扮演着报纸导读的角色。这是一种新的价值回归和价值提升,而在新传播环境下,报纸传播价值的回归和提升是广告持续增长的保证。

(四) 移动互联网的发展将带给传媒业新的发展格局

随着新技术尤其是3G技术的商用化,新媒介不断涌现,信息业和传媒业的融合速度将大大加快。如今,互联网业务及信息也正逐步从以个人电脑为中心向以手机等移动终端为中心转变。与此相伴随的是互联网业务的发展重心、用户消费方式和业务组织模式的重要变化。更广阔的意义在于,移动互联网改变了人们生活、学习及工作的方式。制作和发布内容的成本变得日益低廉,差

异化程度高的 UGC 内容将成为移动终端的主流。此外，移动互联网的发展将大大加快整个社会、特别是边远乡村的信息化进程。因此，移动互联网将在传播渠道、传播手段和运营模式等方面为中国传媒业带来革命性的新变化，促使传媒业格局发生颠覆性的转变。

（五）传统媒体的经营模式正在发生根本性改变

从国际国内传媒产业发展趋势来看，传统媒体的传统经营模式已经难以为继。这就要求传媒单位审时度势，从调整产品结构入手逐步进入到调整产业结构，在传媒发展主方向不变的前提下，延伸到与传媒相关的大文化产业、创意产业上，从目前通过服务实现价值转移的单一广告产业结构升级为实现价值转移和直接创造新价值的双重产业结构。

（六）传媒融合的趋势更加明显，传媒业之间、传媒与其他行业之间的合作进一步加强

随着网络技术的发展和传媒融合的趋势不断深化，传统媒体单一介质的经营价值正显示出递减态势，改变现有的以单一媒介为中心的布局，借助新技术、新介质、新渠道，向内容产业转变，向全媒体整合运营转变，是传统媒体转型的必然趋势。同时，由于当前的经济危机不仅使媒体间的竞争变得更加激烈，减弱了单一的传媒企业抵御风险的能力。因此，媒体间应积极利用这个契机进行并购与重组，加强媒体间的相互合作。此外，随着传媒市场化改革进程的加快，随着国家鼓励文化产业发展的各项政策的相继出台，传媒业在经营核心业务外，还可以尝试涉足音乐、音像、动漫、游戏、电影、通信和体育等其他领域，对文化创意产品进行开发，从而提高传媒业的综合竞争力。

（本文节选自《2010 中国传媒创新报告》，课题组组长：郝振省，成员：魏玉山、李晓晔、查国伟、黄逸秋、杨春兰）

… 机遇与挑战 STRESSES THE MEDIA AT ZHEJIANG UNIVERSITY OF MEDIA AND COMMUNICATIONS ——在浙江传媒学院讲传媒

难中求进　坚韧攻关
——非时政类报刊转企改制阶段性成果综述

文/杨春兰　黄逸秋

　　我国的新闻出版体制改革按照"由易到难、加快推进"的原则,从印刷复制领域到发行、出版领域,都全面展开并顺利实施。继 2010 年年底图书出版单位体制改革全面完成后,新闻出版体制改革进入了攻克非时政类报刊出版单位体制改革这一堡垒的关键时刻,这是一场比图书出版单位体制改革涉及面更广、影响更大更强的改革。深入推进非时政类报刊出版单位体制改革,是落实中央部署、深入推进文化体制改革、转变报刊业发展方式的重要任务,是增强我国报刊传播力和舆论引导力、加快文化发展的迫切要求。

　　本文通过总结和梳理已经转企改制的单位取得的成绩和存在的问题,来寻找转企改制的经验和对策,以期能为正在进行中的报刊转企改制工作提供些许的借鉴。

非时政类报刊改革扎实推进

　　2006 年 7 月,新闻出版总署出台《关于深化出版发行体制改革工作实施方案》,强调要采取有效措施,力争通过几年的努力,支持和推动中央和国家机关所属在京的一般出版单位和文化、艺术、生活、科普类报刊社逐步转企改制。2008 年 4 月,全国文化体制改革工作会议在北京举行,会议提出了新闻出版业体制改革"三年三步走"的战略部署。第一步,改革国有企事业主管主办的报刊社;第二步,改革协会、学会、社团办的报刊社;第三步,改革党政机关主管主办的报刊社。2010年1月,新闻出版总署党组会议讨论通过了《报纸期刊质量综合评估办法(试行)》,为报刊实行退出机制提供基础。

2011年5月,《中共中央、国务院办公厅关于深化非时政类报刊出版单位体制改革的意见》出台,根据非时政类报刊的不同性质和功能,分期分批进行转制。省级、副省级和省会城市党委机关报刊所属的非时政类报刊出版单位,文化、艺术、生活、科普等非时政类报刊出版单位,专业技术性较强的行业性报刊出版单位,隶属于法人企业的报刊出版单位,要先行转制。鼓励和支持其他非时政类报刊出版单位申请先行转制。晚报、都市类和财经类报刊不同于一般非时政类报刊,承担着重要的舆论引导职责,按照有利于做大做强主流媒体的要求,中央各部门各单位所属的都市类和财经类报刊,省级和副省级及省会城市党报党刊所属的晚报、都市类和财经类报刊等出版单位,经批准可进行转制。2011年7月21日,新闻出版总署署长柳斌杰在全国新闻出版局长座谈会上表示,新闻出版体制改革已进入深水区,推进非时政类报刊出版单位体制改革,是2011年新闻出版体制改革的核心工作,并明确提出在2012年9月底前全面完成转企改制任务。为保证转制工作顺利进行,2011年8月,非时政类报刊出版单位体制改革工作联席会议办公室制定出台了《中央各部门各单位非时政类报刊出版单位转制工作基本规程》,供中央各部门各单位非时政类报刊出版单位转制工作参考。

几年来,报刊出版单位分类改革稳步实施,非时政类报刊转制积极推进,截至今年3月,除新疆、西藏以外,全国29个省市区已有512家非时政类报刊出版单位转企改制,加上中央部门和单位已转制的和创刊时就登记为企业法人的,全国共有1300余家企业性质的非时政类报刊法人实体。在转企改制过程中,涌现出了卓众出版、中国文化传媒集团有限公司、中科期刊、中国电力传媒集团公司(筹)、南航传媒等一批转企改制的标杆单位,并取得了阶段性的成果。与此同时,伴随着转制时间表和路线图的确定,以及转制规程的出台,不少省份也都在积极规划本省的转企改制工作。目前,湖北省共有68种非时政类报刊转企改制,包括17种报纸、51种期刊;山东省非时政类报刊出版单位转企改制已提上日程,预计年底前将完成重点非时政类报刊出版单位转企改制,加快培育大型综合性或专业性报刊传媒集团;山西、陕西、湖南等省份也纷纷出台了非时政类报刊转企改制的时间表和路线图。

改革在重点领域关键环节取得突破

实现了产权明晰下的所有权与经营权分离。公司治理结构的相互制衡，其实质是产权主体之间的相互制衡。因此，报刊业要深化产权制度的改革，就要做到产权清晰、授权清楚，实现国有资产的所有权和经营权分离，让国有资产的出资人到位，经营者权责明确，以保证国有资产的保值增值。

在明晰产权的前提下，所有权和经营权分离的现代企业管理模式无疑是一种最好的制度安排。作为一种特殊的国有资产，报刊业也要进行这种管理方式的改革。目前，对于已经转企改制的报刊出版单位来说，关于其出资人身份的确立，各个单位情况不一。有的是社会团体代行出资人权利，如《妈咪宝贝》的出资人是北京市妇联，《家庭》的出资人是广东省妇联；有的是科研院所代行出资人权利，如中国农业机械化科学研究院代表国资委对卓众出版行使国有资产出资人的权利，是其唯一的出资人；有的是财政部代行出资人权利，如《中国文化报》转制为中国文化传媒集团有限公司后，集团由国务院作为出资人，财政部对其经营性国有资产进行监管；有的是大型央企代行出资人权利，如南航集团代表国资委行使国有资产出资人的权利，并对其处于绝对控股地位，从而实际控制着南航传媒；有的是行业监管机构在代行出资人权利，如中国电力报社转制后，电监会作为其出资人代行其出资人权利。关于经营权，在市场经济条件下，经营国有资产必须取得经营权，按照《国有资产管理条例》规定，经营权要由政府国有资产管理机构授予，该机构由政府专门设立，和公共管理职能分开，受政府委托，集中统一行使国家所有权。对报刊社而言，经营权落实的主要方式是在报刊社拥有全部资产的基础上，组建国有独资公司，由报刊社向政府部门申请报刊业资产的授权管理。

通过这种分离，既保持了原国有资产的最终国家所有，同时又使报刊社由过去的行政事业单位真正变成了"自主经营、自负盈亏、自我约束、自我发展"的法人实体和市场主体，实现了国有制和市场经济的有效结合。

初步建立了党委领导和法人治理结构相结合的领导体制。事业和企业并不是报刊是否偏离方向的根本原因，关键看这个报刊是谁出资，谁主办，谁控股，谁委派干部，谁监管。如何既保证"四个不能变"——党和人民喉舌的性质不能变、党管媒体不能变、党管干部不能变、正确舆论导向不能变，又能确保报刊业的持续繁荣，根本的问题是实现党对报刊业的绝对领导，同时不过分干预其作为企业正常的经营活动。所以，报刊社转企改制就不能只是一种党委集体领导和决策的体制，还要按照《公司法》的要求建立较为完善的法人治理结构，即由股东会、董事会和经理层构成的分级领导和决策机制，以及以监事会为主的监督机制，实现所有权、经营权和监督权的分离，以保障战略和策略的执行。

如何建立党委领导和法人治理结构相结合的领导体制，一些报刊出版单位进行了有益的探索。如中国电力报社牢牢把握正确的舆论导向和产业发展方向，坚持服务于电力行业改革发展大局的同时，2007年9月，经电监会批准，成立了中电传媒股份有限公司，组建了股东会、董事会、监事会，完善了法人治理结构，实现了报社公司化经营的顺利转变。卓众出版整体转制之后，初步建立了符合现代企业发展要求的法人治理结构，股东会、董事会、监事会和经理层各司其职，党委会、职代会也在重要干部任免、重要事项决策等方面发挥着关键作用。中国文化报社转制为中国文化传媒集团有限公司后，仍然坚持党委是最高权力机构，董事会是国有资产的责任主体。董事会由党委任命，按照党委意图，制定发展规划、确定投资方向，依法履行出资人职责，遵循市场经济规律和传媒产业规律，通过资本运营和监管，担负起国有文化资产保值增值的责任。

这种新型的领导体制带来了领导原则、方式的变化。在领导原则上，既强调"四个不变"，又强调管人、管事与管资产相结合的原则；既强调牢牢把握重要干部的任免权、重大事项的决策权、资产的配置权以及内容的终审权，又强调"党管干部"与《公司法》相衔接的原则；既强调独立责任原则，又强调有统有分的协同原则等。在领导方式上，既坚持党委的集中统一领导，又充分发挥董事会和经营者的作用，变机关行政方式的领导为以产权为纽带的管理。而最根本的是在保证舆论导向的前提下，通过适当的放权，激活了报刊社的经营积极性。

促进了报刊资源整合和报刊生产集约化、规模化水平的提升。国际文化产业发展经验表明，集约化、规模化发展是包括报刊业在内的文化产业的发展方向。通过兼并、重组、联合等方式，走集约化、规模化之路，是"大市场、大流通"以及社会化大生产的必然要求，有利于综合开发利用文化资源，发挥文化企业的规模经济效益和增强竞争实力。但受计划经济体制影响，我国报刊出版资源行政配置、条块分割的现象较为突出，形成了"小、散、滥"等结构性问题，发展的集约化、规模化水平较低。此次非时政类报刊改革的一大特点就是要与整合资源、优化结构结合起来。国家鼓励和推动以党报党刊所属的非时政类报刊及实力雄厚的行业性报刊出版单位为龙头，对本区域本行业的报刊出版资源进行整合，培育形成一批大型综合性或专业性报刊出版传媒集团公司；引导和鼓励非时政类报刊出版企业加入大型报刊出版传媒集团公司。

这个过程实际上就是在整个报刊行业内进行资源的优化配置和合理流动，以确保这些资源能够发挥出最大的效用。如卓众出版，通过转制获得了全部报刊的主办权和出版权，同时也是跨部委、跨行业地整合了出版资源，将所办报刊从原来的多个主管与十几个主办单位集中到转制后的一个主管和主办，产权进一步集中和明晰，为规模化发展奠定了基础。2010年，卓众出版的产值已达1.5个亿，产值及利润的同比增长率达到30%上下。此外，英大传媒成立三年来，中国电力出版社、《国家电网报》、《国家电网》杂志、《能源评论》、《亮报》等媒体已初步在特定行业显现出自身的品牌效应。2008年图书出版品种3037种，同比增长21.3%；生产码洋4.73亿元，同比增长31%，实现销售收入2.2亿元。

促进了产业结构调整和转型升级。我国报刊业转型表现出"双转型"的特征，即体制转型和产业转型相互交织、相互促进。因此，推动非时政类报刊转型升级，必须把握这一特征，抓住关键环节，实现重点突破，带动产业升级。具体包括两个层面。

一是对报刊产品结构的重新布局和优化调整。在对传统报刊进行创新的同时，充分利用数字、网络等高新技术和现代生产方式为报刊业发展提供的各种可能性，改造传统的生产和传播模式，加快从主要依赖传统报刊向多种介质出版产品共存的现代报刊产业转变，积极发展数字报刊、手机报、手持阅读终端等以数字化内容、数字化生产和数字化传输为主要特征的战略性新兴业态。将这些新兴业态与传统报刊整合起来，以提高自身的整体传播力和市场竞争力。如英大传媒集团目前所涉及的媒体业务已经形成了与电力系统密切相关的七大板块——报纸板块、图书板块、期刊板块、影视板块、国家电网电视频道、数字媒体板块、品牌策划与广告板块。

二是改变单一媒体经营模式，拓展多元产业，实现从报刊经营向经营报刊转变，实现从报刊集团到传媒集团再到文化产业集团的转变。如中国电力报社提出了以"传媒、文化、实业"三大业务为支柱的集团多元化发展的经营战略,目前已经成立了16家独资或控股公司,业务涉及电视广告、文化演艺、酒店管理、商贸、煤炭经销、文化地产、能源投资等多个领域。英大传媒集团对旗下数字媒体产品序列的进一步发展,有以下构想:一是发展以团购/直销为代表的电子商务;二是建设国家电网公司音像档案资料库;三是借助智能电网等全新的媒介渠道,开展多样化增值服务;四是加强对外合作。

破解改革难题的思考

虽然当前文化体制改革的总体思路已经确立,转制规程已经出台,但是改革中还有诸多难点和问题,这些问题如不能得到妥善解决,将极大地阻碍转制工作的顺利进行。

资产属性不明晰。目前,文化资产的属性尚未确定和明晰,有专家学者说是"党产",也有专家学者说是"特殊的国有资产",哪一种说法都能找到一定的依据。例如新华传媒的实际控制人是上海市委宣传部,从这个角度上来看,似乎是"党产",而有些报刊的资产归相关财政部门或国资委管理,则又可以被看成"国有资产"。资产属性的不明晰、不确定,不仅给文化资产的监督管理带来很多困难,而且也给文化企业的顺利运作带来不利影响。

出资人缺位以及与主管、主办单位关系如何处理的问题。目前,报刊业同时受到多个部门的管理,这种多头管理暴露了"出资人缺位"的尴尬,出资人缺位必将导致无人对文化资产的保值增值真正负责,更谈不上文化企业的健康科学发展。转企改制的一个重要环节就是要解决出资人的问题,然而,在中国现行的新闻出版管理体制下,主管主办制度又是一个无法逾越的门槛。那么,如何将出资人制度与主管主办制度有效结合,如何划分两者之间的责权利关系,就成为转企改制过程中一个迫切需要探讨与解决的问题。

员工身份转换和资金来源问题。转企改制的重要一环是员工身份由事业编制变成企业编制,这是关系到员工切身利益的大问题。因为转企之后,意味着行政编制、级别全没了,尤其是退休以后拿的是社保,不少员工担心利益受到损害,从而对改制抱有怀疑态度。实际上,在报刊转企改制过程中,保证员工利益的根本在于解决钱从哪里来的问题,资金来源问题成为不少出版单位转企改制的绊脚石。

缺乏相应的改制配套政策。相关政策不配套依然是目前报刊出版单位转企改制实施难度大的主要障碍之一。笔者曾参与调研的北京卓众出版有限公司、中国电力传媒股份有限公司等不少单位都在为刊号发愁。卓众出版有限公司董事长刘泽林坦言，转企改制以来，行政管理部门在刊号资源方面给予了一定的倾斜，但同时也希望转企改制的报刊出版单位能够获得更多的政策支持。四川党建期刊集团也是因为土地、税收等政策不配套，使得改制工作困难重重。

　　对于改革中存在的种种难点和问题，需积极采取各种对策和措施予以解决。笔者对此也提出一些思考和建议。

　　解放思想、转变观念。解放思想、转变观念是改革的前提，哪里的思想解放，哪里就有改革的新思路、发展的新成效。卓众出版如果死死抱着农机杂志不放，不敢去想跨行业办刊的话，就不会有现在的16刊1报。《中国文化报》更是抱着"早改革，早受益"的思想，及早实现了组建中国文化传媒集团有限公司的华丽转身。

　　解决好"人"的问题。解放思想绝不能空对空，绝不能伤了老编辑、老记者的心，必须把解决思想问题和解决实际问题相结合，把职工的利益放在心上。中国文化报社在改制中，依靠企业本身的年金制来解决职工的养老问题，转企改制后5年过渡期内，退休人员的养老问题仍然执行之前事业单位的标准。过渡期结束后，如果国家出台的新政策未将事业和企业之间的差距拉平，报社将依靠企业本身的年金制给退休人员补足事企之间的剪刀差。

　　认真研究政策，寻求适合自身的发展方式。转企改制工作具有很强的政策性，只有认真研读相关的政策，找到契合自身发展的方式，才能制定科学的转制方案。如卓众出版，根据'21号文'将自己定性为经营性文化企业，另外他们还根据自身特点选择了将主办权与出版权集中于一体的整体转制方案，使转制后的卓众出版真正具有了经营自主权。

　　完善出版单位内部制度建设。《中央各部门各单位非时政类报刊出版单位转制工作基本规程》中明确指出，"报刊出版单位转制后，要按照《公司法》的要求，尽快建立健全现代企业制度和法人治理结构。"妈咪宝贝杂志社社长刘今秀说，事业单位转成企业后，不仅是法人身份的转变，更重要的是企业管理理念和公司运营方面的企业化。

　　倾斜出版资源，给予更多配套政策支持。非时政类报刊作为率先转制的出版单位，虽然释放了体制活力，但将面临着残酷的市场竞争和优胜劣汰，如果在出版资源方面还是管制过多，他们就失去了持续发展的基本条件。因此，在把他们推向市场的同时，管理部门还应该在出版资源方面进行大力的支持和倾斜，包括刊号资源、综合出版权等资源，使出版单位能够在产品创新、跨领域出版方面有所作为，为转制后报刊的做大做强提供有力保障。

作者单位系中国新闻出版研究院

机遇与挑战
STRESSES
THE MEDIA
AT ZHEJIANG UNIVERSITY OF MEDIA AND COMMUNICATIONS
——在浙江传媒学院讲传媒

盘点 2011 中国电视

文/王文杰

回顾 2011 年，整体来看，电视行业依然在上升通道，虽然受到了视频网站和其他媒体的冲击，但是广告和经营都在稳步增长。从政策面来看，对于电视的管理力度在加大，宏观调控逐渐从紧；政策传达给电视台和社会的信息是，电视作为大众媒体，在发挥娱乐功能的同时，也要发挥教育功能，在获取经济利益的同时，也要关注到社会效益。从技术面来看，无论是中央电视台纪录片频道的开播，还是选秀节目的没落，亦或是"穿越的后宫"，都是电视台内容经营的变化。宏观社会环境的变化会直接影响到电视行业，例如受众生活方式的不断变化、受众时间的不断稀释和碎片化，在这样的环境中，新媒体是具有先天优势的，而电视在碎片化时间的利用上处于劣势地位，观众流失明显。新的一年，电视行业将会发生怎样的变化？电视台的运营策略会作出怎样的调整？电视如何更好地与新媒体融合以弥补自身短板来吸引观众？这些问题都在考验着电视人的智慧。

亮 点

政策：强调规范。"限"成为 2011 年国家宏观调控的常用词汇。2011 年 10 月 11 日，广电总局下发了《关于进一步加强广播电视广告播出管理的通知》，强调要规范影视剧和新闻节目中间插播广告的行为，禁止在片头之后、剧情开始之前，以及剧情结束之后、片尾之前，插播任何广告；此外，还规定新闻节目主持人也不能为商业广告做代言。11 月 28 日，又下发《〈广播电视广告播出管理办法〉的补充规定》，决定自 2012 年 1 月 1 日起，全国各电视台播出电视剧时，每集电视剧中间不得再以任何形式插播广告。这让电视台叫苦不迭的同时，又让视频网站欢欣鼓舞，相当多意见认为电视广告会因为该项政策而流向视频网站。但是笔者认为，即使没有出台该项政策，电视广告依然会向视频网站转移，该项政策只是加速了这种转移而已。

一直以来，电视广告被相当多观众诟病，甚至有"广告时间插播电视剧"这样调侃的说法，而且电视广告过度泛滥的现象的确影响了观众收看电视的热情。作为行业管理部门，广电总局限制广告的过度泛滥，规范电视节目的播放，会让电视重新回到本该有的面目。电视作为大众传播媒介，在实现其经济效益的同时，社会效益也是需要保证的。

2011 年 10 月 25 日，广电总局下发了《关于进一步加强电视上星综合频道节目管理的意见》，提出从 2012 年 1 月 1 日起，34 个电视上星综合频道要提高新闻类节目播出量，同时对部分类型节目播出实施调控，以防止过度娱乐化和低俗倾向，满足广大观众多样化多层次高品位的收视需求。该《意见》当然会对现有的电视娱乐节目有规范的作用，对过度娱乐的节目可以形成一定的限制，但是目前我国电视行业的节目创新本就不足，如果娱乐节目的政策壁垒过高，也可能会从某种程度上对娱乐节目的创新有所束缚。

纪录频道：新希望。中央电视台在 2010 年末高调推出了纪录片频道，于 2011 年 1 月 1 日正式开播。纪录频道侧重于自然探索、历史人文、社会记录和文献档案四大类，淡化栏目概念，强化大时段编排。频道运行采取制播分离的方式。广告运营主推公益广告。

中央电视台纪录片频道出台的政策背景是，2010 年 10 月国家广电总局出台了《关于推动纪录片产业发展的若干意见》，其中明确表示，国产纪录片是形象展示中国发展进步的重要文化传播载体，并且硬性规定——"各级电视播出机构每天播出国产纪录片与引进纪录片比例不得低于 7：3"。政策面的推动催生了中央电视台纪录频道。

中央电视台纪录频道推出的市场背景是节目创新停滞不前，尤其是娱乐节目在电视市场中逐渐丧失原有份额。在江苏卫视、湖南卫视、浙江卫视等实力较强的几大卫视纷纷在娱乐节目市场中取得不俗的成绩时，央视的娱乐节目只有《星光大道》收视情况不错。因此，中央电视台纪录频道成为其内容产品布局新的增长点和新的希望。

广告：步步高。央视每年 11 月的黄金资源广告招标活动是中国电视广告的盛典，也是电视广告的风向标。从 1993 年孔府宴酒以 0.31 亿元获得"标王"开始，中央电视台每年的广告额都在稳步增长。2012 年中央电视台黄金资源广告招标预售总额达到 142.5757 亿元，比 2011 年增长了近 16 亿元，增长率为 12.54%，创 18 年来新高。江苏卫视的广告招标中，仅《非诚勿扰》栏目就揽到大约 18 亿元的广告收入。从电视整体行业来看，根据 CTR 的数据，2011 年中国电视行业广告收入增长约 13.7%。

从电视广告的纵向数据来看，虽然电视广告受到了互联网的冲击和蚕食，但是每年仍然保持着两位数的增长率，并且仍然是最大的广告细分市场。这一方面受益于中国经济的整体发展，另一方面和电视的行政垄断有关。从各级电视台的横向对比来看，电视广告的收入呈现出强者欲强的特点，电视广告行业的集中度越来越高，向强势频道集中的特点越来越明显，譬如《非诚勿扰》一个栏目的广告收入就已经超过了很多电视台的收入。

从电视台的收入构成来看，广告依然是电视台最主要的收入来源。虽然电视台也在进行多样化经营的探索，比如自制剧、电视购物等，但是仍然不能成为主要的收入来源。2011 年电视购物虽然有几家获得了不错的营业额，如快乐购、央视购物频道等，但是在整体收入中所占的比重仍然不大。

重庆卫视：回归公益。2011 年 3 月 1 日，重庆卫视改版，以建设"主流媒体、公益频道"为目标，着力传播社会主义先进文化，着力打造自办精品文化栏目，为观众提供更好的公益电视服务和良好的收视体验。这次改版的突出变化体现在不播出商业广告，减少电视剧和外购外包节目，增加新闻节目、自办文化栏目、公益广告和公益宣传片几个方面。

电视业经过 20 多年的高速发展，在经历了网台分离、制播分离、集团化等一系列改革之后，电视越来越成为传媒产业中重要的组成部分，其商业化的成分也越来越多。在文化体制改革的大背景下，许多文化类单位如出版社、演出团体等都在转向企业，进行市场化运作，而重庆卫视却宣布取消所有的商业广告。重庆卫视的回归或许可以给文化体制改革提供一条不一样的路径。

问　题

选秀：问题多多，风光不再。从 2005 年湖南卫视的"超女"红遍神州大地以来，选秀节目就成为电视节目中一种重要的类型。选秀节目不仅有效地解决了电视节目源的问题，丰富了电视屏幕，而且还增加了电视台的经营范围；选秀结束后，艺人直接与电视台的演艺公司签约，延伸了电视台经营的价值链。

选秀节目运作上存在着盲目模仿、同质化严重、暗箱操作等问题，因片面追求经济效益，文化内涵缺失，导致选秀节目在社会层面上引起了错误引导青少年、冲击主流价值观、助长浮躁风气等负面影响。

当各大卫视迅速跟进选秀节目之后，广电总局出台政策规范选秀活动，从选秀的节目播出、选秀的范围、选秀活动的频率甚至是嘉宾的点评等都作出了具体的规定。在"2011快乐女声"正式落幕后，湖南卫视新闻发言人李浩表示，2012年湖南卫视将不会举办群众参与的选拔类电视活动。对于已经流行了多年的选秀节目，观众已经出现了明显的审美疲劳，选秀节目升级换代势在必行。

电视剧市场：后宫"穿越"泛滥。2011年的电视屏幕成为"后宫"的天下。无论是美剧的向未来穿越还是国内电视剧的向后宫穿越，"穿越"都成为2011年电视剧市场的关键词。从2011年年初的《宫》点燃后宫大戏的第一把火之后，《后宫》、《倾世皇妃》、《步步惊心》、《武则天秘史》、《后宫·甄嬛传》、《美人天下》、新版《还珠格格》等后宫大戏纷纷登场，加入后宫大戏争夺战的女明星越来越多。在后宫大戏燃遍各大卫视的屏幕之后，央视也加入到后宫混战中来，最激烈的时候有六位"武则天"同时出现在电视屏幕上。

在后宫穿越剧获得较高收视率的同时，每集电视剧的售价也在不断提高，同时明星的身价也在飞涨。《三联生活周刊》中《明星的美好时代》一文，披露杨幂出演电视剧的价格在每集40万元左右，文章出演电视剧的价格则高达每集60万—80万元。同时，后宫系列的网络点击率也直线飙升。2011年国内几家大的视频网站上市成功后，更是直接推高了电视剧的网络版权价格。电视剧的网络版权最高达到160万元/集。乐视网获得《后宫·甄嬛传》独家网络版权的费用，已突破2000万元。

观众：忠诚度下降。观众逐渐从电视屏幕转向电脑屏幕已经成为一种趋势。在我们身边，家里没有电视的年轻人家庭逐渐增多，他们看电视剧更多的时候是通过视频网站而非电视机。尼尔森公司2011年11月30日发布的《电视观众报告》显示，2012年美国拥有电视的家庭户数将由2011年的1.159亿

降至 1.147 亿，这是自尼尔森开始统计美国家庭电视拥有量以来第一次出现这种情况。目前美国约有 3% 的家庭完全没有电视，创 1975 年以来的新高。据有关数据，美国的家庭电视机拥有量已经开始出现负增长。

这种趋势在中国也初现端倪。根据引力传媒公布的数据，2008~2011 年北京电视机开机率由 70% 下降到 30%，全国电视收视率下降 13%；广告收入降低；内容被分割，人才流向网络；网络视频的用户已达 3 亿；网络视频的收视时间超过电视，2011 年中国在线视频用户花费的时间多于看电视时间，这种现象在非一线城市表现尤为明显。Starcom MediaVest Group 的研究也认为，2011 中国在线视频用户花费的时间已经超过看电视的时间，19~30 岁的用户收看在线视频的时间是看电视的两倍，一线城市用户在移动终端收看视频的时间已经超过通过固网收看视频。像改变音乐、出版一样，互联网正在改变电视业。在线视频可能不是传统电视的补充而是革命者，电视对观众的吸引力已经越来越弱了。

作者单位系对外经济贸易大学公共管理学院

2011 互联网行业发展盘点

文/詹新惠

回顾2011年网络媒体及整个互联网行业的发展、创新，总体呈现出五大特点：新闻网站主流价值更加凸显，商业网站站到了网络文化建设的聚光灯下，网络视频及视频原创大发展小繁荣，综合类、社区类网站逐渐平台化，网络资本运营覆盖到新闻、社交、视频等各类网站。

新闻网站主流价值更加凸显

2011年8月20日，"庆祝中国共产党成立90周年互联网宣传报道表彰大会"隆重举行。15个专题获"优秀专题奖"，10个网络互动活动获"优秀互动奖"，10个专题页面获"优秀页面奖"，10个宣传作品获"优秀创意奖"，5个专题获"优秀外宣奖"，获奖网站包括中央新闻网站、地方新闻网站和商业网站。这些网站在庆祝建党90周年的网络报道中，共发布稿件约490万篇，图片210万张，音视频报道12万余条，专题总访问量超过40亿人次。仅7月1日网民浏览胡锦涛总书记发表的重要讲话，6小时内访问量就达8.9亿。

正如国新办主任王晨在表彰大会上所言，建党90周年的网上报道，新闻报道声势浩大、规模空前，专题专栏特色鲜明、精彩纷呈，网络互动空前活跃、反响热烈，对外传播贴近性强、影响广泛，是重大主题网上宣传的又一成功实践。

新闻网站作为网络宣传报道的"国家队"，一直担当着在互联网上传播主流价值、引导网络舆论的责任和使命。从国庆60周年到建党90周年，新闻网机遇与挑战 STRESSES THE MEDIA AT ZHEJIANG UNIVERSITY OF MEDIA AND COMMUNICATIONS ——在浙江传媒学院讲传媒

站在重大主题宣传上创造了许多新经验新做法,并逐渐认识和掌握了重大主题的网上宣传规律,即"把握导向性、坚持主动性、突出贴近性、增强互动性、体现多样性",不仅一次次唱响了互联网上的"红色赞歌",而且极大地凸显了主流价值。

互联网是社会主义先进文化的新阵地、公共文化服务的新平台和公众精神文化生活的新空间,发展健康向上的网络文化是推动文化大发展大繁荣的迫切任务之一。在党的十七届六中全会的决议中,明确提出要"支持重点新闻网站加快发展,打造一批在国内外有较强影响力的综合性网站和特色网站","以党报党刊、通讯社、电台电视台为主,整合都市类媒体、网络媒体等宣传资源,构建统筹协调、责任明确、功能互补、覆盖广泛、富有效率的舆论引导格局"。由此可以看出,新闻网站将成为网络文化建设的主力军。

随着我国互联网的快速发展,网络媒体的影响力越来越大,各级新闻网站正在被纳入新闻报道"正规军"的行列,特别是在队伍建设上。在2011年中宣部等五部委部署的"走基层、转作风、改文风"活动中,中央新闻网站也被纳入其中,接受统一的马克思主义新闻观和职业素质教育,各大中央重点新闻网站的编辑纷纷放下鼠标采民风、俯下身去"接地气",深入基层一线调研采访。新闻网站人员素质的训练和编辑水平的提高,更加有力地推动了新闻网站向主流媒体迈进。

商业网站站到了网络文化建设的聚光灯下

过去,商业网站一般在非时政类新闻,如奥运会、世界杯等事件上,擅于调动网站资源早早策划、全面部署、设计精彩页面,以及开展多种方式的用户互动。但在时政新闻报道上,商业网站总是稍显被动,强势与优势发挥不够充分,无法形成与主流新闻网站的互补效应,也无法营造出网络舆论声势。

但是,在2011年建党90周年的报道中,商业网站与新闻网站一起站到了正面宣传的前沿,以一种文化自觉的态度积极参与中宣部和北京网管办策划组织的一系列网上活动与宣传报道。将纪念建党90周年的8项系列活动放置到网页最醒目的位置,同时在网页的黄金位置放置专题、重点栏目和互动栏目,将最新消息、重点内容长期置顶或强力推荐;除指定的宣传报道和有组织的网络活动外,发挥网络媒体策划、整合优势,推出形式多样的原创报道,如新浪网的"青春万岁"、搜狐网的"集体的力量"、凤凰网的"理想的力量"和腾讯网的"思想的力量"等；为了渲染纪念的气氛对首页面进行技术处理，将背景色设置为红色，将"热烈庆祝中国共产党成立九十周年"的宣传语设计成精美的图片置于网页顶部。可以说，商业网站与重点新闻网站一起唱响了建党90周年网上思想文化的主旋律。

认识到商业网站的作用和价值，将其置于网络文化建设的聚光灯下，这一点在党的十七届六中全会的决议中表述得更为明确。《中共中央关于深化文化体制改革推动社会主义文化大发展大繁荣若干重大问题的决定》指出，要"发挥主要商业网站建设性作用，培育一批网络内容生产和服务骨干企业"。这是中央重要文件第一次提及商业网站，第一次明确商业网站在网络文化建设中的地位和发展方向。国新办主任王晨在《发展健康向上的网络文化》一文中，进一步阐述了商业网站的地位及其在网络文化建设中的责任和任务："网站是重要的思想文化阵地，发展健康向上的网络文化，必须把加强阵地建设作为一项战略任务来抓，努力形成以重点新闻网站为骨干、知名商业网站相配合、各类网站积极参与，共同推进网络文化建设的生动局面。""注重发挥知名商业网站积极作用，引导他们健全管理制度，依法诚信经营，多提供健康向上的网络文化产品，在繁荣发展网络文化中发挥建设性作用。着眼满足不同网民群体精神文化需求，着力培育一批网络内容生产和服务骨干企业，使之成为网络文化建设不可或缺的力量。"

2011年以来，商业网站多次与新闻网站一起参与主流媒体的活动，比如参评建党90周年报道并获奖，在各地网管部门的指导下参加"走转改"活动，共同签署抵制非法网络公关行为自律公约等。网络文化作为一种全新的文化形态，其社会影响力正日益显现，带来的挑战也日益艰巨复杂。网络文化建设不仅需要重点新闻网站发挥"国家队"、主流渠道的作用，更需要商业网站的积极配合、协同作战、优势互补，只有这样才能形成互联网站共建网络文化、共同推动网络文化繁荣发展的新格局。

网络视频及视频原创大发展小繁荣

2011年是视频网站大发展的一年，在线视频行业总收入逐季度增长，第三季度已达到19.4亿元，视频广告已占到网络广告5.5%的市场份额。网络视频呈现出大发展小繁荣的局面，产业格局、用户行为、视频内容和人员结构等方面发生了很大的变化，显示出网络视频正在走向规模化、集约化、原创化和专业化。

视频网站合纵连横，产业集中度高，趋向于垄断。2011年以来发生了若干起大网站与视频网站的产业并购，如新浪以6640万美元购买了土豆9.05%的股份，人人网以8000万美元现金全资收购56网，搜狐与MSN在网络视频上建立战略合作伙伴关系。从2010年到2011年，乐视、优酷、酷六、土豆4家视频网站分别在境内外通过各种方式上市。可以看到，视频网站经过5年多的发展，已经从过去的几百家淘汰为现在的二十多家，产业格局基本形成，产业类别基本明晰，大致分为综合类、影视剧类、新闻类、分享类等四大类型。

网络视频用户浏览时间长，覆盖面广。根据艾瑞资讯公布的数据，2011年第三季度综合视频的有效浏览时间达到41.8亿小时，超过社交网站（8.8亿小时）、微博（1.3亿小时）和新闻资讯（7.2亿小时），环比增加35.3%。9月综合视频的月度覆盖人数达到3.73亿人，超过了博客（3.67亿人）、电子邮箱（3.24亿人）和新闻资讯（3.16亿人）。近七成用户观看电视的时间减少，近4000万用户只在网上看视频，网络视频用户接触率直逼电视，网络视频用户以19—35岁的年轻时尚用户群为主。

网络自制剧和原创节目增多，内容传播渠道多样化。从2008年热播剧《潜伏》1万元1集，到2011年腾讯出资185万元一集购买《宫锁珠帘》互联网视频版权，网络影视剧购买价格节节攀升，导致视频网站在内容制作取向上发生了变化。

一是基于网站定位和优势的原创新闻节目增多。如搜狐网的《搜狐大视野》、《微言大义》、《军情前哨战》、《心灵讲堂》，环球网的《环球播报》、《蒋述日本》、《军情观察》、《环球500》等。二是出于版权考虑的自制剧和娱乐综艺节目增多。自制剧方面有优酷的百集时尚剧《泡芙小姐》、土豆网的《乌托邦办公室》、搜狐的《钱多多嫁人记》，综艺节目方面有奇艺视频的《爱GO了没》、乐视网的《魅力研习社》、《我为校花狂》等。三是5—30分钟的微视频成为热点。2011年提出的微视频不同于过去的短视频，微视频制作技术精良，有专业人员加入，不再是拍客的随手拍，特别是情节完整、主题突出的微电影、微纪录片成为主角。

除了内容变化外，视频传播渠道也在拓宽。随着微博等社交媒体的出现，无论是原创新闻视频还是自制剧、综艺节目，除了本网站的传播渠道外，增加了各种社会化媒体渠道及多终端渠道。

网络视频人员越来越专业化。一方面是电视专业人员频繁触网，参与视频网站的新闻节目策划、制作和主持；另一方面是各电视台逐渐重视网络视频，电视记者和编辑转向网络平台，进行更多的台网互动、台网联动和台网融合。此外，传统的报纸、期刊和广播也在向全媒体转型，促使大量的专业人员转型为全媒体人才，网络视频人员日趋专业化、职业化。

综合类、社区类网站逐渐平台化

开放平台在2010年起步，2011年这一年有了实质性的推进和应用。百度实现个性化搜索页面和应用定制，腾讯QQ+直接加载到用户桌面，新浪微博打通微博与即时通信，此外还有淘宝开放平台、360开放平台、人人网开放平台等。一时间，开放平台成为各大综合性网站趋之若鹜的新应用。

开放平台是指互联网站开放本网站的API接口，允许各种应用程序接入到网站系统。从产业链的角度看，开放平台作为一个技术创新能够实现开发方、平台方和用户方的三方共赢。随着用户需求逐渐多元化，单个公司已无法满足所有用户的需求，因此平台方提供开放接口，既为第三方开发者打开连接庞大用户群的通道，也为用户集纳、聚合丰富多彩的应用，满足用户个性化的需求，进而增加用户的粘性，并因此获得更多的流量、市场份额和经济收益。开发方不需要购置硬件搭建平台，不需要大量的资金投入培植用户，只需有技术研发和创新能力，就可以"借船出海"，借力大公司的平台轻松快捷创业，获得研发成果的转化和直接的经济效益。用户则不必再一个个网站注册，一个个应用查询，需求的多样化与个性化同时得到满足。

从互联网的发展进程看，数据和用户分别是Web1.0和Web2.0时代的核心。如果说Web1.0时代用户以浏览网页、获取资讯为主，网站以提供大众化内容为方向，那么Web2.0时代，用户的个性化和多样化需求则成为重点，网站必须提供满足用户从浏览到搜索、从新闻到娱乐、从参与到互动的各种产品和服务。很显然，开放平台能够实现网站的目标，最终在互联网平台上实现数据+用户的整合，内容+渠道的整合。

当前，开放平台也还存在一些问题。一是平台方的"马太效应"问题。

由于开发方被捆绑在大公司的"战车"上,大公司有着强势的话语权和利益分配主导权,大多数的开发方无力与平台方抗衡。此外,随着平台方应用程序的增多和用户使用粘度的加大,其实力会越来越强,因此很容易出现强者愈强的局面,出现大公司的平台垄断格局。二是开发方的"二八法则"问题,即大量的应用程序都只有小众的用户群,20%的应用能拥有80%的用户群,而80%的应用程序不得不面对20%的小众市场。如果一直持续这样的状况,将会极大损伤开发者的积极性与创新力,所谓的开放平台也可能只是几个人的舞台。

网络资本运营类型多样、全面覆盖

2011年,中国互联网行业又一次迎来资本运营浪潮。与以往资本运营浪潮不同的是,这一年的资本运营不仅仅是简单的几个网络公司IPO上市,而是各式各样的资本运营"大片"都在上演。

一是上市风潮扑面而来。人人网、奇虎360、凤凰新媒体、淘米网、世纪佳缘网、网秦、土豆网等纷纷登陆纳斯达克或纽交所,上市网站涉及领域有网络社交、互联网安全、内容资讯、儿童游戏、婚恋、手机安全、视频等,上市公司之多、业务范围之广,超过以往任何一个年份。尽管各家公司上市后表现不一,有些公司甚至上市就破发,但整体上并不影响互联网行业蒸蒸日上的走向。

二是2011年6月由支付宝牌照而引发出的国内互联网公司资本结构问题。如果说阿里巴巴注定要成为2011年互联网主角的话,那么主角的第一次亮相就是与资本运营相关的VIE模式。一场沸沸扬扬的支付宝事件把原本遮遮掩掩的资本运营潜规则彻底曝光,其连锁反应至今仍没有停歇。

三是2011年10月,老牌互联网公司中华网投资集团正式向美国亚特兰大破产法庭申请破产保护,其上市公司中华网当天被停牌。作为第一家在美国纳斯达克上市的中国互联网企业,中华网的股票从最高峰的220美元一路跌落到0.42美元,资本高手最终因缺乏核心竞争力而被资本市场淘汰出局。

四是兼并、收购、融资、重组等资本运营贯穿全年。仅腾讯网的大型投资就达十多项,如4.5亿元投资影视娱乐公司华谊兄弟,8440万美元投资艺龙旅行网,5000万美元投资国内鞋类B2C网站好乐买,8.92亿港元获得金山软件15.68%的股权。其他互联网巨头也都加速了并购的步伐：百度3.06亿美元战略投资旅游搜索引擎去哪儿网，人人网8000万美元全资收购视频分享网站56网。战略性的投资、收购、并购已成为互联网公司跑马圈地、扩大规模、超常规发展的一条捷径。

互联网行业有其特殊性，资本运营不仅贯穿互联网公司的成长始终，而且是整个行业的出发点与落脚点。甚至可以说，资本运营造就了互联网今日的成功，没有资本运营就没有互联网行业的今天。但是，资本运营也并不都是成功的案例，并购后的业务重组与文化整合才是决定资本运营能否成功的关键。

随着互联网行业进入成熟期，网络巨头利用充裕的资金进行并购的资本运营将蜂拥而至。面对未来越来越频繁的资本运营，互联网公司更需要认真审视其两面性，慎重对待。

作者系中国传媒大学电视与新闻学院副教授

访谈篇

AUTHORITATIVE INTERVIEW

以实事求是的精神办好《求是》

——访求是杂志社社长李宝善

文/《传媒》记者 卢剑锋

在庆祝中国共产党成立90周年之际，我们把目光投向党刊，特别是党中央机关刊《求是》杂志。党中央机关刊是党和人民的喉舌，是党中央指导全党全国工作的重要思想理论阵地。从《求是》到《红旗》，并由此上溯，一直到《新青年》，一条线索清晰地呈现在我们面前，那就是党刊的发展始终与我们党推进马克思主义中国化的历史进程同步，党刊事业是党的事业的重要组成部分。

如今，《求是》已发展成为在国内外有重大影响的政治理论刊物。为了让读者更好地了解《求是》的过去、现在和未来，本刊记者采访了求是杂志社社长李宝善。

接棒《红旗》 坚守党性

《传媒》：李社长，您好，非常感谢您接受我刊的采访！《求是》作为党中央机关刊，一直伴随着党前进的步伐成长、发展，为党的事业作出了重大贡献。在纪念建党90周年之际，请您首先谈谈《求是》的历史沿革。

李宝善：《求是》的前身是《红旗》杂志。1958年6月1日，《红旗》杂志创刊，她是党的八届五中全会根据毛泽东同志的提议决定创办的，毛泽东同志亲笔题写了刊名，亲自修改了发刊词，并在创刊号上发表了他写的《介绍一个合作社》一文。1988年6月底，《红旗》在出版544期后停刊。1988年7

月1日,《求是》杂志创刊,邓小平同志亲笔题写了刊名。1989年8月底之前,《求是》作为"中共中央委托中共中央党校主办的全党的理论刊物",出版了28期。1989年7月28日,党的十三届四中全会召开一个月之后,以江泽民同志为核心的党中央发出通知,决定将《求是》杂志改为党中央主办,自此恢复了她党中央机关刊的性质。

从《红旗》到《求是》,党中央机关刊走过了50多年的风雨历程。2008年7月3日,胡锦涛总书记在写给求是杂志社的《致〈求是〉暨〈红旗〉创刊50周年的贺信》中写道:"在党中央机关刊《求是》暨《红旗》创刊50周年之际,我代表党中央,向杂志社全体工作人员和离退休同志表示热烈的祝贺!《求是》暨《红旗》杂志是党中央指导全党全国工作的重要思想理论阵地。自创刊以来,你们为探索我国社会主义建设和党的建设规律作出了艰辛努力。特别是在改革开放的历史新时期,你们深入宣传马克思列宁主义、毛泽东思想、邓小平理论和"三个代表"重要思想,深入宣传科学发展观,着力阐述党的路线方针政策和中央的决策部署,及时回答广大干部群众关心的重大理论和实际问题,为提高全党的马克思主义理论水平、推动党和国家各项事业发展作出了重要贡献。"这段话,是党中央对从《红旗》到《求是》历史的总体评价。

《传媒》:您认为《求是》自创刊以来最重要的成就或贡献是什么?积累了哪些重要经验?

李宝善:中国共产党是非常重视理论指导、理论武装和理论创新的政党。我们党历来强调,思想理论建设是党的根本建设,党在思想理论上的提高是党的事业不断发展的思想保证,党的理论创新引领各方面创新。我们党带领人民建设和发展社会主义的伟大进程,是坚持以马克思主义科学理论指导实践,探索符合中国国情的发展道路的历史进程;是不断推进马克思主义中国化,形成切合本国实际、反映时代特征和实践要求的科学理论的历史进程;是理论与实践紧密结合、相互作用,推动中国社会发展进步的历史进程。我认为,深刻地反映并积极地推进这一伟大进程,就是从《红旗》到《求是》最重要的贡献。

回顾从《红旗》到《求是》50多年的办刊实践,我们可以得到一些重要的启示:第一,必须坚持高举旗帜。党的理论刊物必须始终高举马克思主义的旗帜,坚持以马克思主义为指导,以宣传马克思主义为己任。但是,马克思主义必须中国化,必须与中国国情相结合,必须与时代发展同进步,必须与人民群众共命运。在当代中国，坚持中国特色社会主义理论体系，就是真正坚持马克思主义；高举中国特色社会主义伟大旗帜，就是真正高举马克思主义的旗帜。在这个重大问题上，党的理论刊物一定要旗帜鲜明。第二，必须坚持党性原则。党性原则是党刊工作的根本原则。坚持党性原则，就是要坚持党刊是党的事业的重要组成部分，坚持党刊是党和人民喉舌的性质，在思想上坚持马克思主义的指导，在政治上自觉地同党中央保持高度一致，在组织上坚持政治家办刊。第三，必须坚持实事求是。理论的生命力，在于它同实际生活的紧密联系。实事求是、理论联系实际，是党的思想路线的根本要求，是党的理论工作必须坚持的基本方针，也是从《红旗》到《求是》最鲜明最突出的特点。第四，必须坚持全党办刊。全党办刊是党中央机关刊的优良传统，是一条非常重要的办刊经验。从《红旗》到《求是》，都紧紧依靠党的各级组织，依靠全党的支持，这也是党中央机关刊特有的优势。这些经验和启示，对于今后进一步办好《求是》都具有长远的指导意义，必须始终不渝地加以坚持，并在新的实践中不断丰富和发展。

与时俱进　改革创新

《传媒》：近年来，《求是》杂志有许多新变化，刊物质量不断提高，引起广泛关注，赢得了广大读者和社会各界的广泛好评。《求是》主要采取了哪些措施？

李宝善：1999 年 11 月 25 日，胡锦涛同志主持中央书记处会议，听取求是杂志社工作汇报，为《求是》确定了"坚持政治家办刊原则，高举旗帜，贴近实际，提高质量，办出特色"的办刊方针。2008 年 7 月 3 日，胡锦涛总书记在《致〈求是〉暨〈红旗〉创刊 50 周年的贺信》中，明确要求《求是》杂志要"始终坚持正确的办刊方向，紧紧围绕用中国特色社会主义理论体系武装全党这一战略任务，下大气力创新思路、丰富内容、改进文风，进一步办出特色、办出水平"。这些年，我们认真贯彻党中央指示，努力改进办刊工作，不断提高杂志质量。

一是紧跟党的理论创新进程，深入宣传马克思主义中国化最新成果。《求是》始终把宣传党的理论创新成果作为自己的基本任务，紧紧跟上党的理论创新步伐，做到了党的理论创新每推进一步，党刊的理论宣传就跟进一步。二是确立以现实问题为中心的选题组稿思路，更好地为党和国家工作大局服务。我们坚持以改革开放和现代化建设中的实际问题、以我们正在做的事情为中心来策划选题、组织稿件，以重大现实问题为主攻方向来推进理论创新，现实针对性强、有实质内容的文章大幅增多。这是《求是》最有意义、最受欢迎的一个变化，也是杂志质量提高的一个主要标志。三是深入回答干部群众关心的重大理论和实际问题，着力发挥统一思想、引领思潮的作用。近年来，《求是》把积极回应理论和舆论热点，回答干部群众关注的深层次思想理论问题，增强宣传的针对性、实效性和说服力、战斗力，作为改进办刊工作的一个主要着力点，努力做到在重要社会思潮、重要理论热点面前，一定要有自己的声音。四是发挥党和国家高层论坛的作用，重视来自基层的声音。《求是》有着"高层论坛、高端作者、高水平编辑"的特点。党和国家领导人及省部级领导同志经常在《求是》发表文章，两院院士也积极为《求是》写稿，阐述和讨论党和国家工作中的重大问题，保证了党中央机关刊的权威性、指导性。同时，《求是》重视社会各界和基层来稿，开设有"基层之声"栏目。五是大力改进文风、创新形式，增强杂志的可读性。《求是》高度重视文风的改进，在编辑过程中坚决删除那些"穿靴带帽"的套话、空话，坚决不登那些空话连篇、言之无物的文章，在版面安排上打破常规，鼓励那些现实针对性强、有实质内容、有新鲜观点和独到论述的文章，还积极采用笔谈、专访、综述等形式进行理论宣传。

《传媒》：除了对杂志内容的改进提高，《求是》在其他方面还有哪些改革举措？

李宝善：近几年，我们以纪念创刊50周年为新起点，认真贯彻胡锦涛总书记贺信精神，认真贯彻中央领导同志关于《求是》工作的各项指示，对《求是》及子刊子社进行了一系列改革调整。

我们对所属子刊《红旗文稿》杂志进行了全面改版。《红旗文稿》是我社主办的政治理论半月刊，自创刊以来，办刊定位与《求是》差别不大，被称为"小《求是》"，社会影响和自身发展都有局限。我们经过深入调研，决定自2009年起对其进行全面改版。改版后的《红旗文稿》直面理论热点，文风尖锐泼辣，大量文章被其它媒体迅速广泛转载，广大读者和网民跟进讨论、好评如潮，在思想理论界的知名度、影响力有很大提升，发行量连续两年大幅增长。改版后的《红旗文稿》真正发挥了《求是》杂志的补充和延伸作用。

我们按照中央要求，适应对外宣传的需要，创办了《求是》英文版。《求是》英文版通过选编和翻译《求是》中文版的重要文章，服务于党和国家的对外交流，力求成为中国共产党和中国政府执政理念、治国方略的权威解读平台，成为中国发展道路、发展经验的高端传播渠道，成为国外政界、学界和民间了解研究中国事务的重要窗口。《求是》英文版于2009年10月1日创刊并向海内外公开发行，目前为季刊。

我们还创办了大型理论文摘杂志《红旗文摘》，于今年2月正式向国内外公开发行。当今时代，报纸、杂志、广播、电视、网络等媒体信息浩如烟海，时时更新，如何以有限的阅读时间获取最有价值的信息，特别是权威、准确、最具思想含量和理论深度的信息，成为广大读者最现实、最迫切、最高端的阅读需求，顺应这一需求，《红旗文摘》应运而生。我们的目标是，努力打造一份具有鲜明理论特色和较高参考价值的综合性文摘类精品期刊，使之成为各级党政公务人员、宣传理论工作者、工商界管理层及高校师生等各界读者的良师益友、资料总汇、案旁智囊，成为《求是》杂志的重要补充和延伸。从目前的反馈看，社会各界对《红旗文摘》给予积极关注和良好评价，普遍认为该刊定位准、起点高、信息量大、可读性强。

按照中央关于深化文化体制改革的部署，我社所属红旗出版社于2010年9月与浙江日报报业集团联合重组，成立红旗出版社有限责任公司，顺利完成转企改制任务。这是中央各部门各单位出版社中第一批完成转企改制任务的，也是中央级出版社与地方传媒集团联合重组的第一家。新公司开局良好，出版的《提问2010》在短短两个多月发行突破10万册，近日又入选第三届优秀通俗理论读物。在中宣部、新闻出版总署庆祝建党90周年重点推荐图书活动中，红旗出版社出版的3本图书入选，并被列入"全国百家书城庆祝建党90周年重点展示展销书目"。

《传媒》：在传播技术日新月异、新兴媒体飞速发展的新形势下，纸质媒体纷纷采取策略积极应对，《求是》采取了哪些新的举措？效果如何？

李宝善：随着网络媒体的快速发展，媒体生态环境发生了深刻变化。从理论宣传和舆论引导的角度看，我们面临巨大挑战，必须适应形势变化，更新观念、转换思路，采取有效措施积极应对。同时，我们也要把这种变化看作是改进理论宣传、推进事业发展的难得机遇，努力壮大党的理论宣传阵地。

2009年7月1日，"求是理论网"经过一年多的紧张筹备后正式开通运行。运行两年来,"求是理论网"充分依托《求是》的政治优势和理论宣传优势,突出理论特色,着力在提供理论信息、关注理论热点、注重理论辨析、搭建交流平台、满足理论需求上下功夫,力求成为广大党员干部和理论爱好者的思想园地、理论社区。目前看,"求是理论网"已经成为一个初具规模、特色鲜明的理论网站,得到了网民的积极响应和良好评价,访问网民遍布我国各省区市和90多个国家和地区。

办出特色　办出水平

《传媒》:充分发挥自身优势是媒体改革发展的前提。您认为《求是》最大的优势是什么?

李宝善:作为党中央机关刊,《求是》的优势是显而易见的。一是品牌优势,无论是《求是》还是《红旗》,都具有无可比拟的深厚的社会基础和品牌影响力。二是资源优势,拥有得天独厚的政治资源和丰富的思想理论资源。三是作者队伍,按篇目算,省部级以上领导干部的文章占《求是》发稿总量的40%以上,党和国家领导人的文章占到5%。在中国,没有哪一家报纸杂志能够像《求是》这样,拥有如此集中的高端作者队伍。四是编辑力量,从《红旗》到《求是》,拥有一支政治素质、理论水平和业务能力都比较过硬的编辑队伍。这些都是《求是》杂志的突出优势。

《传媒》:请您介绍一下《求是》下一步的发展规划好吗?

李宝善:办好《求是》,搞好理论宣传,始终是我们的第一要务。不断增强党刊理论宣传的针对性、实效性和吸引力、说服力,是我们孜孜以求的目标。《求是》目前取得的成绩,离不开这一点;《求是》下一步的发展,还是要围绕这一点继续努力,致力于办出特色、办出水平。

今后,我们将继续认真贯彻胡锦涛总书记贺信精神,贯彻党中央对《求是》工作的重要指示,高举中国特色社会主义伟大旗帜,坚持解放思想、实事求是、与时俱进,坚持贴近实际、贴近生活、贴近群众,紧紧围绕坚持和发展中国特色社会主义这一根本要求,紧紧围绕用中国特色社会主义理论体系武装全党、服务人民这一战略任务,紧紧围绕打牢全党全国各族人民团结奋斗的共同思想基础这一总体目标,着力宣传马克思主义中国化最新成果,着力推进实践基础上的理论创新,着力推动社会主义核心价值体系建设,着力回答干部群众关心的重大理论和现实问题，不断创新思路、丰富内容、改进文风，办出特色、办出水平，进一步提高《求是》杂志的理论性、指导性、权威性，切实发挥党中央机关刊的重要作用，不断开创党刊事业发展的新局面。

不论是改进《求是》宣传，还是推动事业发展，我们都将本着实事求是的态度，不能好高骛远、贪大求全，而要突出特色、做强主业。我们将继续通过深化改革，构建起以《求是》杂志为主体、子刊子社为补充和延伸的理论宣传方阵，使事业发展的主线更加清晰，布局更加合理，宣传合力日益增强，集群效应日益显现。

媒体要做推动文化大发展的主力军
——访中国记协党组书记翟惠生

文/《传媒》记者 杨驰原 实习记者 高 方

2011年4月20日,新闻出版业"十二五"规划正式出台,新闻出版业的发展进入一个新的发展阶段;同年10月15日,党的十七届六中全会召开,提出进一步推动文化大发展大繁荣的历史任务。可见,随着2012年的到来,中国媒体将迎来自身发展的良好机遇期,但同时也将承担起新的更重大的历史使命。那么,媒体在文化强国建设中有哪些使命?发展机遇何在?在新的发展环境下如何管理和对待新媒体?应该如何加强媒体人员队伍建设?带着这些问题,本刊记者对中国记协党组书记翟惠生进行了专访。

文化是具有鲜明的政治属性的民族之"魂"

《传媒》:2011年11月21日上午,在第十一届中国网络媒体论坛主会场上,您的致辞被网友评价为"妙趣横生"。在这次致辞中,您专门提到党的十七届六中全会提出的"进一步推动文化大发展大繁荣的历史任务",那么您是如何看待文化大发展与大繁荣的?

翟惠生:加快文化体制改革,促进文化大发展大繁荣是在改革开放三十年经济取得了飞速发展和巨大成就之后提出来的战略方针。这里所说的"文化"就是上层建筑,上层建筑凝聚了民魂和国魂。因此,文化具有鲜明的政治属性,这正是文化的核心所在。

现在,我们强调文化大发展大繁荣,其政治属性,即文化的"魂"就是社会主义核心价值体系。它在中国整体社会价值体系中居于核心地位，发挥着主导作用，决定着整个价值体系的基本特征和基本方向。建立社会主义核心价值体系，首先必须坚持马克思主义在意识形态领域的指导地位，牢牢把握社会主义先进文化的前进方向，大力弘扬民族优秀文化传统，积极借鉴人类有益文明成果，充分调动积极因素、凝聚力量、激发活力，为构建社会主义和谐社会提供精神动力支持。可以说，文化大发展、大繁荣，既有独特的内涵，又有着更广泛的外延。

《传媒》：那么，现阶段的文化大发展、大繁荣可以说并不是狭义的"文化"，而是将上层建筑中一系列的政治、经济、思想等理念融入其中。请您具体谈谈可以包括哪些方面？

翟惠生：我认为大概可以包括如下几方面：

它包括中国特色社会主义的共同理想，这是我们民族不断向前的共同思想基础，这种信念始终不能动摇。现在世界存在着诸多不确定不稳定因素，可谓日趋复杂多变，因此一个想要取得更大发展的国家就必须拥有一面自己的旗帜。中国的旗帜就是建设有中国特色的社会主义，但我国目前尚处于社会主义初级阶段，存在着各种人民内部矛盾，如何处理好现代社会的人民内部矛盾至关重要，所以我们需要创新思维、创新工作方法。但是要真正解决这些矛盾，或者尽量减少这些矛盾，国人共同的信念和共同的思想基础非常重要。

同时，它包括两个精神，即以爱国主义为核心的民族精神和以改革创新为核心的时代精神。如果没有爱国主义，我们国家的利益、民族的利益就无从谈起。如果没有改革创新，所谓的经济发展、调整经济结构、转变经济发展方式等都无从谈起。更重要的是要解决目前的人民内部矛盾，创新思维极为重要。

它还包括社会主义荣辱观。这是对马克思主义道德观的精辟概括，是对社会主义道德的系统总结，是社会主义市场经济条件下加强思想道德建设的强大思想武器和重要指导方针。近年来，食品安全、产品质量、生产事故等涉及民生的重大问题，都是道德缺失、缺少诚信所导致的结果，所以社会诚信的提倡与培养刻不容缓。"八荣八耻"的道德准则在某种程度上可以说是文化繁荣发展的魂。

由此可见，我们现在所指的文化大发展大繁荣包括了精神领域的很多子项，它们是一个有机的系统，魂魄相依，缺一不可。

媒体使命：以文育人，以文化人

《传媒》：我们知道新闻媒体是文化的重要组成部分，在推动文化大发展大繁荣上应该承担起怎样的历史使命？

翟惠生：新闻媒体在文化大发展大繁荣中是充当真正意义上的主力军，承担着重要的使命，要想完成这一使命，我个人认为核心是要把握"以文育人，以文化人"八个字。

首先，媒体的职责是育人。媒体人要做到想老百姓之所想，急老百姓之所需，说老百姓想听爱听的话，采取他们能够接受的传输形式。这里有几个准则需要把握，即导向是根本，真实是生命，特色是活力，文化是前提。作为文化传播工作者，我们要能够准确把握文化美的内涵，将更多的美传播于众，同时要掌握比较的方法，通过知识的积累，文化的积累，阅历的积累，社会实践的积累还有自身勤奋的积累，做到以文育人。

第二，媒体的职责是"化人"。如何更好地实现以文"化人"，其实就是坚持"三贴近"原则，即贴近实际、贴近群众、贴近生活。当前，媒体正在广泛而深入地开展"走转改"活动，就是要新闻人真正沉下去，到民间去，到基层去，到老百姓当中去，去寻找真正的美，去寻找底蕴和根脉。

《传媒》：近年来，记者权益受侵犯和记者违纪的情况都时有发生。作为中国记协，一方面要为记者维权，另一方面要加强记者自律。在新形势下，中国记协在维护记者权益方面有哪些举措？您认为记者队伍应如何加强自身建设？

翟惠生：记者自律和维权这两方面，都是中国记协的责任所在。但记者要想维护自己的合法权益，必须以自律为前提，关键在于要在大局下思考，大局下做文章，要着重把握世情、党情、国情和民情为主的大局环境。让人担心的是，有些媒体在激烈的竞争中为了求生存、抢眼球，提高发行量、收视率，采取猎奇、捕风捉影等不正当手段获取新闻信息，导致报道有偏颇，虚和假夹杂在一起，这都是不了解大局，对复杂形势把握不够准确出现的现象。

因此，记者要时刻将社会主义核心价值体系与采编每一篇稿件、制作每一期节目联系在一起，如果说就是为了揭露社会丑陋现象，为了保护国家利益，为了保证民生，记者正当的合法权益受到了侵犯，我们一定会站出来坚决支持和保护合法权益，中国记协将为记者履行使命，推动文化大发展、大繁荣保驾护航。但如果以曝光相威胁，胁迫被采访对象出钱撤稿，这属于新闻敲诈行为，是我们要坚决打击的。

目前我们接到的投诉，有记者权益受侵害的，但反映记者新闻敲诈行为的更多。因此当前最主要的问题，是记者如何自律。

《传媒》：目前，新闻出版总署一直在研究新闻采编人员职业资格准入制度，计划在明年实施，对此项制度您有何期许和建议？

翟惠生：新闻出版总署一直在研究的新闻采编人员职业资格准入制度，为新闻采编人员划定了一个"门槛"，对提高新闻采编人员的素质会起到很大作用，可是说既是一种形式，也是一种机制。结合大局需要，中国记协也正在组织成立新闻道德委员会和违反新闻道德的举报投诉中心，将于2012年正式成立。这是加强记者自律建设、加强队伍建设的体制机制性探索，与新闻出版总署拟推出的新闻采编人员职业资格准入制度是相辅相成的。一个是管入门的考核机制，一个是管入门后的社会监督机制，共同携手将队伍建设向前推进。

改革的目的是健"体"强"魂"

《传媒》：2010年3月5日在接受中国网络电视台采访时，您对中央领导同志提出的"要切实做到善待媒体、善用媒体、善管媒体"做了很精辟的解读。这主要是对传统媒体而言。当前，以微博为代表的新媒体发展迅速，影响也越来越大，如何对待、如何利用、如何管理是难题。北京刚刚推出微博实名制，对此您有何评价？

翟惠生：无论是传统媒体还是新兴媒体，我们都必须要善待、善用和善管。一名合格的媒体人、媒体领导者和管理者，必须懂得在科技革命时代善用科技革命的成果。网络媒体、新兴媒体和移动媒体就是科技革命的成果，如何对待、如何应用、如何管理是对我们发展能力、执政能力的考验。

目前，新兴媒体拥有极广泛的受众群体，同时又能够有效传播信息，但新兴媒体还缺少核心价值，我们应引导并赋予他们核心价值，使其成为为我们所用的主流媒体，成为承载社会主义核心价值体系灵魂的有效载体。前些天北京市推出微博实名制，恰恰是政府善管媒体的体现。简单地说，任何新兴事物的出现都不可能是完美的，会存在枝枝杈杈，就如同一颗小树长大，你必须给它修枝，否则无法长成参天大树。当然，这里说的管不是管死，不能误读也不能

215

误解，是要适应科技革命的潮流，又善于运用和驾驭科技革命成果的表现。

《传媒》：目前，非时政类报刊转企改制已经进入关键阶段，按计划，第一批于2011年底结束，2012年9月前第二批转企改制结束。您认为非时政类报刊转企后，应该如何坚持正确舆论导向？

翟惠生：非时政类报刊的改革，其目的是使我们做大做强，在于使"体"更强健，使"魂"更加突出。转企改制是"技术"问题，是为战略布局服务的。时代发展首先体现的就是以改革创新为核心的时代精神，新闻媒体要时刻检验自己是否具备时代精神。为了顺应时代的发展，建立以改革创新为核心的时代精神至关重要。只有通过改革，媒体实力才能进一步增强，媒体的传播力才能进一步彰显，才能更有力地坚持正确舆论导向。也就是说，转企改制的成功，会更好地保证而不会削弱媒体坚持正确舆论导向。

《传媒》：我们注意到，2011年10月揭晓的第二十一届中国新闻奖，正式增设了国际传播奖项，请问增设这一奖项的背景和目标是什么？首次评选的结果体现出什么特点？

翟惠生：在经济全球化、信息飞速发展的时代，实现有效传播既要发展国内传播同时也要注重国际传播，这是媒体新的命题，也是一个新的挑战，更是我国文化大发展大繁荣的一个标志。在此背景下，中国新闻奖增设国际传播奖，是从实际出发，适应时代需求的产物。同时该奖项在评奖内容和评奖形式上也是贯彻改革创新方针的体现。中央目前确定六家传媒单位作为对外传播的重点单位，包括新华社、《人民日报》、《中国日报》、中新社、中央电视台和中国国际广播电台，同时也欢迎其他有国际传播能力的媒体参与其中。开设此奖最大的时代意义就是要引导我国媒体增强国际传播力建设。

《传媒》：2011年6月21日，中国记协组织召开了"全国新闻专业期刊和新闻媒体研究机构年会"，表明记协对新闻研究主阵地作用的重视。未来全国记协在推动新闻研究方面有什么计划和部署？

翟惠生：新闻研究是解决队伍建设，解决新闻问题，指导新闻实践的基础。年会、研讨会只是一种形式，核心在于强调对新闻实践中出现问题的研究、了解和掌握，其目的还是为了解决问题，提出思想方法和解决问题的措施，促进新闻媒体更好地为实现文化大发展、大繁荣而服务。

"全国新闻专业期刊和新闻媒体研究机构年会"是中国记协组织的年度会议。以后中国记协还将组织一些新闻学术会议，推动新闻学术研究的发展。

抓住改革发展机遇
推动报刊业做大做强做优

——访新闻出版总署改革办主任、出版产业发展司司长范卫平

文/《传媒》记者 卢剑锋

党的十七届六中全会审议通过的《中共中央关于深化文化体制改革推动社会主义文化大发展大繁荣若干重大问题的决定》再一次吹响了深化文化体制改革的进军号角。其中,积极稳妥推进非时政类报刊出版单位体制改革是今后一个时期文化体制改革的重点任务之一。事实上,非时政类报刊出版单位改革已然成为年度行业的热门词汇。那么,当前改革的态势如何?非时政类报刊体制改革的深层次原因是什么?改革要达到怎样的目标?目前非时政类报刊体制改革的进展状况如何?改制后的报刊企业未来将如何发展?带着这些问题,本刊记者专访了新闻出版总署改革办主任、出版产业发展司司长范卫平。

解放思想 提高认识

《传媒》:范司长,您好,非常感谢您接受我刊的采访!可否先介绍一下文化体制改革的有关背景和情况?

范卫平:党的十六大以来,党中央高度重视文化改革发展。十七届六中全会专题研究文化改革发展,并作出关于深化文化体制改革推动社会主义文化大发展大繁荣若干重大问题的决定,这在党的历史上还是第一次。

在此之前,中央政治局五次专题研究文化体制改革。第一次是2003年,中央政治局常委会专门研究文化体制改革工作,成立了中央文化体制改革工作

领导小组。中央确定在北京等 9 个地区和 35 个宣传文化单位进行文化体制改革试点工作。35 个改革试点单位中，新闻出版系统就占了 21 家，其中，报业 8 家、出版 7 家、发行 6 家。第二次是 2005 年，中央政治局常委会又一次专题研究文化体制改革，2005 年 12 月下发了《中共中央、国务院关于深化文化体制改革的若干意见》（中发〔2005〕14 号）。第三次是 2009 年 2 月 19 日，中央政治局常委会专题审议了《中共中央办公厅、国务院办公厅关于深化中央各部门各单位出版社体制改革的意见》，2009 年 4 月 9 日以中办发〔2009〕16 号文件印发。第四次是 2010 年 3 月 25 日，中央政治局常委会又一次专门研究十六大以来文化体制改革工作，并下发了《中共中央办公厅、国务院办公厅转发〈中央宣传部关于党的十六大以来文化体制改革及文化事业文化产业发展情况和下一步工作意见〉的通知》。第五次是 2010 年 7 月 23 日，中共中央政治局就"深化我国文化体制改革研究"问题进行第 22 次集体学习，胡锦涛总书记发表重要讲话，强调必须顺应时代要求，深化文化体制改革，推动社会主义文化大发展大繁荣。可见，对一项单项工作，党中央如此重视，充分表明了这一工作的极端重要性和紧迫性，表明了我国文化领域正在发生广泛而深刻的变革，表明了推动社会主义文化大发展大繁荣面临极为难得的发展机遇，这也是推动这项工作顺利开展的重要保证。

新闻出版体制改革作为文化体制改革的重要组成部分，按照党中央的总体部署和要求，率先进行了一系列攻坚战，破解了一批难题，极大地解放了新闻出版生产力，推动了新闻出版业快速发展，不仅巩固了党的思想文化宣传的主阵地，而且成为了文化产业的主力军。中央领导多次指出，新闻出版的改革发展，始终走在文化改革发展的前列，为整个文化体制改革创造了经验。新闻出版体制改革政治性、政策性强，涉及面广，影响大，是一个复杂的系统工程。从全局来说，既涉及我国政治制度、文化体制，又涉及产业发展、社会服务；从行业来说，既涉及 35 万多家新闻出版单位的出路，又关系近 500 万职工的利益；国际国内十分关注，非常敏感。我们按照"解放思想、总体设计，实事求是、分类指导，由易到难、加快推进"的原则，扎实、稳步、有效地推动新闻出版体制改革，在众多方面取得重大突破。我们率先将 10 多万家印刷复制单位、1 万多家国有新华书店转制为企业，随后，推进经营性出版单位转企改制。到目前为止，除少数保留事业体制的公益性出版单位外，全国经营性图书、音像出版单位基本完成转制。其中中央各部门各单位 148 家应转制出版社中，除1家停办退出外，其他全面完成了转制任务，共计核销事业编制1.8万多名，为文化单位规范转制树立了典范。按照中央的部署，目前，非时政类报刊出版单位转企改制工作正在紧锣密鼓进行之中。

《传媒》：在全国范围内全面推进非时政类报刊出版单位体制改革的原因是什么？

范卫平：深化非时政类报刊出版单位体制改革，是贯彻落实中央关于文化体制改革总体部署的重要举措，是深化文化体制改革的重要组成部分，关系文化产业整体实力和水平，关系国家文化发展繁荣，关系国家文化安全和意识形态安全，关系中华文化的国际影响力和竞争力。长期以来，包括非时政类报刊在内的报刊出版单位，在普及马克思主义中国化理论，宣传党的路线方针政策，传播科学文化知识，丰富人民群众的精神文化生活，服务社会主义现代化建设事业等方面，发挥了极其重要的作用。但也应该看到，在社会主义市场经济条件下，非时政类报刊出版单位的现行体制严重制约了报刊业的发展，存在着数量过多、规模过小、资源分散、结构不合理、市场竞争力弱等突出问题，部分报刊出版单位长期靠行政摊派、买卖报号刊号维持生存，有的成为了部门和单位的"小金库"，助长了不正之风，影响了公平竞争。

显然，这种状况既不适应社会主义精神文明建设和市场经济的需要，也不符合社会主义文化大发展大繁荣的要求，这就迫切需要通过深化非时政类报刊出版单位体制改革。改变上述状况，要不断增强报刊的传播能力，激活各个生产要素，解放出版生产力，努力构建有利于报刊业快速健康发展的新格局。

我们国家拥有数量庞大的报刊，可以说是报刊出版大国。但是大则大矣，强则不强。中国的报刊出版业之所以在国际上没有处在相应的强国地位，不是没有政策支持，不是没有刊物阵地，不是没有人才，说到底还是体制和机制的问题。转企改制就是为了适应办一流报刊的需要，为了建设出版强国的需要。在社会主义市场经济的条件下，如果不进行体制改革，企业不能够进入市场，不能够成为真正的市场主体，就无法做大做强做优，也就不可能参与国际竞争。

《传媒》：您介绍了前一阶段的新闻出版体制改革的情况，那么，改革究竟带来了什么样的变化？

范卫平：新闻出版体制改革空前地解放了生产力，带来了新闻出版事业大繁荣，带来了新闻出版产业大发展，带来了新闻出版整个行业传播力、竞争力的大跨越。2010年，全国年出版图书33万种、71亿册，出版报纸1939种，年发行量超过450亿份，出版期刊9884种，发行量超过32亿册。音像、电子、数字出版更是突飞猛进。2010年新闻出版业实现总产出达1.27万亿元，增加值3500亿元，占国内文化产业核心层增加值的60%以上。得益于新闻出版体制改革，目前我国有120多家新闻出版企业集团成功组建，有47家企业集团先后在境内外成功上市，一批出版、印刷、物流和数字出版基地纷纷建立，各具特色的区域产业集群基本形成。总体上，改革开放的"十一五"时期，新闻出版产业快速增长，与"十五"末相比，全行业总资产、总产出、总销售、总利润均翻了一番，印刷业翻了两番。可以说，新闻出版产业作为文化产业的主力军，作为国民经济新亮点的作用已经凸显。

优化结构　整合重组

《传媒》：非时政类报刊出版单位体制改革的主要任务是什么？

范卫平：非时政类报刊出版单位体制改革要完成四项主要任务。一是分期分批按照规范程序完成非时政类报刊出版单位的转企改制，使其成为能独立承担社会法律责任的市场主体；二是整合出版资源，培育一批导向正确、主业突出、实力雄厚、核心竞争力强的独具特色的大型报刊传媒集团公司；三是走内涵式发展道路，调整结构和布局，形成一批专、精、特、新的现代报刊出版企业；四是实行严格的报刊出版市场准入机制，建立健全市场退出机制，关停并转一批不符合市场准入条件、不具备报刊出版资质和违规出版以及严重亏损而资不抵债的报刊出版单位。

《传媒》：非时政类报刊出版单位转制的标准是什么？在推进非时政类报刊出版单位转企改制的过程中，需要坚持哪些原则？

范卫平：判断非时政类报刊出版单位是否规范转制的标准有六条。一是进行清产核资。二是核销事业编制。三是注销事业单位法人。四是进行企业法人工商登记。五是职工按企业办法参加当地的社会保险。六是实行全员合同制。

转企改制的过程中必须坚持六个原则，即六个"不能失"。一是党的领导权不能够丧失。转企改制必须坚持改革的正确方向，坚持党的领导。二是出版导向不能迷失。没改制之前要把握正确导向，改制之后仍旧要坚持正确导向。三是文化阵地不能丢失。改制后文化阵地依旧是文化阵地，不能把文化阵地搞丢了。四是文化品位不能消失。要做强主业、做大主体。五是国有资产不得流失。这一点是必须一以贯之的。六是职工利益不能损失。我们改革的目的是要发展，企业要做大做强做优，职工的收入和福利也要随着企业效益的提高而提高。如果改革以后导致企业职工减员、待岗、工资下降，甚至下岗，这绝对不是成功的改革，也不是我们希望的改革。

《传媒》：目前非时政类报刊转企改制工作的进展如何？

范卫平：2011年6月24日，召开了非时政类报刊出版单位体制改革工作联席会议第一次全体会议。会议根据中办发〔2011〕19号文件精神，决定建立非时政类报刊出版单位体制改革工作联席会议制度，联席会议办公室设在新闻出版总署，负责具体工作，并审议通过了《关于非时政类报刊出版单位体制改革实施方案》。6月29日，召开了非时政类报刊出版单位体制改革工作电视电话会议，对非时政类报刊出版单位体制改革工作进行了全面动员部署。随后，联席会议办公室印发了《关于非时政类报刊出版单位体制改革实施方案》、《中央各部门各单位非时政类报刊出版单位转制工作基本规程》。同时，为规范地方体制改革实施方案报送工作，又印发了《关于规范地方报送非时政类报刊出版单位体制改革实施方案有关问题的通知》。目前，各地已经陆续报送了体制改革实施方案，联席会议办公室正在进行认真的审核；对于中央各部门各单位，联席会议办公室主要是审核和确定中央各部门各单位首批转企改制的非时政类报刊出版单位名单，目前，该名单已经基本确定，下一步就是各个中央部门和单位报送体制改革实施方案，由联席会议办公室进行审核与批复。

这里需要指出的是，晚报、都市类和财经类报刊原则上都是属于非时政类报刊，但是承担的任务功能比较特殊，中央文件提出的要求是"经批准后转企"。所谓"经批准"并非可以不转，而是对晚报、都市类和财经类报刊，需要经批准后转企改制。

《传媒》：非时政类报刊中有一类比较特殊的情况，就是非独立法人编辑部。对这类出版单位的转企改制有没有具体的要求？

范卫平：报刊中非独立法人编辑部比较多，这类非法人机构几乎占到整个报刊出版单位的60%以上，中央各部门各单位的报刊编辑部更是接近70%。在中央办公厅文件中已经明确了对这类报刊出版单位的改革要求。非时政类报刊中的非法人编辑部改革有三个方向可走：一是改为内部资料性出版物；二是

并入大型出版传媒集团；三是如果前两条路子都走不通，就要考虑撤销了。对于科研部门和高等学校主管主办的非独立法人科技期刊、学术期刊编辑部，我们将另行制定具体改革办法。

抓住机遇　加快发展

《传媒》：新的形势下，我国报刊业应该如何抓住机遇，深化改革，加快发展？

范卫平：党的十七届六中全会审议通过的《中共中央关于深化文化体制改革推动社会主义文化大发展大繁荣若干重大问题的决定》指出，文化是民族的血液，是人民的精神家园。我国处于全面建设小康社会的关键时期和深化改革开放、加快转变经济发展方式的攻坚时期，文化越来越成为民族凝聚力和创造力的重要源泉，越来越成为综合国力竞争的重要因素，越来越成为经济社会发展的重要支撑。面对中央对文化改革发展提出的新要求，面对建设新闻出版强国事业赋予的新使命，面对人民群众对精神文化产品的新期待，包括报刊业在内的新闻出版业必须按照十七届六中全会精神，要抓住极为难得的机遇，继续解放思想、实事求是、与时俱进，坚持中国特色社会主义文化发展道路，不断深化体制改革，加快发展，更加自觉、更加主动地推动社会主义文化大发展大繁荣，为实现全面建设小康社会奋斗目标、实现中华民族伟大复兴而作出新闻出版工作者应有的贡献。

我认为应该在以下几个方面有所作为：一是要在传播社会主义先进文化、弘扬社会主义核心价值体系方面有所作为。我们应该牢牢把握社会主义先进文化的前进方向，高举中国特色社会主义伟大旗帜，把弘扬社会主义核心价值体系贯穿到我们工作的各个方面。二是要在加强传播能力建设，进一步提高舆论引导能力方面有所作为。要充分运用高新技术、网络技术发展的最新成果，加快构建覆盖广泛、技术先进的文化传播体系，切实增强文化传播能力。在社会热点和重大问题的新闻报道中，要善用新媒体、占领新阵地，快速反应，及时引导，牢牢掌握话语权、主动权。三是要在加强精品力作的生产，传承和弘扬中华文明方面有所作为。要大力推动内容创新，抓好重点学术期刊等精品工程，组织出版更多具有时代精神与特点的精品力作，创造出影响世界文明的中国故事、中国形象、中国风格和中国精神。四是要在加强公共服务体系建设，保障人民群众的基本文化权益方面有所作为。要努力为加快建立健全面向人民群众、服务人民群众的新闻出版公共服务体制机制，大力组织实施好服务全社会的公益性项目，保障人民群众基本文化权益作出贡献。五是要在做大做强做优新闻出版产业，推动文化产业成为国民经济支柱性产业方面有所作为。要以内容创新为重点，继续发展纸介质传统出版产业，同时还要注意优化升级，以业态创新为重点，大力发展数字出版等战略性新兴出版产业。六是要在继续深化体制改革，创建科学的体制机制方面有所作为。要按照中央领导关于"三改一加强"的要求，进一步巩固改革的成果，进一步加快企业兼并重组，进一步加强技术改造和产业产品升级，进一步提高企业科学管理水平，努力将改革的成果转化为生产力。七是要在统筹国际国内两个大局，推动中华文化走向世界方面有所作为。要积极利用国际国内两个市场、两种资源，大力实施"走出去"战略，努力使新闻出版产品、服务、企业、资本"走出去"，不断扩大中华文化在世界的影响力和传播力。

机遇与挑战
STRESSES THE MEDIA
AT ZHEJIANG UNIVERSITY OF MEDIA AND COMMUNICATIONS
——在浙江传媒学院讲传媒

《读者》：如何续写传奇
——访读者出版传媒股份有限公司总经理彭长城

文/《传媒》记者 毕 磊

　　2011年《读者》迎来创刊30周年，30年来，《读者》以其巨大的号召力和对人文关怀的不懈追求，影响了几代人，对国人的心灵、情感、理想以及价值观念等各个方面影响巨大，被誉为"中国人的心灵鸡汤"。历经近30年的发展，其月发行量由最初的3万册，达到2010年月平均发行量800万册，位居中国期刊排名第一，亚洲期刊排名第一，世界综合性期刊排名第四，走出了一条中国期刊发展的成功之路。《读者》创造了中国期刊的一个奇迹，是中国期刊界的第一品牌。而目前《读者》又向集团化、数字化、上市、多元发展等方向大步迈进。这些大手笔无不体现了《读者》掌舵人的睿智和眼光。

　　《读者》为什么会有如此突飞猛进的业绩？30年来发展的理念是什么？在未来的发展上又会有怎样的发展战略？带着这些问题，记者专访了读者出版集团副董事长、读者出版传媒股份有限公司总经理彭长城先生。

理念：从博采中外到人文关怀

　　《传媒》：《读者》这些年一路高歌猛进，取得了不俗的业绩。你们的办刊理念和发展思路是什么？

　　彭长城：在广大读者的眼里，《读者》的风格似乎是不变的，但社会在不断进步，从一本杂志的发展来讲，其风格不可能一成不变。

　　《读者》创刊以来，编辑理念是在不断调整中，从"博采中外，荟萃精英，启迪思想，开阔眼界"的办刊思路，到"贴近时代，贴近生活，贴近读者"，后来明确提出"人文关怀"和"打造中国人的心灵读本"的办刊方针，不论是内容，还是发行都实现了质的飞跃。但《读者》自创刊以来的以时代需求为着力点，坚持始终如一的人文关怀没有变，因为只有人性的东西才能够征服人心。

打造"中国人的心灵读本"的发展理念是顺应时代的需要。《读者》力求在精英文化与大众文化之间搭建一个沟通的桥梁，提倡轻松阅读、快乐阅读，努力使面对巨大竞争压力的人们感觉到精神的解脱和慰藉，鼓舞读者，激励读者。多年来，我们始终坚持对真善美的追求，始终以高雅文化、人文关怀为主调，抵制低俗。我们希望通过《读者》内容的创新树立独特的气质，通过经营上的创新打造长久的发展模式，通过技术上的创新顺应时代的潮流。

对于《读者》杂志的成长和发展，可以换句话说，是我们一直在关注"人"本身的成长和发展。《读者》30年来，就是在践行这一理念。以人性、人道、善良、美好为标尺，旗帜鲜明地倡导人文关怀，从"人"本身到社会的进步，这是辩证的关系。《读者》的人文关怀就是人的发展与社会发展的辩证统一。这不仅体现为一种文化的关怀，体现为情感的关怀，体现为成长及实现人生价值的关怀，也体现为对社会发展的关怀和责任。

《传媒》：《读者》坚持的"人文关怀"的动力来自哪里呢？

彭长城：《读者》能被各个年龄段的人所喜爱，这让我们备感欣慰。努力走在时代发展的前列，我们不断进行好中选优，百里挑一，把最精美的精神食粮奉献给读者。每期《读者》有数千万人阅读，这何尝不是一种最大的安慰和动力。

十七届五中全会提出"推动文化产业成为国民经济支柱性产业"。这不仅是国家文化振兴的需要，更对我们出版人提出要求，就是要更能符合老百姓对精神文化的追求，在新的时代需要和要求下，努力进行探索；以不懈探求的精神全身心投入编辑实践，像关爱自己的生命一样关爱杂志，用一种职业的坚守，用一种大的视野和大的时代观去做好自己的工作。

《传媒》：目前出版单位都很重视保护作品的版权。在编辑过程中，你们是如何选择稿件的，又是如何尊重作者，保护作品版权的？

彭长城：《读者》作为一本文化类综合性杂志，注重文化知识的传播和积累。编辑们编发文章时，不仅注意其思想性，更注重可读性、感染力和渗透

力。努力去体会和挖掘文章的韵味，使之能阐述人类文明的真谛，倾注社会关怀，与读者产生共鸣，可读、爱读、耐读，在互动交流中陶冶情操，达到心灵沟通的效果。以人为本、尊重读者、依靠读者、回报读者是编辑原则的体现。

在尊重读者的同时，我们更尊重作者。《读者》在中国期刊界率先大批量实行一稿三酬，使作者权益得到维护。早在2003年8月，《读者》就与百名作者、作家签订了作品使用合同，在执行著作权法、依法办刊上保护版权，安全出刊。当前，数字出版、网络出版迅猛发展，这也为我们提出了新的要求。我们在尽最大努力让作者受益。

责任：回报读者，回报社会

《传媒》：《读者》在发展过程中是如何处理社会效益与经济效益两者关系的？

彭长城：一本刊物，对社会发展抱着积极的态度和一种责任意识，才能给这个社会做出贡献并留下印记，才能在更深的层面与民族的精神和文化实现沟通和碰撞。《读者》走过了30年的风风雨雨，如今能引领期刊的发展，这离不开国家政策的支持，离不开社会各界的关心，离不开千千万万读者的爱护。顺应时代发展潮流，《读者》始终把社会效益放在首位，树立文化产业化思想，努力追求社会效益与经济效益的互利互济、互相促进，追求社会效益与经济效益的和谐统一。

《读者》注重弘扬人的主体精神，倡导对社会、公众的终极爱心，关注社会，关注环境，关注公益事业，关注自然灾害后的重建，关注教育，关注老弱病残，关注每个人的发展。就在近两年，读者集团及股份公司向汶川地震灾区捐款120万元，向青海玉树地震灾区捐款500万元，向甘肃舟曲泥石流灾区捐款200万元，捐教材图书70种，15万册，码洋100万元。2010年8月，读者杂志社携手甘肃、贵州、云南三省青少年发展基金会共同发起"分享《读者》，传递爱心——爱心订阅赠送《读者》"公益活动。读者杂志社向三省贫困地区的90所学校捐赠2010年《读者》全年杂志和一批合订本。《读者》一直在尝试用一本杂志的微薄之力为社会奉献自己的力量。

《读者》的社会影响不仅仅局限于公益事业。多年来，《读者》杂志积极调整办刊思路，适时整合刊物内容，在市场营销和品牌经营方面加大力度，策划推出了一系列大的活动。《读者》品牌和影响力的提升，使《读者》成为读者心目中信得过的期刊。

股份化：壮大实力，阔步前行

《传媒》：从单本杂志到多种出版物，一路走来，特别是以"读者"命名的读者出版集团成立之后，发展思路有了什么样的调整？

彭长城：顺应国家文化体制改革的步伐，在探寻做大做强的道路上积极探索。

第一步，在2006年元月，由事业体制的甘肃人民出版社改制为企业体制的读者出版集团有限公司。近两年，逐步完成了股改方案论证、资产梳理、财务业务规范、资产权属确认、战略投资者的选定、公司治理结构的建立和职工权益保障等诸多工作。

第二步，2009年12月，经新闻出版总署、甘肃省委文化体制改革领导小组、省政府批准，读者出版集团与中国化工、时代传媒、甘肃国投、酒钢集团共同发起设立读者出版传媒股份有限公司，标志着集团的体制机制改革迈出了关键的一步，市场化程度实现了质的突破。读者出版集团董事长吉西平先生带领集团班子，在谋划集团发展战略、调整出版结构、完善产业布局等方面，做出了不懈的努力。集团上下把内容创新和产业发展结合起来，以《读者》品牌为依托，探索资本运营和对外合作新途径，不断壮大实力，争取早日上市，为集团的未来带来更大的发展空间。

发展新媒体：实现华丽转身

《传媒》：从期刊内容的数字化，到阅读终端，再到门户网站的全新上线，《读者》在数字化方面是如何设计的？

彭长城：创新是企业，尤其是文化企业得以长久生存的灵魂。早在2003年，《读者》就推出短信交流平台，了解读者旨趣，实现真正意义上的交流与互动。《读者》杂志社的网站在建立初期，就成为国内出版行业中点击量最高的网站之一。2008年，集团在手机报等跨媒体的出版方面就开始运作，与联通、移动运营商合作，进行跨媒体经营合作。2010年，读者数码公司又全新推出读者电纸书,并取得总署颁发的出版、复制、发行牌照。同时,集团持续建设数字化资料库,对旗下所有杂志、图书和音像制品等品牌资源进行有序整理,以实现多种产品开发利用。

2010年12月,读者出版集团门户网站正式上线运行。网站还建有包括读者出版传媒股份有限公司核心产品《读者》杂志在内的10余种期刊和近千种图书的数据库。该数据库具备了在线阅读、下载、版权贸易等商务功能,将成为读者出版传媒股份有限公司数字商务平台,为读者出版传媒股份有限公司的数字业务发展打下坚实的基础。

围绕出版主业,大力发展数字出版所包含的新型出版业态,是时代的需要,也是科技与人文结合探索的结果。集团目前正在努力实现"一个主题多元化发展、一次制作多形式出版、一次生产多媒体发布、一个产品多层次开发"的新业态布局,研发数字出版最前沿的产品,打造最先进的网络传播方式,构建完整的数字出版产业链,迅速将内容与技术结合,使上游与下游得到同步延伸。

"走出去":树立民族品牌

《传媒》:《读者》不仅在国内,而且在海外也有相当的影响。《读者》是如何实施"走出去"战略的?在"走出去"中有哪些经验?

彭长城:相信大家都了解到了,2010年8月25日,《读者》杂志获准入台发行,这是大陆第一本杂志获准进入台湾地区,这对我们来说是极大的鼓舞。从对文化的传承上来说,让更多的人阅读《读者》、关注《读者》、了解《读者》的文化,也就将《读者》应有的能力发挥出来了。《读者》杂志将集合和调动两岸三地知名作家,发掘出更多更好的题材,开启两岸文化交流的新篇章。

《读者》创刊以来,通过外交部、教育部驻外机构团购,通过国家三大对外发行机构在海外宣传推广,特别是留学生、出国人员的购买及学汉语外国人的需要,《读者》在海外已拥有广泛的读者群体。目前《读者》已销售到90多个国家和地区。

在坚持以中华文化为主线的前提下,努力把中华文化置入世界文化的大构架中。《读者》正在策划出版英文版《读者》,使之不仅能打入海外华人市场,还要争取更多的国外读者，在国际市场上占据一席之地。

《传媒》：读者出版集团和《读者》在未来的发展上有什么新的规划？

彭长城：随着《文化产业振兴规划》的不断实施，"十二五"将是读者出版集团奋进的高速发展期。2010年5月2日，国务院办公厅发布的《关于进一步支持甘肃经济社会发展的若干意见》第41条中，明确提出"培育《读者》等一批具有较强竞争力的大型文化企业集团"。8月25日，新闻出版总署提出，"十二五"期间"要大力调整报刊产业结构，形成10家左右具有较强辐射能力的报刊出版产业集聚中心，以及10家左右跨地区、跨行业、跨媒体经营的大型国有报刊传媒集团"。

集团将不断调整产业结构，健全完善的运行机制，依法规范公司运行，有步骤、有计划、有进度地推进上市工作，建设四大多元平台，加强三大主业板块，争取两年完成上市，打造一流期刊出版集团。《读者》杂志将加大创新力度，提高内容质量，不断贴近读者，开发新的版本，形成定位清晰、布局合理、门类专业的立体化期刊方阵。在经营上，不断扩大《读者》的市场份额，提高《读者》印数，扩大对外宣传，提升品牌价值，形成独有的核心竞争力，形成多元经营和衍生产品开发的产业格局，翻开《读者》发展崭新的一页。

# 公益齐鲁　公信天下
——访齐鲁电视台台长徐龙河

文/《传媒》记者　马　莉

"公益齐鲁，公信天下"是齐鲁电视台的"第四代"定位语，在齐鲁台新任台长徐龙河看来，这个定位意味着齐鲁台的又一次"品牌质变与飞跃"。如业界所熟知，齐鲁电视台多年来持续快速发展，并成为中国电视地面频道的翘楚，而今徐台新任，如何继续保持增长势头？如何突破？如何超越？带着这些问题，本刊记者采访了徐龙河台长。

新的起点："自省、创新"

《传媒》：重回齐鲁台，您感觉如何？业界比较关心的是，今天齐鲁台的发展是否已经触到了"天花板"，作为新任台长，您对齐鲁台今后的发展有怎样的信心？

徐龙河：齐鲁台对我来说并不陌生，从齐鲁台建台的第一天起，我就在齐鲁台做记者，做了6年，再到卫视工作了10年，先后在新闻中心和总编室工作。今年山东广播电视台成立后，对内设机构和处级干部进行了大范围调整，7月22日台里正式公布了干部任命，我是7月25日正式交接的工作。现在回来，应该说是"回家"的感觉。

虽然10年没在齐鲁台工作，但是我对齐鲁台的关注、研究、了解一天也没有中断过，所以适应期很短，到位之后很快就进入角色，工作也基本理清了头绪。这3个月以来，我们的实践可以给业界同仁的关心做出一个初步的回答：事实上，我们确实已经站在了一个较高的平台上，但只要我们的内容创新能够继续地往前走，不断推出观众喜闻乐见的节目形态，不断地打造观众喜欢的明星主持人，还有只要我们的经营方式、管理理念不断创新，我想齐鲁台仍然可以有很好的发展。

《传媒》：山东卫视的强势崛起，会不会影响齐鲁台的收视份额？

徐龙河：8月2日，山东卫视以新版"水浒传"开播为契机进行了全新改版，整合全频道的资源，隆重推出了"水浒季"，并对广告做了较大的减量和时段调整，以暂时牺牲广告的代价，全力拼收视。

众所周知，山东是水浒故事的发生地和众多梁山好汉的故乡，山东人对水浒的钟爱使得该剧刷新了山东卫视有史以来的全国收视纪录，也创下了山东省网收视新高。这部长达86集大剧的晚间两次连播、日间三次重播，堪称2011年的最大手笔，这的确给齐鲁台带来了很大的冲击。

但是，在"强兵压境"的巨大压力下，齐鲁台的收视却逆势而上。今年第三季度山东省网和济南市网全天平均收视率和平均收视份额数据显示，齐鲁台依然雄踞山东省网和济南市网双冠王。这其中，齐鲁台电视剧的差异化编排功不可没，且以"拉呱"为代表的自办节目表现也十分突出。在电视剧方面，三季度以来，山东省网和济南市网播出前5名的电视剧，基本都是齐鲁台的电视剧，除"水浒"之外，没有其他剧可以撼动齐鲁台收视双第一的位置。

《传媒》：齐鲁台已经连续6年位居山东省网收视冠军，2010年广告收入达到5亿，2011年预计5.5亿，2012年广告创收又剑指7亿，齐鲁台成功的动力源自哪里？下一步还将如何突破？

徐龙河：如果把齐鲁台看做一辆战车，它的第一代发动机就是初生牛犊不怕虎的冲劲，即建台之初提出的"或者第一、或者唯一"的办台理念一直激励着齐鲁台创新发展。第二代发动机就是以无线发射为代表的覆盖扩张，到目前为止，山东省网有线用户约1700万～1800万户，覆盖电视人口大约5000万左右，另外齐鲁台已在全省架设9座无线发射机，覆盖全省广大的农村地区，这使齐鲁台实现有线无线双覆盖，有效覆盖率达到95%，加上覆盖周边的一些省份和地区，有效覆盖人口在9000万—1亿户，这种覆盖优势还将继续保持和扩大。第三代发动机就是以曲艺式新闻"拉呱"为代表的节目创新，确立了齐鲁台在全省的收视领先地位。

站在新的起点，支撑齐鲁台持续快速发展的第四代发动机是什么呢？我认为，这就是我们17年创业发展所积累的最宝贵的文化财富，我把齐鲁台文化品牌的核心价值总结为一句话——时时刻刻的自省，生生不息的创新。

品牌升级："公益、公信"

《传媒》：过去17年的历程，齐鲁台的定位从"城市特色，晚报风格"到"青春色彩，新锐思想"再到"参与齐鲁，共享欢乐"，每一次定位变化的背后，都是一次品牌的再造与提升。今天，是否可以这样判断："公益齐鲁，公信天下"意味着齐鲁台又一次的自我超越？

徐龙河：从战略层面来讲，这次定位的调整是最核心的东西。2005年我们提出的"参与齐鲁，共享欢乐"，第一次实现了齐鲁台节目的量变和扩张，齐鲁台也第一次在全国叫响了品牌。但随着时间的推移，无论从内在发展还是外部环境来看，这一频道定位已经不能适应齐鲁台未来的发展需求。接下来，齐鲁台要想有更好、更大的发展，必须进行品牌的再度升级。

《传媒》："公益齐鲁"体现在哪些方面？

徐龙河："公益"是齐鲁台多年来品牌积累、厚积薄发的结果。如去年"拉呱"开播5周年时，我们就提出"5周年5座桥"的倡议，由齐鲁台全额出资，帮助偏远乡村修建"拉呱桥"，既解决了当地百姓出行难的问题，也构架起与观众心灵相通的连心桥。这个活动我们会一直持续下去，每年捐建一座爱心桥。

依托"拉呱"栏目，我们还与山东省慈善总会联办了一个"毫光工程"，这是公益性的集中体现。从2006年到现在，"毫光工程"募集了社会捐助资金400多万，6年来，"毫光工程"救助的对象数不胜数。

我们还举办了一系列的公益活动：关爱留守流动儿童、"天使之翼"救助肢残儿童活动、救助"美丽受损女性"、"堵住吃人的机井"、"5.19勿要酒"戒酒行动……此外，齐鲁台出资在全省农村建立了100多个留守流动儿童活动站、17个齐鲁乡村卫生站、19个齐鲁文化站、4个爱心操场等。这些常年坚持的公益活动，证明了齐鲁台的公益力量，也为齐鲁台赢得了收视之外的关注度和好口碑。

齐鲁台的主持人更是各种公益活动的积极参与者：如"拉呱"的"小么哥"现在是济南市公交安全形象大使、山东省消防安全形象大使等，"每日新闻"主持人树辉、"新聊斋"主持人王蓍都是山东省无偿献血形象大使,"为您办事"的"小侠女"王羲任省妇联"关爱留守儿童"形象大使。

因此,将"公益齐鲁"作为定位语,是水到渠成的,是对我们这些年来公益行动的一种总结、延续和进一步的继承、发扬。"公益"之路让齐鲁台由单纯的信息传播者自觉地变成了社会责任的"担当者"、公益行动的"践行者",通过倡导、推动、践行公益事业,齐鲁台在观众心目中的公信力大大提高,这对塑造电视品牌的核心价值无疑非常有益。

《传媒》:那么"公信天下"又为何解?

徐龙河:如果说"公益齐鲁"是齐鲁台的外在形象,那么"公信天下"则是齐鲁台的灵魂内核。齐鲁台要以公益提升公信,以公信驱动公益,实现齐鲁品牌的再度跃升。

公信力是一个媒体存在的基石,是衡量媒体权威性、美誉度和影响力的标尺。从建台开始,齐鲁台就提出"新闻立台,时刻关注公共利益,充当公众意见领袖"的宗旨。目前,齐鲁台以傍晚和夜间时段主打的新闻节目,集中打造齐鲁台的影响力和公信力。傍晚时段是100分钟的直播时段,包括"新聊斋"、"拉呱"、"每日新闻",9点半开始晚间大型直播时段,由"一天零一夜"和"星夜拍案"组成。

此外,2008年10月齐鲁台创办的以重大突发事件打断式直播报道为特色的"独家!"栏目,更成为齐鲁台影响力和公信力的最大增长点。自开播以来,播出 Break 新闻数百次,内容包括重大突发事件、政府信息发布、民众求助、信息辟谣等,在观众中产生了广泛的影响力。如全运会前的奥体中心大火,"独家!"连续数次打断式直播;又如今年3月发生的"抢盐"风潮,"独家!"连续6次的打断式直播,起到了及时发布权威信息、澄清谣传的作用,有效地遏制了"抢盐风潮"的蔓延,受到了有关部门的高度评价。"独家!"第一时间抢占新闻制高点,发布及时、准确、权威的信息,让山东观众已经养成了"每遇大事,先看齐鲁"的收视习惯,这也是齐鲁台公信力的集中体现。

新闻的最高境界在于公信力,靠新闻立台的齐鲁台以"公信天下"为己任,这是我们的不二选择。

节目改版:"两新、三塔"

《传媒》:2011年即将过去,明年齐鲁台会有哪些新布局?

徐龙河:我们把最新的节目改版方案概况为"两新、三塔"。"两新"就是继续深化"新闻立台"的办台理念,打造"么敢当"、"小溪办事"两档新栏目;"三塔"就是构建全天民生新闻三个集中时段的编排格局。

《传媒》:"么敢当"这个名称有什么来历吗?这档节目有哪些特色?

徐龙河:齐鲁台这些年最成功的节目都是嫁接创新的产物。"拉呱"是曲艺和新闻的嫁接,"新聊斋"是传统故事讲述风格和现代新闻内容的嫁接。接下来,我们要在"拉呱"的基础上,继续进行品牌创新和品牌扩张,嫁接一档新的节目,叫"么敢当",时长80分钟,午间11:50播出,还是"小么哥"主持。

"么敢当"的名称来自于"泰山石敢当",民间传说中的"石将军"石敢当是敢说敢当、打抱不平的正义化身,这也让山东观众听起来比较亲切。

"么敢当"和"拉呱"有所不同,"拉呱"讲的是"家事",家长里短,身边人身边事;"小么哥"在"拉呱"里边就像一个邻家的小伙儿,在"么敢当"里,他讲的则是国事、天下事,让大家足不出户便知天下事。在"拉呱"里,小么哥是有么说么,幽默风趣;而在"么敢当"里则是敢说敢当,嬉笑怒骂,麻辣点评。

"拉呱"的创新是严肃的新闻和娱乐的曲艺方式的嫁接,在"么敢当"里,我们又有一种新的嫁接,是由最本土的"小么哥"和来自山东大学、山东师范大学的外国留学生共同主持,一中一外,一土一洋。我们期望曲艺元素和外国脱口秀的结合,会形成一种新的嫁接效果。

《传媒》:"小溪办事"听上去应该是一档服务性的民生新闻节目吧,齐鲁台对这档节目是什么样的定位?

徐龙河:没错。2004年,齐鲁台的"每日新闻"开设了一个小板块叫"为您办事",每天3分钟。没想到,创办不久就成了明星板块,主持人王羲在山东更是家喻户晓,被称为"小侠女"。今年6月,中宣部、广电总局专门下发文件,表扬"为您办事"在关注民生、促进和谐、弘扬正气方面的积极作用,要求总结经验,全国推广。明年元旦,"小溪办事"将在"为您办事"

基础上扩版为主流栏目，齐鲁台力争把它打造成继"拉呱"之后的第二张名片。

"小溪办事"主打服务，突出公益。自古山东出好汉，他们路见不平一声吼，行侠仗义走天下。"小溪办事"把"小侠女"办事风格复制到由她派出的"特派员"和"别动队"身上，弘扬"该出手时就出手"的见义勇为的侠义精神。

"小溪办事"追求的是社会公平和正义，体现的是关爱百姓、集小善为大爱的现代公益精神。"溪"是溪水的溪，一是小侠女王羲的"羲"的谐音；二是溪水虽没有大海的磅礴气势，但是涓涓溪流也可汇成人间大爱。我们希望通过我们的示范，感染观众，增强老百姓的公益意识，重塑社会公信力。

《传媒》：您前面提到过的节目编排方面的"三塔"具体指的是什么？

徐龙河：除了增添以上两档全新的新闻栏目之外，齐鲁台还准备将原来晚间新闻主打栏目"一天零一夜"改版升级并更名为"101"，时长将由43分钟增加到80分钟。"101"的名字体现了齐鲁台"或者第一，或者唯一"的创新理念，我们也期望"101"将在夜间电视版图上再造新高度。

至此，午间有大板块直播新闻"么敢当"，傍晚有直播节目带"新聊斋"、"拉呱"、"每日新闻"、"小溪办事"，后晚间则有直播节目带"101"、"拍案"，每天7档新闻节目共同构成了一个全方位、大容量的民生新闻体，分别占据三大时段，所以我们称其为"新闻三塔"。

通过梯次式改版，首播新闻节目由现在每天的190分钟扩大到每天330分钟，同时压缩电视剧播出量，增加新闻节目重播量，齐鲁台每天就有近12小时播出新闻节目，占全天有效播出时间的2/3。这在全国的电视综合频道中有可能又开创了一个先河。

《传媒》：从长远来看，您对齐鲁台未来的发展有怎样的期许？

徐龙河：齐鲁台走过了17年，明年就要进入它的成年礼，我们会持续一年的策划活动，作为一个成年季，到2013年元旦的时候，举办大型的成年礼。成年了的齐鲁台，就不能光靠那种冲劲儿了，要让步入成年的媒体保有可持续发展的原动力，就要更加重视文化的内涵，这个文化内涵就是自省和创新。一个高收视率、高美誉度、高公信力的新齐鲁明年将在山东广播电视台大发展的格局下跨上新的台阶。

党媒更应立潮头

——访中国新闻史学会会长程曼丽

文/《传媒》记者 杨驰原 卢剑锋

历史虽然唯一且客观存在,史学研究却可以有很多角度和方法,但角度多维、方法多元,目的却都相同——服务于今天。新闻史学研究也是一样。

以史为鉴,可以知未来。新闻史学者如何看待党的新闻史?对当前的发展有何启迪?本刊记者特赴北京大学,采访了中国新闻史学会会长、北京大学新闻与传播学院教授程曼丽女士。

思想理念——与事业发展同步

《传媒》:程会长,您好!在新闻史学的研究中,党的新闻思想的研究是很重要的一部分。您是如何看待建党90年来党的新闻思想的发展?

程曼丽:这个问题问得好。在对新闻事业发展的历史和现状有了基本了解之后,我们更应该关注新闻思想和理念这一更深的层面。我写过论文《中国共产党新闻思想探析》,之后也一直没有放弃对中国共产党的党报理论和新闻思想进行溯源、述评和研究。今年是中国共产党建党90周年,事实上,这90年有着明显的阶段性特征,大致可以分为三个历史时期。

第一个历史时期是从1921年建党到1949年中华人民共和国成立,将近30年的时间。建国以后的60年又可以分为两个阶段,前30年和后30年。这三个历史时期各有特征,但中间又有一脉相承的东西。比如毛泽东从建党时期的新闻活动开始,到后来的革命、建设中形成的一些报刊理论和新闻思想,始终都有连续性。由于时代特征的不同，党的新闻思想在每个新的历史阶段上，对前一个阶段都有一些新的补充。总之，既有一以贯之的东西，又有着不同阶段上的丰富和发展。

回顾和梳理建党后到新中国成立的30年，我们不难发现，中国共产党是把报纸、杂志等新闻媒体作为一种战斗武器、把新闻事业作为党的整个事业的一部分来对待的。

任何一种理论、理念、原则都不是凭空出现的，而是有它产生的土壤。作为历史研究人员应当去挖掘它背后的因素——它为什么是这样的。以毛泽东为代表的党的第一代领导人，是中国共产党新闻思想的奠基者。由他们所在的那个时代所决定，他们关于党的新闻工作的思想与论述，主要是围绕"革命"二字展开的。为什么？因为毛泽东的革命活动和办报活动是从五四运动开始的，"五四"运动又是新民主主义革命的开端。这个时期，中国社会经历了一系列重大的变化：中国共产党成立、第一次国内革命战争、土地革命、抗日战争、解放战争直到新中国建立。从历史上看，任何一次重大的社会变革，都会伴随着统治阶级的重压和被统治阶级的反抗。而要推翻一个阶级势必要制造舆论，要通过舆论来引导民众，建立新的政权。任何革命都是如此，英、法资产阶级革命，美国独立战争也是这样。不同的是，与西方资产阶级革命相比，中国革命具有更加突出的革命性，因为它不是以一种私有制取代另一种私有制，而是以公有制全面取代私有制，所以难度就更大一些。所以，那一时期的新闻思想特别突出的特点是强调报刊作为阶级斗争工具的作用，强调报刊宣传、鼓动和组织的作用，强调报刊为党的中心任务服务的职能。

新中国建立后，中国共产党人在革命年代逐渐形成的关于新闻事业的性质、作用、地位、功能等思想被确定下来，同时增添了新的内容，成为新时期报刊宣传工作的指导性的理论和原则。

《传媒》：您能不能具体谈谈都做了哪些补充和完善？

程曼丽：历史的发展是一个连续的过程，不可能在哪一个时间节点上完全中断，中华人民共和国成立后党的新闻思想也是如此。新中国成立初期，各种敌对势力仍然存在，政权的巩固需要一个过程，因此一定程度上还是沿用了革命时期的那种舆论动员方法。无产阶级政权建立以后，报刊为党的中心任务服务这一点没有改变，但是随着党的中心任务的改变，报刊工作增加了新的内容——为社会主义建设服务。

机遇与挑战
STRESSES
THE MEDIA
AT ZHEJIANG UNIVERSITY OF MEDIA AND COMMUNICATIONS
——在浙江传媒学院讲传媒

社会主义建设时期，基于原有的新闻思想和理念，根据时代发展的需要，逐渐形成了系统化的理论和原则，包括新闻工作必须坚持党性原则；在阶级消灭之前，不论报纸、刊物、广播、通讯社都有阶级性；遵循一切从实际出发、实事求是的原则；倡导深入实际、联系群众的工作作风；实行全党办报、群众办报的方针；新闻工作者要用马克思主义武装自己，要有为人民服务的精神，要树立准确、鲜明、生动的文风等等。

《传媒》：那么您是如何看待第三个"30年"党的新闻思想和新闻事业的呢？

程曼丽：第三个30年是改革开放至今，这30多年又可以分成两个阶段，第一个阶段是1978年十一届三中全会召开到上个世纪末，第二个阶段是进入新世纪以来。

十一届三中全会以后，全国思想理论界在认识上发生了重大的转变，新闻界在改革开放、思想解放的大环境中，也从低谷中走出来，实现了跨越式的发展，进入了前所未有的黄金时期。改革开放以后到上个世纪末中国新闻业的发展呈现出三个变化。

一是思想观念和理论体系的变化。十一届三中全会以前，理论界受极左思潮的影响，把革命年代形成的阶级斗争的观念扩大化，把报刊是阶级斗争工具的作用扩大化。这使得当时的新闻学研究缺少学科特色，基本上还是把新闻理论与阶级斗争的理论相提并论，认为新闻史就是阶级斗争的历史。改革开放以后，这种情况发生了变化，人们对新闻事业的本质属性有了更清醒更全面的认识，了解了阶级斗争不是新闻事业的唯一职能，新闻事业和新闻实践本身有着不以人的意志为转移的内在规律性。通过不断地讨论和研究，人们加深了对媒体规律性的认识。在我看来，观念的改变是最根本的改变，观念上不突破的话也就没有后来新闻业的繁荣发展，这一点非常明显。

二是新闻业发展格局的变化。改革开放以后，广播电视业进入快速发展的轨道，90年代以后，电视更是以视听兼备的双重优势，影响力直逼报纸、广播，成为强势媒体。电视媒体的快速发展，改变了新闻业的发展格局。以前都是报纸唱主角，而这一时期形成了报纸、广播、电视各显其能、全面发展的局面。

另外就是有一些格局被打破，如办报体制。以前都是机关报体制，而这个时期出现了不同种类媒体并行发展，以及媒体受众细分化和媒体专业化的发展态势，出现了逐渐与国际接轨的趋向。

三是新闻教育的变化。改革开放以后，随着新闻业的快速发展，专业人才的需求日益迫切。于是很多高校开始恢复或设立新闻专业，招生人数不断增加。上个世纪 80 年代以后，为了适应传媒业发展新形势的需要，有条件的新闻院系在办好新闻专业的同时，开始拓宽专业口径，建立了传播学、广告学、媒体经营管理等专业和方向，新的课程也相继开设，新闻传播教材的数量越来越多，内容也越来越丰富。

进入新世纪之后，有两个时代特征不容忽略。

一是新媒体的影响力越来越大。这一点是身处这个时代的人都有切身体会的。新媒体最大的特征就是互动和分享，Facebook、Twitter 这些社会化媒体更是为用户带来了个性化的施展空间和前所未有的信息自主权。新媒体不但颠覆了传统媒体精英垄断传播的地位，也使政府的信息管理或舆论引导的难度大大增加。所以，新媒体发展带来的已经远远不是技术层面的挑战，而是深入到社会生活的方方面面，政府、媒体甚至我们每个人都需要进行调整以应对挑战。

二是媒体的国际化程度越来越高。媒体国际化程度的提高与中国经济这么多年的快速发展以及国际舆论环境的变化有很大的关系。很多媒体已经很敏感地意识到这样一个趋势，一些中央级媒体借船出海，实施"走出去"战略，一些地方媒体也主动利用新的资源到国外办报办刊。广播电视媒体海外落地的范围不断扩大，形成了广阔的覆盖面，这些都是以前没有过的。与此同时，我国驻外记者人数不断增加，在一些世人瞩目的重大新闻现场，在以往中国媒体难以到达的地方，也更多地出现了中国记者的身影。

2008 年北京奥运会的举办，为中国媒体提供了一次和世界级大媒体同台竞技的机会，我们的专业团队和技术水平都得到了一次很好的检验。当然，在与国际媒体的竞技中，也暴露出我们的一些问题，使我们更加清醒地认识到自己的不足和需要努力的方向。北京奥运会之后国家层面一个明显的变化，是积极推动和促进中国的主流媒体加强软硬件的建设，朝着国际一流媒体的方向迈进。为此很多媒体都在制定未来 5 年、10 年的发展规划，努力建设具有国际化水平的媒体，在更大的范围内争取话语权，提高影响力。

总的来说，这 30 年间中国的新闻业取得了很大的成绩，实现了由低水平复制向高水平建设的过渡，由粗放式经营向集约式经营的转变，由单一媒体形态向媒体融合的发展，并且逐渐告别了过去单一的党报模式，建立起多种类、多层次、多功能、多样化的新闻媒介网络，形成了高科技、现代化的传播体系。

《传媒》：刚才您把新中国成立以来党的新闻事业的发展区分为两个历史时期，那么总结这两个时期，60年来党的新闻事业有哪些重大变化呢？

程曼丽：对这个问题我有几点思考。

一是我们要看到，中国的新闻事业是在不断探索、不断总结经验教训的过程中逐步发展起来的。在这个过程中，它走过弯路，也经历过曲折，甚至出现过倒退。但是总的来看，它还是一个波浪式前进和螺旋式上升的过程，和国家整体发展的特征相吻合。二是，新中国成立初期，由于所处环境十分复杂，党和政府更多强调了新闻媒体的"工具"功能，除此之外的其它功能处于弱化状态。进入新时期，随着社会生活环境的变化，媒体作为信息传播载体的特性显露出来，"工具"之外的其他功能得到开发。适应这种变化，新闻业的管理也由过去单一的党报模式向以党报体制为主的、信息与文化产业并重的模式转变。这种转变既保证了国家的持续稳定发展，同时也符合媒体发展的内在规律与要求。三是中国新闻业的发展经历了由背向世界转为面向世界、融入世界的过程。四是中国新闻业的发展是传播科技提速更新的过程。从单一媒体到多媒体，从一元化管理到多元化管理，这个变化特别明显。五是新闻业的发展是观念不断更新的过程，我刚才也谈过，观念的改变才是最根本的改变。

党报旗手——锐意改革　创新发展

《传媒》：新闻史研究中非常注重重点报刊的个案研究，您认为新中国成立前党的办报办刊实践对现在的党报党刊有何借鉴之处？

程曼丽：新中国成立之前出色的党报党刊不少，这里我想特别提一下《解放日报》，因为它对后来党报的影响比较大。

根据社会发展的需要及时调整报刊宗旨和内容，与时俱进，是保证媒体生命力的重要举措。现在的许多媒体都是这样做的。而早在1942年，根据解放区实际工作的需要，《解放日报》就进行了一次改版。1942年，全党范围内开展了以"反对主观主义以整顿学风，反对宗派主义以整顿党风，反对党八股以整顿文风"为内容的整风运动。在这场运动中，《解放日报》检查了创刊以来存在的问题，主要是新闻报道与党的实际工作相脱节的问题，决定进行彻底改革，使它成为真正的党的机关报。

改版以后，《解放日报》最直观的变化，就是版面顺序的变化。虽然看起来仅仅是版面的调整，它的影响却是很大的。改版之前，《解放日报》以刊登国际新闻为主，一版二版都是国际新闻，第三版是国内新闻，第四版是边区新闻。改版后的《解放日报》面目焕然一新，一版二版改成了反映解放区情况的要闻版和边区新闻版，开始反映身边的事实，贴近百姓的生活，不再脱离解放区的实际了，不再脱离党的中心工作了。

在《解放日报》改版中形成的一些思想和原则，为中国共产党的新闻理论和模式奠定了基础，它们对于今天的新闻活动都是具有教益和启发性的。这些思想包括：强调新闻的本源是事实，新闻的真实性是新闻工作的基本原则；确立"全党办报"的思想和方针；强调新闻工作者的党性修养，确立"人民公仆"的思想；反对党八股，树立生动活泼的文风；强调理论和实践相结合等等。

《传媒》：您认为改革开放后办得不错的党报党刊有哪些重要经验？对当前党报党刊的发展有何启迪？

程曼丽：改革开放后办得不错的党报党刊很多。在这里我想特别提一下《广州日报》，因为作为一份地方党委的机关报，它在报业市场上创造了很多第一，包括在广东地区发行量第一，订阅量第一，零售量第一等等。它有两大突出的特色，一是贴近百姓，用读者喜闻乐见的、活泼多样的形式报道国内外重大新闻，形成卓越的品质，让大家喜欢，让大家信任。二是立足于科学的经营管理，不断提高市场竞争力。《广州日报》具有敏锐的市场意识，按照市场规律运营，按照现代化企业的机制运作。很多报业集团没有解决好的问题，比如究竟是报办集团还是集团办报，如何突破传统党报事业单位企业化管理模式的问题等等，它都在致力于探讨和解决，这使它能够始终保持活力。

从《广州日报》的发展我们可以看出，党报党刊能够做到最好，能够在媒体发展过程中起到引领作用。《广州日报》之所以能走到今天，就是在现实提出了一个个新的问题之后，勇于探索，善于解决问题，在不断解决问题中与时俱进。党和政府一直提倡舆论引导，我们想想看，如果党报都是发行量低迷，没有市场，没有人理睬，还谈什么舆论引导？还怎么履行党报党刊的职责？而《广州日报》不但保持了政治上的优势，又贴近了百姓，受百姓欢迎，舆论引导也就更容易落到实处。

党报党刊现在正处于新媒体和社会化媒体快速发展的环境中,这对它们来说是一个很大的挑战。在新的环境面前,党报党刊一定要清醒地看到传媒业发展的新走向和它所提出的新课题。当前,我国的传媒产业正在经历一次变革,变革是挑战,同时也是机遇。在这次变革中,党报党刊首先应当跟上潮流,然后要引导潮流。在这次变革中,党媒更应立在潮头。

当然,很重要的一点就是党报党刊亟需提高舆论引导水平。目前中国正处在社会转型期,出现了价值观念多元化和话语多元化的情形。党报党刊如何引导舆论,有效传播主流价值观?内容怎样做更加吸引人?形式怎样才能让大家更容易接受?在这些方面,时代向党报党刊提出了更高的要求,这是摆在党媒面前的一个重大课题。

风云人物——精神引领　辉煌待续

《传媒》:新闻史人物的研究是新闻史研究中很重要的一部分,在党报党刊长达90年的发展历史中,涌现出了一批批优秀的新闻人物,您认为党报党刊的先驱们给我们留下了哪些宝贵的精神财富?

程曼丽:学界对于中共党报党刊重要人物的研究一直没有中断过,包括对陈独秀、毛泽东、恽代英、周恩来、刘少奇、瞿秋白、张闻天、陈毅、邓小平以及萧楚女、邓中夏、张太雷、蔡和森、李立三、谢觉哉、邓拓、廖承志、范长江等人的研究。这里我特别想谈谈范长江。

范长江曾经说过,一个记者,如果能为一个伟大的理想工作,那是值得"鞠躬尽瘁,死而后已"的。了解范长江新闻实践活动之后会发现,从旧时代的记者,到成长为党和国家新闻事业的领导人,他从事新闻工作不是为了个人名利,而是为了寻找中国的出路,为了追求真理,为了实现用新闻为人民服务的理想。正是因为有了这样的理想和信念,他才能在新闻史上留下不平凡的业绩。

25岁时,范长江就以《大公报》特约通讯员的身份,走遍了大半个中国,真实记录了中国西北部人民的苦难生活。抗日战争爆发后,他又冒着炮火,深入采访,发表了大量的战地新闻。周恩来等党和国家领导人对他的报道给予了高度的评价。他的文章和著作对新一代的新闻工作者也产生了积极的影响,为了纪念他和邹韬奋的贡献而设立的长江韬奋奖已经成为全国优秀新闻工作者的最高奖项。

去年，新闻史学会在北京大学组织了一个活动，请历届长江韬奋奖的获奖者和高校学生见面，效果非常好。这些获奖者的代表都是长江精神的化身，他们现身说法，为学生们介绍自己的从业经历。活动结束后，媒体采访了各校的学生代表，他们都说收获很大、很受教育。

《传媒》：您对党报党刊研究有什么建议？

程曼丽：专门从事党报党刊研究的人员不是很多，但是这些年也有了一些研究积累，研究范围也在不断扩大。过去对中央一级报刊的研究多一些，现在地方党报党刊也有人开始关注并研究了。新闻史的研究方法也日益多样化，以前的新闻史研究往往是历史描述再加一个简单的评价，现在也将定量研究和其他相关学科的方法引入新闻史研究中来。

在我看来，目前的不足之处是：缺乏对于党报党刊历史研究的系统性和连贯性；对建国后党报党刊的研究还没有全面展开；对地方党报党刊的研究刚开始但还是偏少，个案研究尤其不足。另外我们注意到，一些研究仅仅限于表面化的介绍，没有进行学理层面的分析和探讨，对现象背后的规律或本质较少涉及。这些方面还是有很大空间的。希望研究者们不断精进，在党报党刊研究方面做出新的成绩。

何力的下一站：《全球商业经典》

文/《传媒》记者　彭　波

2011年情人节的前一天，何力的微博发布了"按语"中的招聘启事。在此之前，关于何力离开《财经》的消息就已传出，而何力本人也曾表示2011年希望有一个新的开始。于是，财经类杂志中，继胡舒立团队离开《财经》、牛文文创办《创业家》、刘东华离开《中国企业家》后，又一位资深财经媒体人士面对整个行业市场变化，作出新的调整和尝试。何力的下一站将是哪里？

一路光荣，碰撞中圆融

"一本以周为出版周期的商业新闻杂志，在截稿日当天更改封面故事，会有怎样的急促、混乱？问题在何力心里一闪而过，没有停留。"这段话来自《传媒》杂志2008年6月期的何力专访，那时的他还是《第一财经周刊》的总编辑，但面对汶川地震这样的重大事件，他显示出一个新闻人的果断与责任。

"何力，在中国经济格局变革震动的80年代末跨入财经新闻人的队伍，他将西方媒体的影响带入媒体运作，他本质上遵循中国主流报纸传统；他是个优秀的媒体人，但他在管理方面乏善可陈；他宽容，他软弱。"这样的评价让记者在采访之前对何力充满疑惑，尽管他曾担任社长、总编辑的《经济观察报》曾是记者求学经济学领域时的"导师"。

不妨翻看一下何力的履历，从业20年间，他师出《中华工商时报》的建立者和主持人丁望。12年里，曾经的"文艺青年"何力边干边学，从一个连5

个"W"都不知为何物的年轻人，一步步成长，编辑、新闻部主任、总编室主任，直到总编辑助理。可叹的是，这份报纸尽管曾凭借"自主经营"、"自负盈亏"的机制变迁所释放出的巨大能量和创办者的激情在短期内达到一个高度，却没有支撑起日后的发展，何力开始萌生去意。2001年1月1日，他选择这一天离开《中华工商时报》，正式就任《经济观察报》总编辑。

《经济观察报》是一份有着科学运作机制的报纸，何力与他的团队很快达成了"四有新人"办报和"理性、建设性"的主张。"我觉得你这样做有问题，与其告诉你这样做不好，不如告诉你更好的方式，这样你既改正了缺点又学到了正确的方法。这既是我们内心的愿望，也多少带有权宜的色彩，前者是主要的"，这段话大概就是"经观之治"的何力心得。于是这份提倡"橙色风格"以及后来人们所谓的"穿灰色套装、吃绿色食品、看橙色报纸"的生活方式成了中国中产阶级的标志。而其优雅的叙事风格、浓郁的文人气质也引来了大学生的追捧，笔者便曾是"经观热"的参与者。

世事难料。2005年8月，理想主义者云集的"经观"突发人事地震，7个月后何力就任社长。2006年10月，又一条"经观"人离职的消息在传媒圈儿风传，这次事件的主角是何力，他的新东家是杨澜吴征夫妇所有的阳光媒体集团。但这段从业史相对短暂，何力与阳光集团的"蜜月"很快过去，主要原因是何力曾提出的新媒体战略流产，但不是唯一的原因。"我的权力，大概是100万以下可以说了算，100万以上需要汇报，而实际上权限没有这么大。"2007年7月，何力的"阳光之旅"结束。

既然"经验丰富的传统媒体人，不可能去创造一个伟大的新媒体"，那何必自己跟自己"拧巴"？何力选择重回自己熟悉的传统财经媒体。那就是《第一财经周刊》，据说2008年2月25日，在《第一财经周刊》举行的创刊仪式上，46岁的何力伴着极具动感的音乐高调出场，并以一个颇为潇洒的360度转身赢得在场众人的欢呼，令人大跌眼镜。但这就是何力，他没有忘记这本刊物是以"成长的一代"作为目标读者的，身为总编辑的何力此举实在是煞费苦心。

"《第一财经周刊》不是独立法人，没有社长，所以从内容、广告、发行到市场推广，我要负全责。而最牵扯精力的还不是杂志的具体业务，而是各个方面关系的协调。在"第一财经"这个庞大的机构中，视业务的不同，要经常与公司的领导、财务部门、人事部门乃至"第一财经"的上级机构上海文

广新闻传媒集团、上海市有关部门和国家有关部门等方方面面请示、汇报、沟通。压力蛮大,谈不上满意或者快乐。"

不快乐、不何力,这样幽默的他要接受这样繁杂的工作似乎有违个性,很快,命运抛出了诱人的"橄榄枝"。

刚离开的地方,它叫《财经》

2009年11月9日,《财经》主编胡舒立正式辞职。11月10日,原《第一财经周刊》总编辑何力、原《投资者报》总编辑赵力、执行总编辑何刚正式加盟《财经》。

何力,这样圆融而微笑的人站在了风口浪尖上。他的压力或许比之"潇洒"离去的胡舒立更是不显山不露水地重。"这是一个太棒的机会,我是一个有欲望的正常人。做财经媒体这么多年,如果说对《财经》没有想法那是不可能的。"

接任之初,何力就曾在媒体前发言称,新的《财经》会在传承的基础上有所创新和变革。创新需要时间,虽然当时具体要如何创新我们还不是非常清楚,但大的方向一定是推动国家和社会的进步,让这个国家更民主、公正和健全,是每个新闻人都应不懈努力的追求。"

但是,何力面临着巨大的采编压力。原《财经》采编人员大部分离职,当时12月要出版的的两期杂志面临着人手严重紧缺。在不到一周时间里新《财经》紧急入职的编辑记者只能充满一个小角落,不到20人的队伍要完成过去近200人的工作。"但是也只能挺住、也必须挺住。"

11月23日,新《财经》杂志以《奥巴马棋局》为封面文章准时出版,在杂志的目录页中可以发现,编辑仅余3名,记者仅6名,在其后的文章中,有大量署名"特约撰稿人"的稿件。言及于此的何力,看上去很是沉重,笔者意欲追问这其中的艰难,何力却不愿多谈。

但很快,他感觉到碰撞。

每本杂志都会有主编的影子,何力不是胡舒立,新旧《财经》渐渐有所不同。看何力的职业履历,每一次他的理念都几乎是"理性、建设性"、都几乎是"宽容",这样的风格与《财经》原有的读者期待渐行渐远。"在接手《财经》时,我希望能办一份自己理想中的杂志。我可能希望它更有历史眼光，更有人文色彩，有更好的表达方式。"但事实上，当何力试图将这些理想注入《财经》时，他感受到碰撞，或许是激烈的。"《财经》一路走来，已经有了它自己的灵魂，有它所特有的时代角色和使命，有读者对它根深蒂固的预期，要改变很难。"此后，再有何力的消息，就是他离开了曾经让他心生欲望的《财经》，带着一本自称为收山之作的《全球商业经典》出现在世人眼前。

距离新闻远一点

重新开始，"我们希望能给大家一些陌生的东西"，何力的口中，很少出现"我"这个字，强调团队意识，是一个职业经理人的本能。

早在今年2月，何力就在微博中透露，正在筹办一本杂志并广泛招聘人员。不久，他又向媒体确认将离开《财经》，创办新杂志。不到半年，《全球商业经典》成为何力口中的最后一次创业。

"怎么讲呢，我对这本杂志内容的理想规划是自己只生产三分之一的内容，其余部分通过购买版权及寻找合作伙伴实现。我希望这本杂志成为内容的汇集者、筛选者、组织者和判断者。更重要的是尽量提供给读者一些陌生的作者、陌生的故事、陌生的人、陌生的视角、陌生的事实，我们想做一点现在这个市场上没有的东西，或者是相对稀缺的东西。但是，蛮难的。"

不知道为什么，当笔者拿着何力这本改版后红色封面的《全球商业经典》，翻着《打破伦常的搅局者》、《中国移民的新房子》、《谁动了稻盛和夫》这样的文章时，竟会远远地感受到当年阅读《经济观察报》时的愉悦与熟悉。

"呵呵（何力真的很喜欢笑，对于记者抛出的问题，他总是笑声在前），现在大家都比较急于表达、站队，却很少沉静下来，适当地往前看一点。《全球商业经典》里所记录的事件，其实就是想以'跟它稍微拉开点距离'的视角去呈现给读者多一些的选择和思考。或许，是带着一点'经观'的影子。"

看"经观"的时候，笔者的一大爱好是读苏丝黄的专栏，并常常希冀亲身感受文章中的那些地方、那些人。"现在，如果我们要写异域的一些事情，或者邀请某方面的专家，我们就会亲身前往或者陪作者到当地走一趟。因为可能当地正在发生新变化，那我们就得出资费再过去一趟。惟其如此，可能才会把当代人的思想、情感、认知和具体的故事结合在一起来打动人。"

多么理想，这样精心打磨的作品，该是多么满足读者"饕餮主义"的精神大餐。但成本？"是的，我一次甚至有点绝望地发现，如果真的按照这样的想法去认认真真地做一本杂志，赚钱是多么困难的一件事情。就目前来看，要保证这本杂志的品质，一年不花掉3000万是不可能的。"何力认为，"但是，如果做好的话，自己养活自己是没有问题的，可如果你指着这个产品赚钱，那投资的估值会很差。以公司目前的财力支撑，《全球商业经典》可以连续亏损三年。目前处于品牌培育期，我们争取在2014年做到盈亏平衡。"

天生的，他不是会算计的商人；却天生的，是一个真正做杂志的人。

只是，太理想，就不得不面对"接地气"的问题。"这个问题不是一个人问我了，比如你所关注的东西会不会过于流于表面？你的立足点究竟在哪里？"毕竟这本杂志不是柏拉图的"信马由缰"。

"我们试图开辟一个新的产品模式出来，我们描述这个杂志，是一本以商业为起点，探讨商业和政治、经济、社会、文化之间的关系，以及这些领域对商业发展的影响的杂志。我们要找到一种方法，即在探讨商业跟外部世界关系的时候，能够让它褪去表面化，落到实处的方法。这个工作是我们未来一段时间要做的事，这件事做好了，这本杂志基本就算成功了。"

"这个世界会好的"，带着"温情主义"特质的何力即便是要用笔描述经济学这样的显学，仍然用了这样温婉的话语，并写在了杂志的封面，尽管任谁都知道商业的暗战中常常血流成河。

"但我的确这样相信，人们可以说这是中庸、是取巧。但对我而言，我至少不会违心地去做一件事，虽然我有怀疑的一面，但我也有乐观的一面。真的，这个世界会好的。"

这就是何力，高大、宽容、乐观。他起身相送时，日光灿烂地洒满了这座位于建国路的白色建筑。

七十年的坚守：人民广播为人民
——访中央人民广播电台副总编辑史敏

文/《传媒》记者 马 莉

作为中国共产党早期发展的最艰难也是影响力最大的媒体，广播在中国革命、建设和改革的各个历史阶段，均做出了不可磨灭的贡献。中央人民广播电台的诞生与成长是中国广播事业发展壮大的缩影，它书写了中国广播的华彩乐章，也见证了在电视、网络等新媒体冲击下广播的坎坷征途，引领了广播改革的新发展。

中央人民广播电台经历了怎样的发展历程？在内容的打造方面有何特色？又是如何突破瓶颈，实现创新发展的？中央人民广播电台副总编辑史敏接受了《传媒》与人民网传媒频道的联合采访。

历程：70年四阶段铸就辉煌

《传媒》：史总，感谢您在百忙之中接受我们的采访。到去年年底，中国广播已经走过了70年的历程，中央人民广播电台也发展了70年。请您先介绍一下中央台的发展历程及特点。

史敏：2010年12月30日，我们迎来了中央人民广播电台创建70周年，并隆重地举行了纪念活动。中国广播1940年12月30日在延安诞生，当时叫做"延安新华广播电台"。到去年已经走过了70年历程，这70年可以概括为四句话：在炮火中诞生，在新中国的建设中成长，在改革开放中发展壮大，在文化大繁荣中成熟。

机遇与挑战 STRESSES
THE MEDIA
AT ZHEJIANG UNIVERSITY OF MEDIA AND COMMUNICATIONS
——在浙江传媒学院讲传媒

所谓在炮火中诞生，是指中央人民广播电台诞生在抗日战争的烽火年代。中央人民广播电台的前身是延安新华广播电台，当时只有一台共产国际援助的 300 瓦的旧发射机，是用一个旧的汽车头发电机来发电的，报时是拿一个碗用筷子敲，办公地点就在两孔窑洞里面。去年，电台中心组成员到延安还参观了窑洞旧址。可以看到，当时的条件确实非常简陋，想想老一辈的工作者就是在这样艰苦的条件下办广播，让我们很受教育。

在新中国建设中成长，就是指延安新华广播电台 1949 年进入北京到改革开放前这段时期。1949 年 12 月 5 日，延安新华广播电台正式更名为中央人民广播电台。在开国大典上，中央人民广播电台做了一次开创性的直播，这在广播史上留下了一个经典。此后，在社会主义改造时期、"一五"建设时期，广播都起了很好的宣传作用。那时候对台湾广播、对民族广播，也都已经开播了。

在改革开放中壮大，是指改革开放以来到党的十七大召开这段时期。改革开放初期，中央人民广播电台提出了"自己走路"的思路。因为此前广播一直充当报纸的有声版，由播音员念新闻、读报，播新华社的新闻稿，广播没有自己的东西。为了走好自己的路，中央台建立了记者站，广播新闻部门的人员开始采制自己的录音新闻，做专题报道。后来还出现了一些精品栏目，比如大家比较熟悉的"新闻和报纸摘要"、"全国新闻联播"，还有后来的"午间半小时"、"今晚八点半"等。那时候已经出现电视了，但是还是有很多人爱听广播，特别是"今晚八点半"这个节目。

20 世纪 80 年代中期，广播进行了频道专业化改革。中央人民广播电台在改革开放中不断发展壮大。改革首先是从地方广播电台开始的，最早从珠江广播电台开始。中央人民广播电台也进行了改革，因为过去中央人民广播电台只有一套节目，就是现在"中国之声"的前身，再加上对台湾广播节目。改革后广播电台分专业发展成了多套节目，如新闻综合频道、文艺频道、经济频道等，并开始实现频道专业化。

在文化大繁荣中成熟，是指党的十七大以后到现在这段时期。党的十七大提出了社会主义文化大繁荣、大发展，中央人民广播电台也进入了全面发展时期。当时台里成立了新的领导班子，王求台长一上任就提出了十六字方针：世界眼光、开放胸怀、内合外联、多元发展。一手抓事业发展，一手抓产业发展。事业发展就是改造传统媒体，强化新闻立台，标志是"中国之声"的改革。产业发展主要是发展新媒体和媒体融合，把台里可以经营的资产剥离出来。中央人民广播电台现有电视购物频道、手机电视、动漫产业，并努力向全媒体格局发展。

内容：流水线模式的"最新闻"

《传媒》：70多年来，作为中央主流媒体，中央人民广播电台在不同历史时期，承担了重要的任务，发挥了不可替代的作用。在新时期，"中国之声"更是以其率先而动、极富创意的改革举措，成为了媒体"国家队"中的佼佼者。那么经历了新一轮的革新，"中国之声"有哪些实质性的改变？

史敏：今天的"中国之声"以"最新闻"为鲜明标识。从早上6点半到晚间24点，新闻直播连缀不断。全天节目以"新闻板块+新闻轮盘"的全新模式为架构，各个时段全线打通，周一到周日也全部打通，新闻传播随时间和事件呈线型流程推进，报道与事件同步，评论与报道同步，新闻大进大出，不间断，无阻隔，新闻比率由原来不足全天节目的40%，迅速上升到85%以上，每天播出的新闻由200—300条猛增至800—1000条，新闻首发率和原创率大幅提升，报道的角度也更加多元和丰富。

在这条"最新闻"节目产出的流水线上，"做最专业化的新闻"的观念意识也在逐步养成并浸入中国之声人的血脉。"快字当头、策划为先、打差异化、汇信息流"这十六字要诀，成了中国之声"最新闻"的追求和理念在各项工作中的具体体现，也成了每一个中国之声人的行动准则。

为了使新闻节目的生产更加符合新闻传播规律，中国之声对新闻节目的生产流程进行了再造，打造了策划——指挥调度——采编——播出（包括多媒体同步传播或再传播）的"流水线"作业模式，全面实现了新闻节目的标准化生产。

为使这条"流水线"顺畅运转，中国之声对原有的部门及人员进行了全面整合，成立了策划部、时政采访部、特别报道部、编辑部、早间节目部、午间节目部、晚间节目部、夜间节目部、专题部、对外合作部、多媒体编辑部、总监办等12个部门。其中策划部负责全频率的节目策划及指挥调度，时政采访部、特别报道部和编辑部这三大公共部门负责新闻产品的采集、生产和加工，早、午、晚、夜各节目部门负责产品的最终输出，对外合作部负责频率的宣传推广及拓展合作，而多媒体编辑部则负责将节目内容通过多媒体渠道实现再传播。所有部门环环相扣，彼此紧密互动协作，全频率形成了一条完整的新闻产品生产输出链条。

改革让"中国之声"脱胎换骨。反应敏锐的指挥中心，可以随时全力出击的采编播作战人员，阵容强大的特约观察员队伍，庞大的新闻协作网络，报道突发事件、重大新闻及常态新闻的丰富实战经验，大流量、无障碍的节目播出通道，互联网、手机等多渠道延伸覆盖的传播介质，音频、视频、文字、图片等多样化的报道形式，这就是今天的"中国之声"——一个集上述资源及功能于一身的，可以全天候、大规模、立体化作战的"最新闻"媒体。

《传媒》：据央视索福瑞的一份调查显示，中国之声平均月（周）听众规模达1.25亿，是全国首个拥有上亿听众的广播频率，日听众规模达4805万人，占全国广播人口的12.06%。那么请问，为了继续保持这一行业领跑地位，"中国之声"乃至全台今后改革工作的着力点将放在哪里？

史敏："中国之声"两年的改革为中央台其他频道的改革提供了成功经验。今年我们还要做专业财经广播"经济之声"的改革，其他频道也纷纷在推进改革。为保证持续健康发展，我们从战略上要着重抓好以下三项工作。

一是制度护航。好的制度是做好各项工作的重要保证。事业的长远发展，不能仅靠领导干部或少数人的努力，而要靠好的制度培育和弘扬好的作风，靠好的制度引导和激励大家共同努力，靠好的制度规范大家的行为，靠好的制度纠正各种偏差。因此，要建立健全包括宣传管理、安全播出、保密工作、绩效考核、人才激励、节目评估、成本核算等在内的一整套管理机制。

二是队伍建设。拥有一支骁勇善战的新闻采编播队伍，是媒体在竞争中制胜的根本。通过台内和社会招聘等多种渠道广揽人才；通过大面积的轮岗，增进不同岗位、不同部门人员之间的相互理解，从而进一步推动部门与部门之间的沟通与协作；通过培训计划和业务论坛，推动业务交流及经验共享。用多种手段的文化建设和人才激励，日益增强团队的凝聚力。

三是动态整合。根据环境变化和发展需要不断进行动态资源整合。优化人力资源配置，提升策划力，延伸新闻触角，加强话语权，则是这种动态整合的经常性主题。

经营：产业发展不忘社会责任

《传媒》：目前国内一些地方电台的经营面临着诸多困惑，请您谈谈中央台近年的产业发展。

史敏：中央台这些年一手抓事业、一手抓产业。在产业经营方面，尤其是广告经营上，中央台在改革之初就意识到需要仔细研究。正如大家所知，广播电台的药品广告特别多，当时中央台也有这样的情况，后来我们非常坚决地把医药广告给"砍"了。

《传媒》：砍掉医药广告，对总体的收入影响很大吧？

史敏：恰恰相反。刚开始肯定会有阵痛，但是广告环境好了，大品牌的广告、优秀企业的广告就进来了。原先，有些医药广告，甚至是坑人的广告，严重影响了广告环境，而且与国家电台的地位也极度不相称。所以当时思路很明确：砍掉医药广告。

现在大家听中央台的广播，都是品牌广告，都是好企业的广告。拿"中国之声"来说，广告经营连续三年增速超过30%，在全国范围内，"中国之声"的广告增幅位居所有广播电台之首。

我认为广播的产业经营还是很有前景的。中央台除了广告经营，一方面，比较重视与新媒体有关的产业发展，包括手机电视、购物频道，以及动漫方面的合作。台里有一个全资公司叫央广传媒发展总公司，专门成立了董事会，由他们经营发展。另一方面，节目以外的经营，主要在线上线下活动方面积极创新盈利模式。我们成立了一个对外合作部，在活动组织上，以后要下大力气去做，将广播的资源充分利用起来。

《传媒》：中央台在新闻报道中是如何杜绝虚假新闻，维护新闻真实性的？

史敏：新闻界流行一句话，叫做"及时、公开、准确、透明"。在及时、公开、透明方面我们做得还不错，但准确方面，作为中央主流媒体，我们还是要求要"精益求精"。

中央台现在在做一件事，就是对采编人员，尤其是年轻人，进行马克思主义新闻观的教育。因为现在虚假新闻还是存在的。怎样杜绝虚假新闻？首先要在采编人员的思想意识中进行培养。前些天，我们请中国记协的一位领导到台里做了一场专题报告，像这样的培训我们已经搞了两三期了。他提出了四句

话：想全局、到现场、问各方、善研判。就是要充分了解党情、国情，很多新闻要到现场去核实，不能道听途说，以讹传讹，方方面面都要做调查，对采集到的新闻素材要做好研判。因此，在新闻报道上，从"中国之声"到"经济之声"，这方面都必须要下苦工、保质量。

广播从政治层面来讲是党和政府、人民的喉舌，从大众层面来讲是社会媒体、传播机构，所以每说一句话、做一件事，都要担负起社会责任。王求台长在回顾当初的改革时曾说："改革蕴含着我们对广播新闻规律的探索，蕴含着我们新闻表达理念的变化，但改革中不变而且强化的，是我们身为主流媒体的政治责任、社会责任和对听众的赤诚之心。"

前瞻：话优势展望未来

《传媒》：您认为目前广播处于一个怎样的发展时期？其发展趋势如何？

史敏：各种媒体都有它不可替代的作用，都有它的长处，要把自己独特的优势发挥好，这样才能立于不败之地。广播虽然是传统媒体，但是中央人民广播电台自身的发展遇到了一个大好的时机：一是舆论环境很好，二是技术条件很发达，三是领导班子干劲很大，四是台里员工激情饱满。我个人认为，现在是广播发展最好的年代，是可以大有作为的年代。我认为广播的未来是美好的。

《传媒》：请问贵台未来的发展目标是什么？

史敏：针对目前传媒业竞争发展态势，我台提出了未来发展目标：要建立综合的、现代的传媒机构。新媒体与广播的结合，拓展了广播的传播形式和接受方式，因为现在广播不光是可听的，而且是可看的；接收终端不仅有收音机，还有网络、手机等。我觉得未来广播媒体的发展方向，一定是全媒体、综合的传媒机构。

打造网台联动新模式

——访PPTV网络电视副总裁、总编辑陈峰

文/《传媒》记者 彭 波

2011年7月至9月，PPTV网络电视和湖南电视台共同打造的国内首档网台联动的真人秀节目"PPTV网络电视快女真人秀"成为今年暑期的热门娱乐事件，该活动从启动至结束，共赢得了10亿点播量，3600万的"粉丝"留言，为国内的电视台和新媒体提供了一个全新的合作样板。这一新兴的网台联动模式，其运作始末究竟如何，PPTV网络电视作为国内视频行业的"先锋"又有着怎样的未来愿景，引起了《传媒》杂志的关注，为此我们采访了PPTV网络电视副总裁、总编辑陈峰先生。

《传媒》：陈总，您好。在我国，视频网站遍地开花，PPTV网络电视是怎样脱颖而出，实现与湖南卫视和天娱传媒的合作？

陈峰：严格来说，现在PPTV网络电视在业内的地位还不能说是第一，但PPTV网络电视有着直播技术的优势。我们知道，点播只要带宽足够，CDM可以做得很好，但是直播就对技术有着很高的要求，对于资金的投入也很庞大，而且直播消耗的是最高峰的带宽，有一个高峰值的问题。

湖南卫视与PPTV网络电视合作的原因是双方非常认可彼此。此外，PPTV网络电视在直播和技术上的优势也得到了行业内的认可。合作以前，我们双方都考虑到网站做直播可能会出现的问题，比如直播中间会不会中断？会不会出现黑屏？中断几个小时或者连续中断几天怎么办？网络出现一些问题大家都理解，但电视出现问题，观众理解的程度就不高。湖南卫视是一个优秀的品牌，

如果出现这样大的失误,湖南卫视的品牌形象会受影响,所以从湖南卫视的角度来看,选择一家可靠的合作伙伴才能保护其品牌不受损害。

《传媒》:那么,长时间的直播是靠那些要素去保证呢?

陈峰:第一,为了使全国的用户都能够看到清晰流畅的直播,需要运作队伍有非常丰富的经验。第二,要完善解决直播的稳定问题。长时间直播,即使有足够的带宽,也会有各种突发事件,要保证稳定运营,在团队和处理方式上必须要有快速的反应。第三,要有专业的节目制作能力。PPTV 网络电视的节目制作能力和湖南卫视是有差距的,为此 PPTV 网络电视邀请了许多传统电视人共同参与。

除此之外,在直播期间,PPTV 网络电视安排了编导与湖南卫视对接;在现场,PPTV 网络电视还派出了专业的技术人员、运维人员、流动人员以及设备、移动直播室等,保证了整体的流畅性。

《传媒》:24 小时的节目,事无巨细地直播快女的生活状况,一天两天观众可能会有新鲜感,时间长了难免会觉得乏味,PPTV 网络电视与合作方是如何对内容进行调节的?

陈峰:这是通过 PPTV 网络电视和湖南卫视、天娱传媒之间的沟通和协调解决的。长时间的直播会有信息注水的问题,但是湖南卫视在节目制作上非常有经验,所以我们双方的编导团队有意识地制作了很多其他节目,例如"偶像来了"、"明星探访"等。

在国外,电视和互联网的配合已经非常成熟,它更多的是把互联网做成一个移动品牌。但在中国,由于传统媒体利用互联网进行传播的能力和效果较专业的网络媒体来说还有一定的差距,所以更多的是合作共赢。从这个角度上来讲,国外的做法就是一家电视台在网上做一个互动平台。而在中国,PPTV 网络电视希望能够做出自己的品牌,因而在节目内容的丰富上,我认为还有很大的进步空间。

《传媒》:"快女真人秀"被您评价为新兴的网台联动模式,但在普通受众眼中,网台联动就是把原来电视台或其他媒体播出过的节目放到网上,那么"快女真人秀"在原创性上有没有什么表现?又有哪些不足?

陈峰:互联网给大家的印象就是聚合,但是视频网站和传统门户网站有一些不一样的地方,传统的门户网站主要以报纸为依托,没有原创,只要能做到海量信息和快速到达就能很快地积累起品牌影响。但是,视频网站是一个网络电视平台，国内电视的竞争水平虽然比较高，但是真正优秀的节目其实也是这两年才开始慢慢浮现出来的，因而单靠转播电视节目其实很难撑起所谓的海量内容。所以，近两年视频网站都走了一条路，就是购买影视，依靠影视版权建立品牌。业内同行合作互动，购买内容然后互相打水印，A 视频网站开一个专区做推广，B 视频网站在 A 的节目上加两个 Logo，做简单的互动。

而此次 PPTV 网络电视推出的 PPTV"快女真人秀"，可以说是 PPTV 网络电视与湖南卫视、天娱传媒联合出品的节目，内涵上比原创小短剧更加丰富，这是网台联动实质性的突破。以往 PPTV 网络电视只是互相推广一下，但这次的合作是制作一档节目，利用现有品牌制作全新的内容。PPTV 网络电视通过湖南卫视"快乐女声"的品牌作为创作基础，扩充整合为全新的内容，做全天候真人秀直播，实现了品牌双方的共赢，提高了网络流量，增加了收益率，网台双方在营销上也获得了双赢。因而，从创新角度来看，PPTV"快女真人秀"在网台联动方面做出了一次大胆的尝试，到目前为止，PPTV"快女真人秀"是业界网台联动最有深度的一个合作。

但我们也总结了一些不足的地方，许多观众、网友表示"快女真人秀"比较像是快女们的展示，是在展示湖南卫视快女的生活，而不是真正的真人秀。对于这些建议，PPTV 网络电视都进行了认真的思考，"快女真人秀"更多地依赖了"快乐女声"这一品牌，造成了真人秀成分不足的遗憾。我个人真心希望下次再有这样大的真人秀节目时，PPTV 网络电视可以把它做得更接近于真实。

《传媒》：您刚才提到"快女真人秀"实现了合作方在营销上的双赢。我们也看到在这一节目中，有肯德基、宝洁等品牌加入进来，能不能介绍一下这个过程？据说肯德基好像是最早进入的，双方是怎么开始接触的？

陈峰：我们在策划初期，向客户推荐"快女真人秀"的营销概念时，客户都只是抱着看看的态度。业内有专家曾提出一个观点，现在视频网站上投放广告的大多数是国际性企业，他们的广告投放份额要大于本土企业，并且早于本土企业，像肯德基会把网络作为一个非常重要的投放渠道。而本土企业，例如服装企业，他们的认知度仅限于央视和本地电视台，代言人也只选择港台明星。可见，非常本土化的企业对于全新的营销方式的理解有些难度，而国际性企业在国外接触到的电视的制作水准很高，在概念上已经有了先期的认识，PPTV 网络电视推介这种真人秀概念的时候，他们非常容易接受，所以我们和肯德基这些国外品牌的合作并没有很大难度。

但是,"快女真人秀"作为 PPTV 网络电视网台联动第一次成功的案例,在营销运作上也仅仅实现了覆盖成本,但是,我相信这种运作模式绝对可以实现大幅度盈利。

《传媒》:谢谢您对这一节目的全面介绍。目前,业界对于视频网站的发展一直存有争议,您是如何看待视频网站的发展现状的?

陈峰:从整体来看,今年视频网站有两大特点,一是上市潮,一是门户网站开始进入视频行业,如腾讯。因而可以说视频网站仍然具有相当的吸引力,并且我个人认为现在是视频网站发展的良好机遇期。但是,对视频网站而言,他们在品牌上是很难进行明确区分的,品牌差异化是我们一直以来需要解决的问题。PPTV 网络电视认为,视频网站不是一个搬运工,不能只播放一些电影、电视剧,它可以有也必须有更多创新的内容,比如"快女真人秀"等,如此才能提升网站的知名度,获得盈利。毫不讳言,通过这次的"快女真人秀",PPTV 网络电视拿到了很多"大单子",并从侧面体现了 PPTV 网络电视的品牌提升。

《传媒》:您刚才提到视频网站开始进入一个机遇期,IPO 潮更是成为业内的热点,您是如何看待这股潮流的?面对 IPO 潮,PPTV 网络电视又有何想法?

陈峰:2010 年视频网站迎来上市潮,今年主要是门户网站大量进入视频网站阵营,给行业带来新的冲击。我认为,视频网站上市是一个好事,但是 IPO 也会带来另外一个问题,当资金充足之后,网站可能会用巨额资金购买版权、扩大流量,继而分销。

2011 年年初,PPTV 网络电视融资 2.5 亿美金,高过土豆上市融得的 1 个多亿。面对 IPO 潮,PPTV 网络电视当然不会无动于衷,但对现在的我们来说并不愿意把 IPO 当成一个目标,因为如果把上市当成一个目标就会出现很多问题,这是我们不愿面对的。因而,从现阶段来看,PPTV 网络电视的创始人姚欣和 CEO 陶闯更愿意把企业的技术基础打牢,把资金、营销和内容等各方面做得更完善再稳步上市。

采访的最后,陈峰提出,"要在未来两三年内,PPTV 网络电视确立在视频行业第一阵营的稳固地位,并且争取做到第一阵营里面的第一"。愿景美好,面对风起云涌的视频网站,我们真诚期待 PPTV 网络电视能够开创属于自己的"网络电视时代"。

用改革赢得未来
——访中国电力报社总编辑白俭成

文/《传媒》记者 马 莉

2010年，148家中央各部门各单位出版社转企改制工作全部按期完成，之后全国启动了非时政类报刊转企改制改革，到目前已有1251家非时政类报刊出版单位转制和注册为企业法人。

中国电力报社成立于1981年，是国家电力监管委员会直属事业单位。其转企改制工作起步较早，成效显著。近日，就中国电力报社转企改制过程中的具体方法和经验，《传媒》杂志记者来到中电传媒位于总部基地的办公地，采访了中国电力报社总编辑白俭成。

《传媒》：中国电力报社的转企改制工作是从什么时候开始的？是在怎样的背景下开始的？

白俭成：我们转企改制工作比较早，是从2006年的4月份开始的。

改革是逼出来的。如果一个单位日子很好过，大家就没有那种动力，也没有这个基础。正是因为当时我们面临着一系列的问题，环境逼着我们走的这条路。我们曾反反复复地跟职工讲，"改，可能我们能活下去；不改，最终就是死路。"

当时的背景可以概况为"四大革命"。

第一是电力体制革命。2002年，国家电力公司拆成11家电力企业，即两家电网公司、五大发电集团、四大辅业集团，另外又成立了国家电力监管委员会。过去，我们有着电力部这棵大树，正所谓"大树底下好乘凉"。拆成11

家电力企业后，各个电力企业纷纷组建各自的媒体职能部门，包括创建自己的传媒企业。如2005年创立的英大传媒，最近的南网传媒，有报纸、杂志、网站、影视等业务。这便对我们产生了压力。一方面，电力体制改革以后，大家都不在一个"灶"里吃饭了，而且都有了自己的"亲生子"，我们就不是从前那样，"皇帝的女儿不愁嫁"了。另一方面的影响是人才流失。报社从2002年到2007年，很多业务骨干都走了。2005年，当时我任副总编辑，在报纸采编岗位的正式员工就剩了12个人，那个时候真是捉襟见肘。

第二是技术革命。信息时代的到来对媒体而言，确实产生了一个翻天覆地的变化。信息社会，还不仅是我们理解的计算机、网络、数字经济，它是一个更加本质性的变化，包括我们原来的思想观念、运行机制，包括我们的价值观等等。

第三是管理革命。我们搞市场经济这么多年，我个人体会，管理也是生产力。过去我们的管理，下级服从上级，靠行政命令、靠文件，自上而下地贯彻。当前，管理的思想模式、手段、技术，市场化成分更重，对媒体来说，必须依托于市场，从企业角度出发。这几年，我们一方面得益于改革，一方面也得益于管理。

第四是文化体制改革。2006年1月，新闻出版总署下发关于深入学习贯彻《中共中央、国务院关于深化文化体制改革的若干意见》的通知，这个文件是我们的指路明灯。要说我们有一点成绩的话，那就是我们把这种指导思想变成了行动，而这种行动结出了果实。

《传媒》：改革具体是分几个阶段进行的？

白俭成：2006年以来，在电监会党组的领导下，我们按照中央新闻文化体制改革有关精神，加快了市场化进程和建设传媒企业的步伐，全力推动内部改革工作。

到目前为止，应该说，已经完成了第一阶段工作，第二阶段工作也即将完成。第一阶段是"二次创业"。工作上我们抓了三大块，即加强管理，深化改革，加速发展。发展是核心。改革也好，管理也好，最终都是围绕发展。到2008年底，我们宣布二次创业完成，标志性的成果是我们内部转企改制全面完成，经营收入上了个大台阶。第二阶段是"建设专业化的传媒集团"。如果快的话，到明年，也就是2012年底，我们可以完成，即从集团的层面来说，收入要达到5个亿以上。顺利的话，中电传媒还能实现上市。第三步目前还是开放性的，还需要进一步规划。

《传媒》：最初，改革是从哪里入手的？

白俭成：2006年的下半年到2007年，大概用了一年的时间，我们搞了劳动人事制度改革，即以全面推行全员合同制，彻底打破员工身份界限，实行按岗定责、按岗定薪、同工同酬、绩效挂钩及"五险一金"全覆盖为核心的劳动人事制度改革。

像我们这种老的事业单位，劳动人事制度改革实际上就是改革的核心。当时我们是双轨制，分体制内和体制外。大概不到120人，三分之二是编制内职工，三分之一是编制外职工，编制内职工和编制外职工收入差距很大，最多的能差两三倍。相信很多老体制的单位都出现过这样的弊端：体制内有的人不干活，体制外的干活但拿钱少。要改还真的不容易。如果就低，老职工不答应；就高，我们又承受不起。

但要发展，就要百分之百地调动全体职工的工作积极性。我们请了劳动保障部研究所的专家帮我们做的方案。简单地说，就是实行全员聘用制。所有的人，除了领导班子作为电监会管干部，从总编辑助理开始，一律签了劳动合同。待遇这一块，实行同工同酬、绩效考核。

为什么搞了一年呢？方案就设计了大概半年，试行了3个月，3个月后根据职工的一些反馈意见，又调整了3个月。到2007年年中，我们宣布试验期结束，7月1日开始全员签订合同。经过一年的改革，很平稳就过来了，也取得了一个很好的成绩。

《传媒》：为什么说"很平稳"？为实现"平稳"采取了哪些措施？

白俭成：薪酬上，在保证基本工资的前提下，我们拿出一大部分利润作为绩效工资，按岗位、按绩效进行分配。

现在说起来就这么一句话，但当时具体做起来可远没那么简单。对老职工，我们也必须考虑到现实的差别，这个靠专家不行，还得靠来自实践一线的经验解决。

根据社里的具体实际，我们搞了一个"社龄工资"。就是对原来体制内的职工，用社龄工资做一个补偿。从理论上讲，他们大部分都是老职工，老职工对报社是有贡献的，就是按照一定的算法，在社里工作年限越长的补的越多。社龄工资对原编制内都是一样的，跟级别没关系。从改革之日起，工资条上有"社龄工资"这一项，每个月都发，发到退休为止。这样的职工我们就几十号人，这是历史上形成的，不能看作是包袱，我们必须得接受。

此外，我们还建立了职代会。没人要求我们，是我们自己主动成立的。改革一定要有群众性，让大家了解清楚改革也是为了让群众有一个可以说话的地方。职代会就是让职工给我们提意见的，那几年职代会开的比较多，每年能收集几十条意见，开始尖锐一些，现在好一些，但是意见是年年有，我们也在年年改进，这就是改革。人无完人，班子也不是万能的。群众也清楚，只要改革做到两条，一是真心为了发展，通过发展保障职工利益；二是让职工充分表达意见，改革就能够顺利推动。

单纯改革还不够，管理水平一定要上去。管理说到底就是两条，一是制度，二是干部。2007 年 1 月 1 日，我们推出了《中国电力报社制度手册》，囊括了我们所有财务的、人事的、行政的、会议的，还包括纪检的、记者站的，能想到的通通在这个册子里，这样的话就规范了。随着企业的发展，我们还在不断地调整。

干部队伍也是个难题。原来干部队伍行政化色彩重，改造这支队伍是宏图能否变成实际的关键。我们通过各种方式打造了一支在市场经济条件下能打硬仗能打胜仗的队伍，这也是我们现在最大的本钱。通过改革，大家看到了希望，看到了自己收入的增长。只要增长就能解决问题，改革永远都是一个手段，因为这几年我们确确实实地一个一个台阶在往上走，老职工的利益保证了，新职工的保障也完善了，有能力的，拿的更多了，总体是这样的，所以相对比较平稳。

《传媒》：改革最难的是人事问题，请问在人事问题上，你们改革的方针和办法是什么？

白俭成：在改制中，我们一直讲一句话："不让一个员工下岗"。

减员是最容易的。但要减，肯定都是能力弱、年纪也不小的，并且女职工居多。他们没有资历，也没什么学历，把他们推到社会上，我们觉得是很残酷的。当时我们还不知道有这么一个词，就是现在大家都在讲的"企业社会责任"。

我记得比较深，当时涉及到一个女职工，班子讨论了两个多小时。这样的职工 A 部门不要，B 部门不要，C 部门也不要。有人就说，要改革就应该下狠手，要不怎么体现改革的决心呢？讨论了两个小时，后来我们还是把她留下了。咱们把要求放低一点，干不了文字的，可以扫扫地，当不了财务，做收发总行吧。

人是最大生产力。这里说到了我们的人才观，我们对人才的定义比较宽。企业给大家一个平台，就是要让大家都能发挥作用，我们不能要求个个都能力很强。这几年，待遇上我们总体还是爬坡的，干得好的同志肯定比以前拿得多了，干得不好的同志拿得少了，这样他就自然而然要想着怎么去提高，这就是转企改制的一个好处。

《传媒》： 改制后的发展成效如何？能用数字说明一下吗？

白俭成： 2006年我们这一届班子上任以后，提了一句话，"立足电力行业，缔造现代传媒"。电力始终是我们的根据地，但同时，我们不局限于此，我们要把自己的中电传媒打造成一个依托电力的、现代化的传媒集团。

人事改革以后，我们马上就在机制上改。2007年的9月，我们组建了中电传媒股份有限公司。报社与传媒公司按照"两个牌子，一套人马"运营的办法，对转企改制进行模拟运行。在公司一成立的时候，我们就请了券商、律师事务所、会计师事务所参与，当年的想法就是等待时机，谋求上市。

在业务发展上，除了电力报之外，杂志、网站，我们都办得比较早，2008年我们又办了一个电力网络电视。对外合作方面，除了电力媒体之外，我们还开始代理各地的电视广告业务。现在黑龙江、吉林，我们有两个传媒公司都在做电视广告代理。另外，这几年我们的实业也做得很快。具体的数字，2005年我们的净利润大概是6万至8万元，总盘子大概有3000万元。转企改制后，2006年利润到了1200多万元，2008年是1300万元，2009年1600多万元，2010年是2100万元，大盘子去年是1.6亿元。今年应该说步伐更快。最近，我们又把传媒业以外的资产，如酒店等资产打了一个包，对外融资了2.4个亿成立了中电实业公司。

我们现在总体的构想是，一方面是把媒体类的公司打包在一起的中电传媒；另一方面是以文化地产、能源类项目为主，酒店、商贸等为辅的中电实业。目标上，我们希望传媒这块儿做到5个亿，实业这块儿做到5个亿，加起来一共10个亿。时间上，快一点的话，2到3年，慢一点，3到5年，就可以实现这一目标。

《传媒》： 媒体要完全市场化，市场化的第一目的是追求利益，这与媒体的事业属性、媒体的社会责任有时会发生冲突，您怎样看待这样一种矛盾？

白俭成： 这其实并不矛盾。党是代表人民利益的，人民利益你要是维护好了，它就有社会效应，有社会效应就会有经济效益。再说，国家只是让你改革，没说不管你。第三，我们都是党员干部，我们有我们的原则和觉悟，自由化的东西，给我们多少钱我们都不做。今年我们搞了两个活动，"最美供电所"和"感动电力"。我们要弘扬一线工人的精神。我们的"感动电力"，大家看了以后都禁不住掉眼泪，非常真挚。通过我们的报道，我们电力的工人、干部要给社会一个良好的形象。

市场化这个东西，没什么可怕的。国家鼓励搞市场化，而且也给了很多政策。从实践上看，媒体的改革，确实是符合产业发展方向的。我们对这种认识更深刻一点，我们认为早改比晚改好，主动改比被动改好。

《传媒》：刚才您讲的，从改制开始就是完全按照市场化的规则出牌，在这个过程中肯定会遇到一些障碍，肯定会有一些挑战，有没有现在还无法解决的，希望得到哪些支持或帮助？

白俭成：障碍肯定是有的，我们自己能够解决的，我们一定责无旁贷。如果说，想要支持的话，就是能不能把我们作为一个行业媒体改革的试点单位，给予我们一些必要的政策。比如说，在上市的时候，在我们使用名称的问题上，这是我们最需要的，同时也是我们力所不能及的。

《传媒》：上市的准备工作都做了哪些？

白俭成：我们有上市的计划，就是中电传媒股份有限公司。目前中电传媒已经基本具备了上市条件，正在与专业机构沟通开展准备工作，待报社转企组建中国电力传媒集团公司工作完成后，就会启动上市工作。

在一个企业发展当中，实际上现在我们面临的情况比较复杂，体制上的虽然说转企改制完成了，但是实际上，怎样建立一个现代企业制度，肯定不是一朝一夕的事。

从今年六七月份开始，我们要做一个人力管理的咨询。我们按照集团的管理及以后的发展方向，职能部门的设置、岗位和绩效都要重新设立。这个设置的起点不一样，是在这几年事业发展的基础上，面向未来，做一整套传媒集团运行方案。照这样一个发展思路去改，靠我们自己的人是做不了的，我们打算招标。还有引进战略投资者这一块儿，现在已经在谈了。

从目前看，我们正一步步向上市的目标走，如果说今年这个名称顺利拿下来了，上市在技术指标上我们都没有问题，接下来就是上市的前置性审批。这个我们确确实实地希望得到有关领导的关注，在同等条件下，给我们同等待遇，我们不要求特殊。